Raconte-moi tout!

Raconte-moi tout!
French Culture Today

Kathleen Allen-Weber

Marie-Lucie Mauger

D. C. Heath AND COMPANY
Lexington, Massachusetts   Toronto

To
Alan and Odette
for giving without asking.

Acquisitions Editor: Mario Hurtado

Production Editor: Barbara Browne

Designer: Cia Boynton

Cover Illustrator: Ed Porzio

Copyright © 1986 by D. C. Heath and Company.

All rights reserved. No part of this publication may be reproduced or transmitted in any form or by any means, electronic or mechanical, including photocopy, recording, or any information storage or retrieval system, without permission in writing from the publisher.

Published simultaneously in Canada.

Printed in the United States of America.

International Standard Book Number: 0-669-08261-9

Library of Congress Catalog Card Number: 85-60970

Preface

Raconte-moi tout! is an intermediate reader about contemporary French culture. It is basically a conversational tool and could be used as soon as the fundamental concepts of grammar have been covered, probably as early as the second semester of the second year in college. The readings are relevant and varied. Selections on subjects as diverse as cuisine and sports, or vacation and music provide the students the opportunity to further their understanding of the language while learning more about the French culture. We believe the readings will promote first-hand knowledge of French as a living, spoken language, and that they will supply students with a point of departure for expressing their own ideas on certain topics in French.

Because it is so important to reinforce student enthusiasm in all the areas of learning a foreign language—reading, writing, and conversation—this book has been created to allow each teacher a certain flexibility with regard to individual target needs. The readings themselves will capture student interest while glosses, vocabulary study, and notes will help promote reading comprehension. The questions and exercises following the readings allow the teacher to channel student interest so that the students become aware of the value of written expression. We have designed the entire book to encourage oral expression and communication, as it is our feeling that speaking French is the most likely means of providing the immediate satisfaction important to retaining what has been learned. The students who have achieved a certain competence in speaking French will want to take French out of the classroom into the everyday world and will be motivated to practice the language themselves through all means available—foreign films, magazines, newspapers, contacts with French-speaking people, organizations, etc. This has been our aim: to create a text that will maximize opportunities for students to communicate in French.

The authors wish to express their appreciation to the members of the editorial staff at D. C. Heath and Company for their many valuable suggestions which have substantially enhanced the quality of the manuscript.

Introduction

Organization

This text is divided into twelve major units, each containing three or four short articles taken from recent French magazines, newspapers, and journals. The selections have been edited mostly for length, or in the very few instances where we felt difficult grammar structures would have detracted from the accessibility and effectiveness of the article. In order to prevent distracting interruptions of the readings and to promote student self-confidence, words and phrases likely to pose recognition problems appear glossed in the margins. It is important to note that these same vocabulary words are listed at the end of each unit under the heading *Vocabulaire thématique.* Footnotes also offer additional information or clarify various aspects of the readings.

Each reading selection is followed by *Questions sur la lecture* which creates a predictable and controlled warm-up atmosphere where the student is not threatened by the necessity of ad lib or on-the-spot answers, but is reassured instead by accessible responses.

This exercise is in turn followed by *Questions à débattre en classe,* which calls on the students to assimilate the ideas presented and to relate their reactions, beliefs, opinions, and relevant experiences. This activity is most effective when students prepare their ideas before coming to class. However, the teacher should not encourage students to bring written answers to class and read them monotonously to the others. A few notes and key vocabulary words prepared ahead of time should suffice.

Each reading is followed by several activities which allow the students to use the vocabulary or develop further ideas relevant to the text itself. These activities are as diverse as open-ended sentences to be completed, synonym and antonym exercises, multiple-choice questions, true-false questions, and subjects for teams to debate, to name only a few. The students as well as the teacher should benefit from this multi-faceted approach which stimulates student interaction and enhances their knowledge of French. Teachers may wish to follow through and assign one or more of the *Sujets de composition* as written compositions, although these also lend themselves to oral discussion.

Finally, to contribute to the positive experience of improving the students' proficiency in French and to promote interest, each chapter contains realia such as relevant addresses, proverbs, quotations, facts, statistics, ads, brochures, and maps. These should help students gain a better understanding of French as a living language.

Suggested Methodology

It has been our experience that a variety of classroom activities and methods is often the most effective means to stimulate and maintain a high level of student interest. To that end, we have included as many diverse activities as possible. Implementation is a matter of teacher preference, but we would like to share some of our experiences that have had the greatest success in class.

    1. Allow the class to divide itself as equally as possible into groups. Each group will function collectively to discuss one or more subjects. The teacher rotates among the groups, offering suggestions and answering questions. The entire class time might be spent effectively in groups, or the teacher may wish to reunite the class for group discussion and comparison.

    2. A variation of the first idea is for the teacher to divide the members of the class into groups ahead of time. A group leader would be designated—ideally, a strong student with leadership potential. The groups might all answer the same set of questions distributed by the teacher or each might invent questions for the other groups. Teams and friendly competition sometimes help to motivate class participation.

    3. The *Questions à débattre en classe* lend themselves particularly well to amiable disagreement. One student might be called on to give a personal opinion on one of the questions and then a second student might be called on to agree or disagree and to explain why. A further variation would be to divide the class into several small teams. Each team could adopt a stance and present a case for this stance, as if they were lawyers trying to win a case in court. The other teams could then discuss quickly among themselves various ideas for rebuttal on this issue before moving on to present their own cases.

    4. Debate is an excellent forum for the exchange of ideas. Students may prepare ahead of time the pros and cons of an idea or an issue that comes from the reading, or they may be given a topic in class and five minutes to prepare a position. This obviously quickens the pace of the debate.

    5. Role-playing can offer the students opportunities to express themselves more completely. It also permits self-discovery of certain ideas. Stereotyped roles, for example, can be very humorous. A relaxed, nonjudgmental atmosphere is optimal for real student creativity. It can also be the most fun for members of the class who would perhaps not participate otherwise.

    6. Students, individually or in small groups, might assume responsibility to teach one portion of the chapter. This is often an excellent way to promote student cooperation and encourage student contributions to

the class. Students should always be encouraged to bring in interesting or relevant material. This also helps the teacher get in touch with current student interests.

7. Games such as word games and puzzles using the most important vocabulary and grammar structures sometimes help to make French more relevant on a day-to-day basis. Moreover, a relaxed atmosphere is most conducive to learning.

Each class is different and whatever works is obviously the best methodology in each instance. Encourage the students to make a real commitment to learning French, then to relax and *Raconte-moi tout.*

Table des matières

1 Les Vacances — 1
- Quand les Français partent en vacances — 2
- Pour passer des vacances moins chères — 5
- Les Vacances des Français — 12
- Voyages dans un fauteuil — 16
- La Récapitulation — 22
- Vocabulaire thématique — 23

2 Le Vin/Les Fromages français — 25
- Le Vin chez les Français — 26
- Pour devenir connaisseur en vins — 32
- Trésors des fromages de France — 40
- Le Camembert — fromage de Normandie — 47
- La Récapitulation — 52
- Vocabulaire thématique — 53

3 La Cuisine — 55
- Cuisiner c'est inventer — 56
- Mettez des étoiles dans vos casseroles — 62
- Le «Fast food» envahit la France — 68
- La Récapitulation — 74
- Vocabulaire thématique — 75

4 La Musique — 77
- Trois Nuits de chanson française — 78
- Yves Montand charme l'Amérique — 84
- L'Homme à la flûte d'or — 88
- La Récapitulation — 96
- Vocabulaire thématique — 97

5 Les Femmes — 99
- Des Filles et des fusils — 100
- Les Femmes au travail — 107
- Femmes: vivre seule — 114
- La Récapitulation — 122
- Vocabulaire thématique — 123

6 Les Hommes — 125

- ♦ Mâles d'aujourd'hui — 126
- ♦ Les Nouveaux Pères — 133
- ♦ Les Hommes doivent-ils aller se rhabiller? — 138

La Récapitulation — 144
Vocabulaire thématique — 145

7 La Francophonie — 147

- ♦ La Francophonie — 148
- ♦ Le Sénégal de demain parlera-t-il français ou wolof? — 158
- ♦ Comment quatre jeunes Français voient-ils les Etats-Unis? — 166

La Récapitulation — 174
Vocabulaire thématique — 175

8 Les Sports — 177

- ♦ Si le football m'était conté — 178
- ♦ Des Origines du jeu de boules à nos jours — 186
- ♦ Pour suivre le Tour de France — 191

La Récapitulation — 196
Vocabulaire thématique — 197

9 La Santé — 199

- ♦ La Vogue du corps — 200
- ♦ Les Stations-service de la santé — 206
- ♦ Stress: comment se défendre — 212

La Récapitulation — 220
Vocabulaire thématique — 221

10 Le Langage — 223

- ♦ La Chasse au «franglais» — 224
- ♦ Le Français tel qu'on le parle — 233
- ♦ La France des langues et des patois — 240

La Récapitulation — 248
Vocabulaire thématique — 249

11 La France touristique — 251

- La France touristique vous attend — 252
- Qu'est-ce qu'on attend pour faire la fête...? — 259
- Comment sera Paris en l'an 2000? — 265

La Récapitulation — 276
Vocabulaire thématique — 277

12 Les Produits régionaux — 279

- Cognac, l'élixir divin — 280
- Les Artistes du foie gras — 286
- La Champagne vous invite — 291

La Récapitulation — 298
Vocabulaire thématique — 299

Vocabulaire — 301

Cartes

- Vignobles de France — 31
- France: Orne, Calvados — 51
- Le Monde francophone — 156
- Afrique — 163
- Stations thermales françaises — 211
- Provinces françaises — 245
- Provinces françaises: carte muette — 257
- Paris — 271
- Produits régionaux et gastronomiques — 285

Credits — 308

Unité

1

Les Vacances

- ◆ *Quand les Français partent en vacances*
- ◆ *Pour passer des vacances moins chères*
- ◆ *Les Vacances des Français*
- ◆ *Voyages dans un fauteuil*

◆ Quand les Français partent en vacances

Les grandes migrations sont un phénomène traditionnel en France, où les congés d'été° sont essentiellement concentrés en juillet et en août. Mois d'août en France: rien ne va plus! Pays paralysé, magasins et boutiques fermés, usines vides d'ouvriers, vie économique immobilisée. — summer vacation

Selon les statistiques du gouvernement, l'exode massif des Français au mois d'août (plus exactement de la mi-juillet à la fin d'août) coûte des milliards° à la France. Un commerce sur deux s'arrête, les industries fonctionnent à 38% de leur capacité, les exportations à 25% seulement. On estime que près de 60% des entreprises ferment en août et que l'activité chute° de 40%, contre 15% en Italie et 10% en Allemagne Fédérale. Au Japon et aux Etats-Unis, la différence est négligeable. — billions / falls

«La France est le seul pays industrialisé qui n'ait pas étalé° ses vacances; c'est une aberration économique qui coûte des milliards au pays», dit amèrement M. André Henry, Ministre du Temps Libre. — spread out

Parce qu'en 1936 la France avait adopté le système de deux semaines de congé payé, les industries avaient trouvé plus simple de fermer leurs portes lorsque les ouvriers partaient en vacances au mois d'août. Les deux semaines sont ensuite° devenues trois, puis un mois, et maintenant, il est question de cinq semaines de congé. — afterwards

Le gouvernement essaie de convaincre° le Français moyen° que les vacances coûtent moins cher et se passent dans des conditions de plus grand confort en dehors de° la pleine saison. — convince/average / outside of

Pour mettre en pratique ce qu'il enseigne°, le Ministre du Temps Libre a demandé au gouvernement de suspendre les sessions du Cabinet en juillet plutôt qu'°en août. — teaches / rather than

◆ Adapté du *Journal Français d'Amérique*

Questions sur la lecture

1. Quel est le phénomène traditionnel des vacances pour les Français?
2. Les congés d'été sont-ils étalés sur plusieurs mois?
3. Quels sont les deux mois d'été pendant lesquels les Français prennent leurs vacances?
4. Comment est le mois d'août en France?
5. Les industries fonctionnent-elles à pleine capacité en août?
6. L'activité industrielle chute-t-elle aussi en Italie et en Allemagne Fédérale?
7. Ce phénomène de vacances existe-t-il au Japon et aux Etats-Unis?

8. Pourquoi les industries ont-elles décidé de se fermer en août?
9. Combien de semaines de congé payé y a-t-il actuellement en France?
10. Quelle est la réponse du gouvernement à cette situation?

Questions à débattre en classe

1. Pourquoi ces grandes migrations n'existent-elles pas au Japon et aux Etats-Unis?
2. Que pensez-vous de l'idée de cinq semaines de congé payé?
3. Y a-t-il une période pendant l'année où l'activité industrielle chute aux Etats-Unis?
4. Est-il raisonnable de fermer les portes d'une usine quand les ouvriers partent en vacances?
5. Quel est le meilleur moment, d'après vous, pour prendre des vacances? Pourquoi?
6. Quels sont les facteurs qui influencent l'activité industrielle aux Etats-Unis?
7. Si les vacances coûtent moins cher et se passent dans les conditions de plus grand confort en dehors de la pleine saison, pourquoi le gouvernement ne peut-il pas convaincre le Français moyen de changer les dates de ses vacances?
8. Quel devrait être le rôle du gouvernement en ce qui concerne le problème des vacances?

Activités

A. Trouvez dans la colonne de droite le mot qui a (approximativement) le même sens que le mot dans la colonne de gauche. Indiquez à gauche la bonne réponse.

____	1. massif	A. s'arrêter
____	2. congé	B. immobilisé
____	3. cesser	C. évaluer
____	4. paralysé	D. énorme
____	5. estimer	E. vacant
____	6. magasin	F. remarquer
____	7. chuter	G. vacances
____	8. vide	H. puis
____	9. constater	I. boutique
____	10. ensuite	J. tomber

B. Consultez la liste ci-dessous° et choisissez l'expression qui convient   here below
pour compléter chaque phrase.

négligeable	coûte	milliards
enseigne	sur	congé payé
étalé	chute	ensuite
en dehors de		

1. L'exode massif des Français au mois d'août coûte des _____ à la France.

2. Un commerce _____ deux s'arrête.

3. L'activité _____ de 40% en août.

4. Au Japon et aux Etats-Unis, la différence est _____ .

5. La France est le seul pays industrialisé qui n'ait pas _____ ses vacances.

6. C'est une aberration économique qui _____ des milliards au pays.

7. En 1936, la France a adopté le système de deux semaines de _____ .

8. Les deux semaines sont _____ devenues trois.

9. Le gouvernement essaie de convaincre le Français moyen que les vacances coûtent moins cher _____ la pleine saison.

10. Pour mettre en pratique ce qu'il _____ , le ministre a demandé au gouvernement de suspendre les sessions du Cabinet en juillet.

C. Traduisez en français.
1. The average Frenchman has five weeks of paid vacation.
2. One out of two businesses closes in August.
3. According to government statistics, the massive exodus in August costs France billions.
4. The government is trying to convince the French to spread out their vacations.
5. The factories found it simpler to close their doors when the workers left for vacation.

◆ *Pour passer des vacances moins chères°*   cheaper

Les Français sont chaque année un peu plus nombreux° à partir en vacances,   numerous
avides de retrouver la détente°, le goût° du sport en plein air ou de   relaxation/taste (pleasure)
l'aventure. Mais de très nombreuses familles ne peuvent, malgré° leurs   in spite of
désirs, s'offrir ces vacances. Les frais° de voyage et de séjour° pour plu-   expenses/stay
sieurs personnes (jeunes ou adultes), le loyer° qu'il faut bien continuer   rent
à payer, constituent, en effet, une dépense° beaucoup trop grande pour   expenditure
les budgets modestes. Un certain nombre d'associations, à but° non lucra-   goal
tif°, ont créé des villages de vacances, des gîtes° et des campings, gèrent°   non-profit/hideaways/manage
des colonies de vacances,° organisent—été comme hiver—des stages°   children's holiday camps/
sportifs à la mer et à la montagne, pour permettre aux moins fortunés   period of instruction
de s'offrir loisirs° et repos. Ces associations sont ouvertes à tous, sans   spare-time activities
discrimination d'âge, de profession ni de revenus°.   income

Qu'est-ce que vous en pensez?

Voilà les résultats° d'un sondage° récent sur les vacances: results/opinion poll

Combien de temps êtes-vous parti ou allez-vous partir?

1 semaine	9%
2 semaines	23%
3 semaines	25%
4 semaines	31%
5 semaines ou plus	12%

Est-ce que c'est par rapport à l'été dernier:

plus	21%
moins	22%
autant	57%

Où allez-vous passer (ou avez-vous passé) vos vacances d'été?

Dans un logement loué°	19%	rented
Chez des parents ou amis	28%	
A l'hôtel, dans une pension de famille	16%	
En camping, caravaning	31%	
Autre (clubs, voyages organisés)	6%	

Par rapport à l'année dernière, est-ce que vous allez dépenser° plus ou moins pour vos vacances d'été?   spend

Vont dépenser en moyenne° 23% de plus	43%	on the average
Vont dépenser en moyenne 28% de moins	14%	
Vont dépenser la même chose	40%	
Ne savent pas	3%	

Si vous deviez° réduire vos dépenses de vacances, sur quels postes° feriez-vous vos économies°?   had to/in what areas would you economize

En[1] faisant plus attention aux petites dépenses	42%	
En restant moins longtemps	48%	
En allant moins loin	38%	
En allant moins au restaurant	30%	
En changeant de mode d'hébergement°	21%	lodging
En réduisant les sorties° le soir	10%	outings
En allant dans une station° moins chère	13%	resort

---

[1] **En** + verb that ends in **ant** is equivalent to the gerund form in English. Ex: **en payant** = paying.

Où vous adresser

Nous avons sélectionné un certain nombre d'associations à but non lucratif pour vous donner une idée des possibilités de vacances bon marché. Voici la liste:

- ◆ *Fédération Léo Lagrange*   21, rue de Provence, 75009 Paris.

    Villages de vacances, séjours et circuits à l'étranger°, colonies et vacances, séjours linguistiques, week-ends Paris et bord de mer, vacances 3e âge°, sorties spectacles, réservations dans les transports, etc. Adhésion°: 40 F, couple ou famille, 60 F.   [tours abroad / over 65 / membership]

- ◆ *O.C.C.A.J.*   9, rue de Vienne, 75008 Paris.

    Villages de vacances, séjours à l'étranger, colonies, stages sportifs, vacances 3e âge, week-ends, randonnées°, réservations spectacles à prix réduit, etc. Adhésion: 25 F, couple ou famille, 50 F.   [excursions]

- ◆ *Tourisme et Travail*   187, quai de Valmy, 75010 Paris.

    Villages de vacances, séjours et circuits, réductions sur les remontées mécaniques°, la location du matériel° et la S.N.C.F. pour les sports d'hiver. Adhésion: 46 F, couple ou famille 58 F, retraités seuls 18 F ou en couple 29 F.   [ski lifts/equipment]

- ◆ *V.V.T.*   5, boulevard de Vaugirard, 75015 Paris.

    Séjour à l'étranger. V.V.T. est l'agence de voyages de V.V.F. (Villages, Vacances, Familles) qui gère des villages de vacances en France, des gîtes, des campings, organise des stages sportifs, des séjours à thème, etc. Adhésion V.V.T.: 95 F (V.V.F.: 35 F).

- ◆ *L.V.T.,* (Loisirs, Vacances, Tourisme)   67, rue de Dunkerque, 75009 Paris.

    Villages de vacances, gîtes, campings, séjours à l'étranger, vacances pour les jeunes, les handicapés et le 3e âge, stages de croisière, etc. A noter que les tarifs de L.V.T. varient en fonction des revenus familiaux. Adhésion: 46 francs, couple 50 francs, famille 80 francs.

Pour obtenir la liste des associations de tourisme social, s'adresser au Ministre de la Jeunesse de Sports et des Loisirs, Direction du Tourisme, 17, rue de l'Ingénieur R.-Keller, 75740 Paris Cedex 15.

◆ Adapté de *Paris Match*

Questions sur la lecture

1. Pourquoi les Français partent-ils en vacances?
2. De nombreuses familles ne peuvent pas s'offrir ces vacances. Quelles en sont les raisons?
3. Quels sont les différents frais qu'il faut considérer avant de partir en vacances?
4. Pour qui ces associations à but non lucratif sont-elles organisées?
5. Qu'offrent-elles aux moins fortunés?
6. Y a-t-il des restrictions pour adhérer à ces associations?
7. Combien de semaines les Français sont-ils partis en vacances en moyenne?
8. Quel est le logement préféré?
9. Quelles sont les possibilités de vacances économiques?
10. Que refusent-ils d'abandonner pour faire des économies?

Questions à débattre en classe

1. Où préférez-vous aller en vacances?
2. Les Français ont plus de vacances que les Américains. Y a-t-il une raison nationale derrière ce fait?
3. Si vous deviez réduire vos dépenses de vacances, sur quels postes feriez-vous vos économies?
4. Existe-t-il des associations à but non lucratif qui organisent des vacances en Amérique? Lesquelles?
5. Les Américains aiment-ils les vacances organisées?
6. Pourquoi les Américains partent-ils en vacances?
7. Quelle est l'attitude américaine envers la valeur° relative du travail et des vacances? Qu'est-ce qui est le plus important pour vous?   value
8. Comment imaginez-vous un stage sportif à la mer?

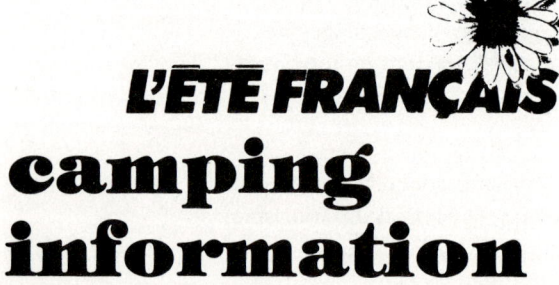

Activités

A. Choisissez l'expression qui complète le mieux chacune des phrases suivantes.

1. Les Français sont _____ de retrouver la détente.
   a) enthousiastes   b) avides   c) lourds

2. De nombreuses familles ne peuvent pas _____ ces vacances.
   a) s'offrir   b) dépenser   c) gérer

3. _____ de voyage et de séjour sont trop grands pour des budgets modestes.
   a) Les périodes   b) Les gîtes   c) Les frais

4. Même parti en vacances, il faut continuer à payer _____ .
   a) les loisirs   b) l'aventure   c) le loyer

5. Des associations _____ ont créé des villages de vacances, des gîtes et des campings.
   a) moins fortunées   b) à but non lucratif   c) grandes

6. Ces associations _____ des colonies de vacances.
   a) aspirent   b) paient   c) gèrent

7. Elles organisent, été comme hiver, _____ .
   a) des gîtes   b) des stages sportifs   c) des campings

8. Ces associations sont ouvertes _____ .
   a) aux moins fortunés   b) à tous   c) aux riches

9. Le plus grand pourcentage des Français passe les vacances d'été _____ .
   a) dans un logement loué   b) chez des parents ou amis   c) en camping

10. Pour réduire les dépenses des vacances, les Français préfèrent _____ .
    a) rester moins longtemps   b) aller moins loin   c) aller dans une station moins chère

B. Quelle est la forme infinitive qui correspond à chaque mot de vocabulaire en italique dans les phrases suivantes?

1. les frais de voyage et de loyer *constituent* une dépense
2. ils ont *créé* des villages de vacances
3. ils *gèrent* des colonies de vacances
4. ces associations sont *ouvertes* à tous
5. dans un logement *loué*
6. si vous *deviez* réduire vos dépenses
7. sur quels postes *feriez*-vous vos économies
8. en *allant* moins au restaurant
9. en *réduisant* les sorties le soir
10. en *faisant* plus attention aux petites dépenses

C. **Vous partez en vacances!** Regardez les dessins á droite et décidez quels vêtements vous allez emporter° pour aller: to bring

1. sur la Côte d'Azur
2. à Paris
3. au Machupicchu
4. à la Martinique
5. à Moscou
6. au Kenya
7. en Angleterre
8. en Inde
9. au Texas
10. à Tokyo

Les Vacances

◆ Les Vacances des Français

Il existe en France 170 organisateurs de voyages. C'est une profession qui ne paraît pas menacée° car en période de crise, les Français paraissent disposés° à renoncer à beaucoup de choses à la condition qu'on ne touche ni à leur voiture ni à leurs vacances. Sur° les trente millions de Français qui devraient°, en principe, être partis en vacances d'ici° la fin du mois d'août, 20% environ auront traversé les frontières° de l'Hexagone°.

    Au palmarès° des destinations des Français, l'Espagne reste largement en tête°. Parmi les pays vers lesquels les Français affluent° le plus volontiers° on trouve ensuite l'Italie, le Maroc, la Yougoslavie et la Grèce. Pour une toute autre raison, la Grande-Bretagne occupe dans ce palmarès une place très honorable, la troisième après l'Espagne et l'Italie. Les 600.000 Français qui viennent passer une partie de l'été chez les Anglais sont dans leur grande majorité jeunes et studieux. Ils y vont apprendre l'anglais ou parfaire° leurs connaissances dans cette langue.

    Les Français voyagent de plus en plus, quel que soit° leur âge, quelle que soit leur destination. Voyageant davantage° ils ont appris à voyager mieux. Ils savent ce qu'ils veulent et ils le disent. S'ils en ont les moyens° ils commandent° le voyage qu'ils ont organisé eux-mêmes. Corollaire de cette attitude, ils deviennent plus exigeants° et manifestent plus volontiers leur insatisfaction dans le cas contraire.

    67% des Français ont pris des vacances au cours des trois dernières années; 18% ne sont jamais partis. La mer reste la destination privilégiée et gagne° des points d'année en année. Près de 60% des vacanciers choisissent la côte Atlantique ou Méditerranéenne en été. 30% passent le mois de juillet ou le mois d'août à la campagne.

                                                ◆ Adapté de *Réalités*

threatened
seem inclined
Of (out of)
should/between now and . . .
borders/France
On the prize list
in the lead/flock
willingly

perfect

whatever might be
more
have the means
order
demanding

gains

Questions sur la lecture

1. Pourquoi la profession d'organisateurs de voyage français ne semble-t-elle pas menacée?
2. Combien de Français devraient partir en vacances cet été?
3. Les Français traversent-ils les frontières? Où vont-ils?
4. Quelle est la destination préférée des Français?
5. Qu'est-ce qui attire° les Français en Grande-Bretagne?   attracts
6. Pourquoi les Français savent-ils mieux voyager?
7. Les Français vont-ils davantage à la mer ou à la campagne?
8. Quelles sont les deux côtes françaises choisies par les vacanciers?

Questions à débattre en classe

1. A votre avis°, pourquoi les Français tiennent°-ils tellement à leur automobile et à leurs vacances?   in your opinion/prize
2. Cherchez les raisons pour lesquelles l'Espagne reste populaire chez les Français.
3. Les Français semblent-ils aimer voyager loin de chez eux? Pourquoi?
4. Décrivez les avantages d'organiser ses vacances soi-même°.   oneself
5. «Voyager plus» permet-il toujours de «voyager mieux»?
6. Les vacances à la campagne sont moins populaires auprès° des Français. Pour quelles raisons?   with
7. Pourquoi la mer reste-t-elle la destination privilégiée?
8. Pensez-vous que les Français voyagent davantage que les Américains? Pour quelles raisons?

Le saviez-vous?

Les Chiffres

Dans la lecture nous avons introduit de nombreux chiffres et pourcentages. Notez que pour les chiffres, les Français mettent une virgule là où les Américains et les Anglais mettent un point et vice versa. Voilà quelques exemples:

En français		En anglais	
100.000	(cent mille)	100,000	(one hundred thousand)
67,8%	(soixante-sept **virgule** huit pour cent)	67.8%	(sixty-seven *point* eight per cent)
4.567	(quatre mille cinq cent soixante-sept)	4,567	(four thousand five hundred sixty-seven)
239,45 FF	(deux cent trente-neuf francs et quarante-cinq centimes)	$239.45	(two hundred thirty-nine dollars and forty-five cents)

Activités

A. **Vrai ou faux?°** Déterminez si chacune des phrases suivantes est vraie (**V**) ou fausse (**F**). Indiquez à gauche la bonne réponse pour chaque phrase. Si nécessaire, faites les corrections.   true or false

_____ 1. Au palmarès des destinations des Français, les Etats-Unis sont en tête.

_____ 2. Près de 60% des vacanciers choisissent la côte Pacifique ou Méditerranéenne.

_____ 3. La Yougoslavie figure parmi les pays vers lesquels affluent les Français.

_____ 4. La campagne gagne des points d'année en année.

_____ 5. Très peu de Français partent en vacances au mois de mai.

_____ 6. Les Français aiment voyager en Grande-Bretagne.

_____ 7. Les Français voyagent moins quand ils sont âgés.

_____ 8. Quand les Français sont insatisfaits, ils manifestent volontiers leur insatisfaction.

B. Consultez la liste ci-dessous et choisissez l'expression qui convient pour compléter chaque phrase.

d'ici	exigeants	commandent
menacée	parfaire	gagne
quelle que soit	côte	palmarès
les frontières	quel que soit	

1. C'est une profession qui ne paraît pas _____ .

2. Six millions de Français auront traversé _____ de l'Hexagone.

3. L'Espagne reste en tête au _____ des destinations.

4. _____ leur âge, _____ leur destination, les Français voyagent davantage.

5. S'ils en ont les moyens, ils _____ le voyage qu'ils ont organisé eux-mêmes.

6. Ils deviennent plus _____ et manifestent plus volontiers leur satisfaction et leur insatisfaction.

7. La mer reste la destination privilégiée et _____ des points d'année en année.

8. Certains Français prennent leurs vacances sur la _____ Atlantique ou Méditerranéenne.

9. Les jeunes vont en Grande-Bretagne pour _____ leurs connaissances de l'anglais.

10. Trente millions de Français devraient être partis en vacances _____ la fin du mois d'août.

C. **Composition** Choisissez un des sujets suivants et écrivez une courte composition dont on discutera ensuite en classe.

1. Préférez-vous passer vos vacances à l'étranger ou dans votre pays? Dites pourquoi.
2. Les Français prennent plus de vacances que les Américains. Commentez ce fait.
3. Les vacances répondent-elles à un besoin ou à une mode? Qu'en pensez-vous?
4. Comparez l'attitude des Américains envers les vacances avec celle des Français. Comment expliquer cette grande différence?
5. Quand les Américains partent en vacances, où vont-ils? Quel(s) pays ou quel(s) endroit(s) sont au palmarès des destinations?

Point de grammaire

Propositions temporelles

1. **d'ici là** between now and then (the future moment having been previously specified)
2. **d'ici** + *expression de temps* (ex: **d'ici** la fin du mois d'août)—the lapse of time between the present moment and some future time (between now and the end of August)

C'est à vous!

Traduisez en français les expressions suivantes.

1. between now and tomorrow
2. between now and then
3. between now and tonight
4. between now and the next vacation
5. between now and the end of the semester

Le "savoir-faire" Sabena

Les tarifs "Jeunes"

Savez-vous que la Sabena vous réserve les conditions suivantes:
- 50% sur tous les tarifs normaux, si vous avez moins de 12 ans.
- 25% si vous avez entre 12 et 25 ans.

En outre, à certaines périodes de l'année sur tout le réseau Atlantique Nord, elle vous offre ses "super bargains".

Renseignez-vous auprès de votre agent de voyages ou auprès des bureaux Sabena, qui vous donneront tous les détails.

SABENA
BELGIAN WORLD AIRLINES

◆ Voyages dans un fauteuil

Bientot, chez soi, dans un fauteuil°, on pourra° acheter son voyage. On le choisira sur son écran° de télévision. Le système fonctionne déjà, dans une agence parisienne, avec ordinateur° et vidéodisque. Vous vous installez° dans un fauteuil de metteur en scène°, vous pianotez° sur des touches°. Face à vous, sur l'écran, apparaît le programme des voyages, de la croisière° à bord du bateau «Vendredi 13» au circuit balinais°. Chaque destination est numérotée. C'est Bangkok qui vous intéresse? Vous appuyez° sur la touche 1. Tous les séjours° possibles défilent°: durée, prix, horaires° d'avion, tarifs d'excursion°, vaccinations, températures locales, taux de change°, rien ne manque, on vous dit même que Bangkok est en Thaïlande! Vous avez choisi la formule C°? Des images en couleurs surgissent°: voici votre hôtel, votre chambre, la piscine, le restaurant, la marchande de fleurs. Tout est montré, sous le meilleur angle évidemment. Vous n'avez plus qu'à° payer, le numéro de votre séjour est déjà à la caisse°.

«Confort et économie°», proclame Constantin Alexandrov, le directeur de Club Espace. «En éliminant les brochures, volumineuses et luxueuses, j'élimine le gaspillage° de papier et d'argent. En informant directement le public, j'élimine les commissions aux circuits de distribution. Résultat, une économie de 15% environ pour le voyageur. Qui dit mieux°»?

«Le voyage n'est pas un produit de consommation comme les autres. Il est naïf de penser qu'un agent de comptoir° peut renseigner aussi bien sur le Kenya que sur la Martinique, où il n'a jamais mis les pieds°», affirme Claude Saulière, le plus ambitieux de tous ces chercheurs° d'évasion dans un fauteuil. Il a donc créé des agences spécialisées pour un seul pays, le Japon, l'Inde, le Mexique...

Au Carrefour de l'Inde°, on prépare, par exemple, des expositions de peinture, de bijoux°, de turbans, on donne des leçons de danse et même des cours sur l'art de distinguer les épices°. Tarifs aériens exceptionnels: 2950 F aller-retour° Paris-Pendjab.

Dans tous ces Carrefours, le même credo: le voyage est un produit culturel. Avant d'acheter, il faut aimer, être initié°. Le prochain Carrefour sera consacré° à l'Egypte. Directeur envisagé: M. Pharaon°. C'est son nom.

◆ Adapté de *L'Express*

---

armchair/will be able to
screen
computer
settle into/director/strum
keys
cruise/of Bali
press
trips/parade by/schedules
excursion fares
exchange rates
plan C/come into view

ne...que—only/cash register/savings

waste

Who can top that?

at the counter
to set foot in
seekers

the Indian Section (*lit.* the crossroads)/jewels
spices
round-trip

to be initiated
devoted/pharaoh

Les Vacances 17

Peanuts
Charles M. Schulz

Questions sur la lecture

1. Dans l'avenir où pourra-t-on «acheter son voyage»?
2. Quelle est la méthode employée pour passer en revue toutes les possibilités de voyage?
3. Si vous désirez visiter Bangkok, que faut-il faire?
4. Si vous choisissez la formule C, que voyez-vous sur l'écran de télévision?
5. Quel est l'avantage de ce nouveau système, d'après° Constantin Alexandrov, le directeur de Club Espace?   according to
6. Quel est le bénéfice pour le public?
7. Si vous allez visiter l'Inde, quelles sont les possibilités pour votre séjour?
8. Quel est le credo de tous ces Carrefours? Pourquoi?

Questions à débattre en classe

1. Quand vous voulez faire un voyage, vous adressez-vous à une agence de voyages? Pourquoi?
2. Quels sont les avantages et les inconvénients° des agences de voyages? — disadvantages
3. Pensez-vous que cette nouvelle idée de choisir les voyages dans un fauteuil est positive ou négative? Pourquoi?
4. En général, «l'âge des ordinateurs» (l'ère du vidéoscope) apporte-t-il des changements positifs dans la vie quotidienne?° — daily
5. Y a-t-il des inconvénients à employer des ordinateurs pour choisir des vacances?
6. Pourquoi les Français prennent-ils leurs vacances tellement au sérieux°? — to take seriously
7. Quelle est l'attitude américaine envers° les vacances? — towards
8. Quels sont les endroits exotiques où vous espérez aller un jour?

Activités

A. Complétez les phrases suivantes. Utilisez votre imagination! (Les expressions en italique sont tirées directement de la lecture.)

1. *L'ordinateur* dans la société moderne...
2. J'aimerais faire *une croisière* à...
3. C'est une excellente idée *d'éliminer*...
4. *Le gaspillage* le plus sérieux est...
5. Mon *credo* personnel dans mes relations sociales est...
6. Je suis d'accord qu'il faut *être initié* pour comprendre...
7. Ma *formule* pour les vacances idéales est...
8. Pendant *mon séjour* à Paris, je tiens à° voir... — look forward to

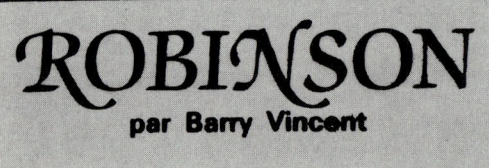

B. Choisissez l'expression qui complète le mieux chacune des phrases suivantes.

1. Vous regardez votre programme favori sur _____ de la télévision.
   a) l'écran   b) la formule   c) la touche

2. Après une longue journée de travail, on aime beaucoup rentrer à la maison et s'installer dans _____.
   a) une agence   b) un fauteuil   c) une piscine

3. Philippe a l'esprit d'aventure et il veut voir le monde. Il adore _____.
   a) payer   b) voyager   c) acheter

4. Vous n'avez pas beaucoup de temps pour vos vacances. Alors il faut demander _____ du voyage avant de l'acheter.
   a) le prix   b) les taux de change   c) la durée

5. Sophie regarde toujours sa montre; elle n'aime pas _____ son temps.
   a) gaspiller   b) appuyer   c) choisir

6. Martine et son mari veulent visiter les Antilles. Ils choisissent la formule D par l'intermédiaire de _____.
   a) l'ordinateur   b) la caisse   c) la chambre

7. Elles ne savent pas à quelle heure le train va partir. Il faut regarder _____.
   a) l'horaire   b) le credo   c) le séjour

8. Le gouvernement français travaille dur pour _____ le crime.
   a) informer   b) éliminer   c) gaspiller

C. Dans le contexte de la lecture, entourez le mot qui n'appartient pas à la suite logique de chaque groupe de mots.

1. l'ordinateur / le vidéodisque / la croisière / l'écran
2. la durée / le gaspillage / le prix / l'horaire
3. l'agent de comptoir / l'aller-retour / le tarif d'excursion / la marchande de fleurs
4. le metteur en scène / l'hôtel / la piscine / le restaurant
5. éliminer / gaspiller / économiser / défiler
6. Bangkok / la Martinique / le Kenya / le Carrefour
7. le gaspillage / les taux de change / les vaccinations / les températures locales
8. payer / la piscine / la caisse / le prix
9. les turbans / les brochures / volumineuses / luxueuses
10. les pieds / les épices / la danse / le tarif

Etude étymologique

Vous trouvez le mot **défiler** dans le texte. Etudiez le développement de ce mot et découvrez d'autres mots dans la même famille:

défiler (de **fil** - du XIIe siècle, latin *filum*—thread)

I. **le fil** *(m.)* - 1) *thread* (cotton, linen) 2) *wire* 3) *current* 4) *(cutting) edge*

Voilà des expressions intéressantes dérivées d'une forme du mot **fil:**

de fil en aiguille	*little by little*
avoir un fil (un cheveu) sur la langue	*to lisp*
mince comme un fil	*very slender*
ne tenir qu'à un fil	*by a hair, to hang by a thread*
les fils de la Vierge	*gossamer*
avoir un fil à la patte	*to be tied down*
un coup de fil	*telephone call*

II. **filer** - 1) *to spin* (flax, glass) 2) *to flow smoothly; to run* (like oil) 3) *to slip by* 4) *to move quickly or to go fast*

Voilà des expressions qui viennent du verbe **filer:**

filer à l'anglaise	*to leave without permission*
filer doux	*to be docile, to be submissive*

la lampe file	*the lamp is smoking*
avoir une maille qui file	*to have a run in a stocking*
il a filé	*he made tracks; he took off*

III. **défiler** - 1) *to unstring, to unthread* 2) *to put under cover* 3) *to file off, to march past*

se défiler 1) *to come unstrung* 2) *to take cover* (from enemy fire) 3) *to clear out*

Encore des expressions qui ont de la parenté avec le verbe **défiler**:

défilé ininterrompu d'autos	*endless procession of cars*
défiler en colonne par deux	*to file off in twos*

C'est à vous!

A. Essayez de deviner l'origine de quelques-unes des expressions idiomatiques ci-dessus.°   *here above*

B. Regardez toutes les définitions données ci-dessus et devinez la signification de chacune des expressions suivantes.

1. un fil d'araignée
2. le temps file
3. allez! filez!
4. perdre le fil des idées
5. interrompre le fil d'un discours
6. un défilé militaire
7. un défilé de mode
8. filer le parfait amour

Le Languedoc au fil de l'eau...

Pêche à la ligne

Canoé-kayak

Voile

Natation

Planche à voile

Flâner, s'arrêter quand bon vous semble, au hasard d'une berge tranquille, à l'appel d'un paysage, d'un clocher pointant par-dessus la futaie. Vivre à votre rythme. Vous retrouver en famille, entre amis, tel sera le charme de votre croisière au fil de l'eau.

Reliant l'Atlantique à la Méditerranée, le canal latéral de la Garonne suivi du canal du Midi vous proposent des centaines de kilomètres à travers campagnes et forêts. Des villages pittoresques bordent votre route, des villes anciennes sont vos escales.

La Récapitulation

Quelques mots de vocabulaire à retenir

l'aller-retour
le congé d'été
la croisière
l'économie
le frais
l'inconvénient
le loisir

le séjour
la sortie
le tarif d'excursion
défiler
demeurer
devenir
être disposé à

gagner
au cours de
avoir les moyens
en tête de
ne ... que
d'ici + *expression du temps*

Divisez la classe en plusieurs équipes

A tour de rôle, demandez à une personne de chaque équipe de:

A. définir un mot de vocabulaire dans la liste qui précède (1 point pour chaque bonne réponse);
B. inventer une phrase avec chaque mot (1 point pour chaque bonne réponse).

La meilleure équipe (celle qui aura obtenu le meilleur score) jugera les autres équipes dans l'activité suivante:

C. Choisissez des étudiants de chaque équipe pour jouer successivement les rôles de l'histoire suivante: *Dans une agence de voyages*.

Désignez deux ou trois étudiants pour les voyageurs. Ils peuvent imaginer leurs rôles respectifs (une famille, des ami(e)s, un couple avec un enfant, etc.). Choisissez un (ou deux) étudiant(s) pour l'agent de voyages (et son patron).

En essayant d'employer tous les mots de vocabulaire possibles (1 point pour chaque mot de vocabulaire employé), les voyageurs visitent l'agence de voyages pour planifier leurs prochaines vacances.

Les possibilités de discussion

—la destination
—le type de voyage désiré

—les prix
—les activités possibles

—la durée
—les conditions du logement

Variations

1. L'agent de voyages n'écoute pas ses clients. Il insiste sur un autre type de vacances, le contraire de ce que ses clients désirent.
2. Toute l'équipe participe à la fois, mais il faut désigner les voyageurs et les agents de voyages avant de commencer. On dit chacun une phrase à tour de rôle.
3. La même que variation 2, sauf que cette fois, chaque étudiant ne termine pas sa phrase. L'étudiant suivant est alors obligé de la compléter et de commencer la prochaine phrase, et ainsi de suite.

Vocabulaire thématique ♦ Les Vacances

Les substantifs

l'aller-retour (*m.*) round trip
le bijou jewel
le but goal
la caisse cash register
le carrefour crossroads
le chercheur seeker
la colonie de vacances children's holiday camp
le comptoir counter
le congé d'été summer vacation
la croisière cruise
la dépense expenditure
la détente relaxation
l'économie (*f.*) economy, thrift, savings
l'écran (*m.*) screen
l'entreprise (*f.*) firm, business concern
l'épice (*f.*) spice
le fauteuil armchair
la fermeture closing
la formule plan, formula
le frais expense
la frontière border
le gaspillage waste
le gîte hideaway, resting-place
le goût taste (pleasure)
l'hébergement (*m.*) lodging
l'Hexagone (*f.*) France
l'horaire (*m.*) schedule, timetable
l'inconvénient (*m.*) disadvantage
le loisir spare-time activity
le loyer rent
le metteur en scène director
le milliard billion
l'ordinateur (*m.*) computer
le poste area
le résultat result
le revenu income
le séjour trip, stay
le sondage opinion poll
la sortie outing
le stage period of instruction
la station resort
le tarif d'excursion excursion fare
le taux de change exchange rate
la touche key, button
les vacances vacation (the noun is always used in the plural in French)

Les verbes

affluer to flock, to throng
appuyer (sur) to press
chuter to fall
commander to order
consacrer to devote
convaincre to convince
défiler to parade by
devenir to become
devraient (*3ᵉ pers. pl. du cond. de* **devoir**) should
enseigner to teach
étaler to spread out
se fier à to trust
gagner to gain or earn
gérer to manage
s'installer to make oneself at home, to get settled in
manifester to show
menacer to threaten
parfaire to perfect
pianoter to strum
pourra (*3ᵉ pers. sing. du futur de* **pouvoir**) will be able
surgir to rise, to come into view

Les autres expressions

à bord de on board
amèrement bitterly
au cours de during
au palmarès on the prize list (list of honors)
avoir les moyens to have the means
contre as opposed to
davantage more
d'ici + *expression de temps* between now and "time expression"
en dehors de outside of
ensuite afterwards
en tête in the lead
être disposé à to be inclined to do something
être initié to be initiated, to be in the know
exigeant demanding, exacting
malgré in spite of
mettre les pieds to set foot in
moyen (adj.) average
ne . . . que only
nombreux numerous
non lucratif non-profit
plutôt que rather than
quel que soit whatever might be
qui dit mieux who can top that?
sur + *expression numérique* of (out of) + number
volontiers willingly

onjour les vacances !

Le Vin
Les Fromages français

Unité 2

- *Le Vin chez les Français*
- *Pour devenir connaisseur en vins*
- *Trésors des fromages de France*
- *Le Camembert—fromage de Normandie*

◆ Le Vin chez les Français

Le vin n'est pas seulement un produit agricole; c'est aussi une œuvre d'art°. Chaque cru[1] a sa personnalité, et il existe en France des règles° pour le servir et pour le déguster°.

    Depuis 1920 plus de 25 confréries° sont nées° à la gloire du vin français. La Confrérie des Chevaliers du Tastevin a pour devise° un calembour°: «Jamais en vain, toujours en vin.»

work of art/rules
to taste
brotherhood/born
motto
pun

Quelques Règles

Pour servir:

- Les «grandes» bouteilles° se servent avec leur poussière°, tenues horizontales, dans un panier d'osier°. *best wines/dust / wicker basket*
- Les vins rouges se servent «chambrés»° (de 15 à 18 degrés C.). *at room temperature*
- Les vins blancs et rosés se servent frais (de 5 à 12 degrés C.).
- Le champagne et le mousseux° se servent légèrement «frappés»°. *sparkling wine/submerged in an ice bath*
- Il faut harmoniser le choix de vins avec les différents mets° et arranger une gradation au cours du repas. *dishes*
- L'harmonie est une question d'équilibre et de bon sens:
    - à plats légers, vins légers
    - à plats rustiques, vins jeunes
    - à haute cuisine, grands vins
- Avec les salades, mets et hors d'œuvre à la vinaigrette, fromages à la crème, chocolat, ne servez jamais de vin, mais simplement de l'eau.
- Vins blancs secs:
    huîtres°, fruits de mer, fritures, poissons grillés, charcuteries°, escargots, fromages de chèvre, gruyère. *oysters/cold cuts*
- Grands blancs:
    poissons et crustacés en sauce, fines charcuteries, foie gras, volaille°, viandes blanches. *poultry*
- Vins rosés:
    charcuteries, hors d'œuvre, omelettes.
- Vins rouges légers:
    viandes rôties, viandes blanches, grillades, volaille, pâtes, fromages légers.

---

[1] **Cru**   official term used in the grading of wine.

♦ Grands rouges:
  gibier°, viandes en sauce, fromages divers mais pas trop forts.   game

Pour déguster:

♦ Tenez le verre de vin devant une lumière pour voir la couleur du vin.
♦ Humez° le vin pour en discerner le bouquet.   breathe in
♦ Buvez le vin à petites gorgées°. Ni eau, ni cigarettes.   sips

♦ Adapté de *Guide France*

Questions sur la lecture

1. Quelles sont les règles pour servir et déguster le vin?
2. Pourquoi les confréries ont-elles été créées?
3. Quelle est la devise de la Confrérie des Chevaliers du Tastevin?
4. Comment faut-il servir les vins rouges?
5. Les vins blancs et rosés se servent-ils «chambrés»?
6. Que sert-on avec la volaille?
7. Sert-on un vin particulier avec les huîtres? Lequel?
8. Comment sert-on les «grandes» bouteilles?
9. Comment déguste-t-on le vin?
10. Pourquoi hume-t-on d'abord le vin?

Questions à débattre en classe

1. Comment peut-on considérer le vin comme une œuvre d'art?
2. Quelle est la «raison d'être»° d'une confrérie? Etes-vous membre d'une confrérie?   reason for existence
3. Quels sont les avantages et les inconvénients d'une confrérie?
4. Pourquoi les «grandes» bouteilles se servent-elles avec leur poussière?
5. Est-ce que les règles données ci-dessus° sont toujours respectées par le grand public?   here above
6. Pensez-vous que les règles du passé gouvernent toujours° nos habitudes° à table? Est-ce aussi votre philosophie?   still / practices
7. Pourquoi les cigarettes ne sont-elles pas recommandées quand on déguste le vin? Et l'eau?
8. La société grecque donnait une telle importance au vin qu'un dieu était consacré à cette boisson°. Qui était-il? Qu'en savez-vous?   drink
9. Que savez-vous sur la fabrication du vin en France et en Amérique? Est-ce qu'on emploie les mêmes procédés?
10. Quelle est l'attitude américaine envers le vin? Comment l'attitude des Américains est-elle différente de celle des Français?

Activités

A. Consultez la liste ci-dessous et choisissez l'expression qui convient pour compléter chaque phrase.

déguster	chambrés	produit
cru	règles	œuvre d'art
nées	calembour	humez
légèrement	se servent	

1. Le vin n'est pas seulement un _____ agricole.
2. Chaque _____ a sa personnalité.
3. Le vin est aussi une _____ .
4. Il existe des _____ pour servir le vin et pour le _____ .
5. Depuis 1920 plus de 25 confréries sont _____ .
6. La devise de la Confrérie des Chevaliers du Tastevin est un _____ .
7. Les grandes bouteilles _____ avec leur poussière.
8. Les vins rouges se servent _____ .
9. Le champagne et le mousseux se servent _____ frappés.
10. _____ le vin pour en discerner le bouquet.

B. Choisissez la réponse qui correspond le mieux à votre avis personnel. Quelles sont les raisons qui ont déterminé votre choix?

1. On devrait apprendre à boire les vins:
   a) en famille
   b) avec des amis
   c) à l'école
   d) avec des connaissances
   e) pas du tout

2. Pour que les jeunes deviennent des consommateurs responsables du vin, ils devraient commencer à apprendre:
   a) à 14 ans
   b) à 16 ans
   c) à 18 ans
   d) à ____ ans

3. L'influence la plus importante sur la décision de boire ou de ne pas boire est:
   a) l'influence des parents
   b) l'influence des amis
   c) la religion
   d) ____

4. On doit considérer les vins comme:
   a) une boisson alcoolisée
   b) un poison
   c) une boisson pour célébrer
   d) une partie essentielle des repas
   e) _____

5. Le public américain consomme le vin:
   a) pour s'amuser
   b) par snobisme
   c) en connaisseur
   d) comme drogue
   e) _____

6. Le public américain achète le vin:
   a) sur les recommandations des amis
   b) sur les recommandations des négociants°
   c) sans discrimination
   d) par goût
   e) en s'aidant de guides

   °wine merchants

C. Divisez la classe en groupes et faites des recherches sur les différentes régions de la France où les vins sont produits.

1) la Champagne
2) l'Alsace
3) les Côtes du Jura
4) la Bourgogne
5) la Savoie
6) les Côtes de Provence
7) les Côtes du Rhône
8) le Languedoc
9) l'Armagnac
10) le Cognac
11) le Val de Loire
12) le Bordeaux

Le saviez-vous?

Les Vins de Bordeaux

Le vignoble des vins de Bordeaux est une étendue de vignes d'environ cent mille hectares (1 hectare = 2,47 acres): l'équivalent d'un territoire rectangulaire de quarante kilomètres sur vingt-cinq. La production moyenne atteint cinq cents millions de bouteilles par an, réparties en cinq familles différentes:

- les Médoc et les Graves
- les Saint-Emilion, Pomerol et Fronsac
- les Bordeaux et Côtes de Bordeaux
- les vins secs blancs (Graves, Entre deux Mers, Côtes de Blaye)
- les vins blancs liquoreux (Sauternes)

PRINCIPALES FORMES DE BOUTEILLES

A - Côtes du Rhône
B - Châteauneuf du Pape
C - Bordeaux Blanc
D - Bordeaux Rouge
E - Alsace
F - Bourgogne Blanc
G - Bourgogne Rouge
H - Occitane
I - Véronique
J - Hollandaise
K - Champenoise
L - Côtes de Provence (négoce)
M - Côtes de Provence (producteur)
N - Corse
O - Litre 6 étoiles consigné

♦ Pour devenir connaisseur en vins

«Nous avons testé pour vous les cours du soir et séminaires où s'apprend cette science grisante°.» ° intoxicating

  Ce sont certainement les écoles les plus agréables de France. En dépit d'°un nom qui pourrait° évoquer de joyeuses libations°, ce sont des lieux sérieux où des gens sérieux viennent acquérir° sérieusement des notions d'œnologie, c'est-à-dire, en termes plus simples, viennent apprendre à mieux connaître le vin. ° in spite of/might/drink offerings/to acquire

  L'Académie du Vin a pour grande particularité d'être dirigée° par un Anglais, ancien négociant en vins dans son pays, Steven Spurrier, et par un journaliste américain, Jon Winroth. ° to be directed

  Les cours sont étalés sur six semaines, un soir par semaine (de 19 à 21 h). Le premier soir, introduction aux vins français: un peu d'histoire et un peu de théorie; le second est consacré aux vins de la Loire; le troisième aux vins d'Alsace, aux rosés de Provence et aux vins de la vallée du Rhône; le quatrième aux vins de Bourgogne; le cinquième aux vins de Bordeaux; le sixième aux vins de Champagne.

  Ceux qui se découvrent° une passion tout à fait° irrésistible pour ces études ont la possibilité de suivre des cours de perfectionnement°. ° discover in themselves/ completely/advanced courses

  Comment se passe une session?

  A leur arrivée, les professeurs (ils sont quatre) donnent à chaque élève une liste des vins à étudier le soir. Il y a un exposé théorique sur le vin et des travaux pratiques°, «dégustation.» Parmi les «outils»,° il y a bien entendu les bouteilles et les verres, mais il y a aussi du pain Poilâne[1] et des fromages de chez Barthélémy, fournisseur de l'Elysée et de Matignon.[2] ° practical application/tools

  Les cours de perfectionnement fonctionnent suivant le même principe. Ils vont simplement plus loin dans chaque matière. Durée:° trois semaines. L'Académie du Vin professe en français (mercredi et jeudi) et en anglais (mardi et vendredi); les cours avancés sont donnés le lundi. ° duration

♦ adapté de *Paris Match*

---

[1] one of the best bakers in Paris
[2] suppliers for the official residence of the President of the French Republic and that of his Prime Minister

Questions sur la lecture

1. Qu'est-ce que l'œnologie?
2. Qu'est-ce qu'on apprend dans les écoles d'œnologie?
3. En quoi l'Académie du Vin est-elle différente des autres écoles?
4. Quelle est la durée des cours?
5. Combien de fois par semaine la classe se réunit°-elle?   meets
6. Comment se passent les travaux pratiques?
7. Quels sont les «outils» des travaux pratiques?
8. En quoi les cours de perfectionnement sont-ils différents des cours de débutants?

Proverbe français:

Un repas sans vin est une journée sans soleil.

Questions à débattre en classe

1. Pourquoi les écoles d'œnologie sont-elles «les plus agréables de France»?
2. Pourquoi veut-on étudier sérieusement le vin?
3. Quel est l'attrait° spécial de la direction anglo-américaine de cette école?   attraction
4. Pourquoi les étudiants commencent-ils leurs études avec l'histoire du vin et un peu de théorie?
5. Pourquoi le pain et le fromage sont-ils nécessaires aux travaux pratiques?
6. Pourquoi emploie-t-on le pain Poilâne et le fromage de chez Barthélémy?
7. Que savez-vous sur la méthode de fabrication du vin? (Vous trouverez quelques bonnes adresses ci-dessous° (*p. 39*) si cela vous intéresse.)   here below
8. Trois semaines vous semblent-elles suffisantes pour une bonne connaissance des vins?
9. Où sont les régions vinicoles° américaines?   winegrowing
10. Avez-vous déjà visité une entreprise vinicole? Faites la description de votre visite.

Activités

A. Choisissez l'expression qui complète le mieux chacune des phrases suivantes.

1. _____ un nom qui pourrait évoquer de joyeuses libations, ce sont des lieux sérieux.
   a) Ceux qui
   b) En dépit d'
   c) A connaître
   d) Ce sont

2. Des gens sérieux viennent _____ sérieusement des notions d'œnologie.
   a) diriger
   b) se découvrir
   c) acquérir
   d) étaler

3. Steven Spurrier est un ancien _____ en vins dans son pays.
   a) journaliste
   b) élève
   c) professeur
   d) négociant

4. Les cours sont _____ sur six semaines.
   a) étalés
   b) évoqués
   c) dégustés
   d) consacrés

5. Le second soir est _____ aux vins de la Loire.
   a) agréable
   b) dirigé
   c) étalé
   d) consacré

6. Ceux qui _____ une passion pour ces études ont la possibilité de suivre des cours de perfectionnement.
   a) donnent
   b) discutent
   c) se découvrent
   d) suivent

7. Comment _____ une session?
   a) déguste
   b) se passe
   c) professe
   d) donne

8. Après l'exposé théorique, il y a les _____ .
   a) travaux pratiques
   b) lieux sérieux
   c) notions d'œnologie
   d) mêmes principes

9. Parmi les _____ , il y a les bouteilles, les verres, le pain, et le fromage.
   a) cours
   b) exposés
   c) outils
   d) écoles

10. La _____ des cours est de trois semaines.
    a) bouteille
    b) durée
    c) théorie
    d) arrivée

B. Les mots qui se ressemblent en français et en anglais et qui ont la même signification dans les deux langues s'appellent des **mots apparentés.** Encerclez les mots apparentés dans les phrases suivantes.

1. Ce sont certainement les écoles les plus agréables de France.
2. Ce sont des lieux sérieux où des gens sérieux viennent acquérir sérieusement des notions d'œnologie.
3. Le premier soir, introduction aux vins français: un peu d'histoire, un peu de théorie.
4. Le second est consacré aux vins de la Loire.
5. Ceux qui se découvrent une passion tout à fait irrésistible pour ces études ont la possibilité de suivre des cours de perfectionnement.

C. Chaque mot de la colonne de gauche ci-dessous est défini dans la section de vocabulaire à la fin du livre. Devinez° ce que le mot dans la colonne de droite veut dire° en anglais.

guess
means

étaler	étalage
suivre	le suivant
cours de perfectionnement	(se) perfectionner
pouvoir	le pouvoir
diriger	le dirigeant
se découvrir	la découverte

D. Trouvez dans la colonne de droite le mot qui a (approximativement) le même sens que le mot dans la colonne de gauche. Indiquez à gauche la bonne réponse.

_____ 1. agréable   A. les idées

_____ 2. certainement   B. le commerçant

_____ 3. les lieux   C. la présentation

_____ 4. les notions   D. la conférence

_____ 5. la particularité E. plaisant

_____ 6. le négociant   F. enseigner

_____ 7. tout à fait   G. la caractéristique

_____ 8. l'introduction   H. complètement

_____ 9. l'exposé   I. sûrement

_____ 10. professer   J. les endroits

Comment lire une étiquette de vin

Le vin est une boisson dont les qualités peuvent varier en fonction de son origine, des terroirs, des conditions de vinification, etc. Une réglementation stricte permet donc au consommateur de reconnaître, par simple lecture d'une étiquette, la provenance, le type et les caractéristiques d'un vin.

Par exemple, pour les A.O.C. (Vins à **Appellation d'Origine Contrôlée**) (la catégorie la plus élevée des vins de France):

Mentions obligatoires:
1. Présence de la mention **Appellation d'Origine Contrôlée** ou **Appellation Contrôlée** encadrant le nom de l'appellation (exemple: **Appellation Bordeaux Contrôlée**). Seul, le champagne, par exception, échappe à cette obligation.
2. Nom et raison sociale (adresse) de l'embouteilleur.
3. Volume net (c'est-à-dire le volume du vin contenu dans la bouteille).
4. Mention **France, Produit en France** ou **Produce of France** (Cette mention est obligatoire à l'exportation mais reste facultative sur le territoire français).

Mentions autorisées:
5. Nom et adresse du propriétaire ou du groupe de propriétaires récoltant.
6. Mention du nom de l'exploitation (**Cave, Coopérative, Clos, Château,** etc.).
7. Mention indiquant: **mis en bouteilles.**
8. D'autres mentions complémentaires dont l'indication du millésime, des mentions concernant la qualité (**Grand cru, Vin de Primeur,** etc.), des conseils d'utilisation, etc.

Maintenant, essayez d'identifier les mentions obligatoires et autorisées des étiquettes à la page 36.

Vocabulaire de la viticulture

Appellation Contrôlée Originated by winemakers, these are laws that control the vine tending, yield, winemaking, and vineyard rankings of the top 20 percent of French wines. Nearly all the wines exported come under AC regulations. Sometimes called AOC (**Appellation d'Origine Contrôlée**).

Apéritif A drink, often wine, served before a meal to whet the appetite. These are usually sweet wines flavored with various barks and herbs. Popular brands include Dubonnet, Byrrh, Lillet. They have an alcohol content of about 20 percent. Not all are sweet—French Vermouth is not, for example, and the best are from Marseilles (Noilly Prat) or Savoie (Chambéry).

Arrière-goût Aftertaste—a diminishing continuation of the taste of a good wine.

Brut The epitome of dryness, which means that little or no "dosage" (of sugar) has been added to the wine.

Cave A term for the cellar—a storage place for wine. It must have an even temperature, a fairly constant coolness and ventilation.

Château In Bordeaux synonymous with *property* or *vineyard*.

Clos A vineyard. It sometimes signifies an enclosure, fence, or wall.

Cru A vineyard or growth. It is also an official term used in the grading of wine (**premier cru, deuxième cru,** etc.)

Demi-sec Literally half-dry, but actually referring to sweet wines.

Domaine A vineyard, but it can also refer to a group of vineyards belonging to a single owner. **Mise du Domaine** or **Mise au Domaine,** or a variant, signifies wine bottled by the owner, an estate-bottling.

Dosage The addition of sugared wine to another wine in order to make it conform to established standards of dryness. This is only used for champagnes and sparkling wines.

Flute A long, stemmed champagne glass shaped like a thin V. Also the slim bottles used in Alsace.

Millésime The vintage year or date on a bottle.

Moelleux Literally, marrowy or nutty.

Mousseux Foamy, or fully sparkling, like champagne.

Nature Literally, a natural wine—one that has not been sweetened.

Négociant French word for a wine shipper. A **Négociant-éleveur** is a shipper who buys new wine and matures it.

Pétillant Lightly sparkling or crackling, a wine that has less than two atmospheres of pressure.

Pourriture noble Literally, noble rot. A state of overripeness which concentrates the sugar content of grapes. For some sweet wines, especially Sauternes, this is considered highly desirable.

Primeur First or springlike. The phrase **en primeur** applied to Beaujolais, refers to the quickly fermented wine that arrives in Paris on November 15.

Propriétaire An owner of a vineyard.

Récolte The crop or vintage.

Sec Dry. In a wine this is the opposite of sweet.

Tastevin Knobbed silver saucer still used in Burgundy for tasting wines from cask. The **Confrérie du Tastevin** is the Burgundian promotional organization that swears in members as Chevaliers with good-natured solemnity.

Terroir The soil. A wine that has a **goût du terroir** has an earthy taste, not unpleasant when light, but rarely present in great wines.

Tête de cuvée Literally head vat or first vat, an informal term for the best wine of a commune or firm.

Tranche A word meaning *slice,* applied in Bordeaux to a portion of a vintage, for which approved buyers are allowed to bid. Only those who have previously bought the wines of a **château** are allowed to bid for the **première tranche,** or base bid.

Vendange The picking of the grapes, or harvest.

Vignoble The expanse of a vineyard. In Burgundy, a vineyard is also called a **climat,** suggesting characteristics beyond soil and slope, including drainage and weather.

Vin cuit Said of a wine that tastes cooked, from being made with concentrate or being heated to reduce volume and increase alcohol content.

Vin de consommation courante A good, ordinary table wine which may come from the Midi region or from the Gironde or other wine-growing areas.

V.D.Q.S. (Vin Délimité de Qualité Supérieure) A local wine meeting minimal official standards of quality.

Viticulteur A vine grower, not necessarily the owner of a vineyard but one who tends it and shares in the crop.

Ouvrages à consulter

1. *Connaissance et travail du vin* - E. Peynaud, 1971. Dunod, Paris.
2. *Le Goût de vin:* E. Peynaud, 1980. Dunod, Paris.
3. *Dictionnaire illustré des vignes de France* - André Adam. Editions, Rossel Paris.
4. *Les Bons Vins et les autres* - Pierre-Marie Doutrelant (avec un guide de l'acheteur). Editions du Seuil, Paris.
5. *Aménager sa cave en 10 leçons* - Louis Doucet. Hachette Littérature, Paris.
6. *Comment connaître 30 bons vins,* Fernand Woutaz. Editions Hatier, Paris.

Où vous adresser

♦ *Centre de Formation continue de l'Institut d'Œnologie*
  351, cours de la Libération
  33405 Talence FRANCE (tél: 80-77-92)

♦ *l'Académie du Vin*
  25, rue Royale
  75017 Paris FRANCE (tél: 265-09-82)

♦ *Effor*
  19, avenue Gourgaud
  75017 Paris, FRANCE (tél: 754-99-30)

Le saviez-vous?

Les Entrepôts de Bercy

Entre la Seine (port de Bercy) et le chemin de fer, les Entrepôts de Bercy constituent une véritable ville dont les rues portent les noms des grands crus de France.

Des Verres de vin:

Vouvray — Anjou — Alsace — Bordeaux blanc — Bourgogne rouge — Bordeaux rouge — Bourgogne blanc — Champagne

◆ *Trésors° des fromages de France*   treasures

La France produit près de 1 million de tonnes de fromages par an. Elle est le premier producteur européen et le second dans le monde derrière les Etats-Unis. Le Français détient° le record mondial de consommation *holds* avec 15 kilos par an. Son choix est énorme, puisqu'il y a de 200 à 220 variétés. Ce n'est pas par hasard que Maurice Edmond Sailland, dit Curnonsky[1], le prince des gastronomes, a déclaré: «Les fromages de France présentent une telle variété de saveurs qu'ils ont de quoi plaire° à tous *they have something pleasing* les palais°, même à ceux des rois.» *palates*

    C'est déjà une joie pour l'œil de voir arriver un plateau° où sont *tray* disposés les fromages les plus différents: certains ressemblent à des cœurs, d'autres à des boules, des pyramides, des briques, etc. Ils ont des couleurs quasi psychédéliques: rose, amarante°, vert-de-gris, ocre jaune, gris perle. *purplish* Et, lorsqu'on les goûte, les fromages composent une grande symphonie, un jeu extraordinaire de toutes les gammes: du dur au tendre, du frais au sec, etc. Cette grande richesse est, bien entendu°, universellement *of course* illustrée et célébrée à travers tout le pays. Le goût des fromages dépend d'abord du lait, lui-même influencé par la race des bêtes°, l'herbe qu'elles *animals* mangent, le climat et la nature du sol. Mais le goût dépend aussi des innombrables variations de recettes° introduites à chaque stade° de la *recipes/stage* fabrication dans tel° village, par telle fermière°, au cours d'une évolution *such/a woman farmer* qui a duré plusieurs siècles.

    Georges Blond, dans son *Histoire de l'alimentation,* mentionne le fromage comme l'une des premières nourritures° de l'homme. Il y a 2000 *foods* ans, Pline l'Ancien parlait déjà des grands mérites du cantal (produit en Auvergne, dans le Massif Central) et affirmait qu'à Rome on préférait les fromages du mont Lozère et du Gévaudan (qui se situent au sud-est du Massif Central), ancêtres du roquefort.

    Une légende raconte comment, il y a des siècles, sur le plateau du Combalou, est né° ce roi des fromages qui porte le même nom. Un jeune *was born* pâtre° abandonne son repas sur un rocher pour suivre une jolie fille qui *shepherd* passait près de son troupeau de brebis°. Quelques semaines plus tard, il *flock of sheep* retourne près du rocher où il trouve son pain moisi° et son beau fromage *mildewy* blanc devenu bleu. Mais sa faim est si grande qu'il goûte au fromage et le trouve délicieux.

    Les chroniques du Moyen Age révèlent que de nombreux fromages ont été créés par des communautés religieuses. Nous devons le munster

---

[1] famous writer of gastronomy

aux moines° qui s'étaient établis au VIIème siècle dans les montagnes des Vosges. C'est également un moine obscur de la puissante abbaye de Maroilles (près de Beaune) qui a inventé le fromage du même nom, tandis qu'à l'abbaye de Cîteaux, en Bourgogne, est né un délicieux fromage de vache, le trappiste de Cîteaux. Beaucoup de fromages aussi ont été inventés par des fermières. C'est le cas du reblochon, un très ancien fromage, et le camembert, créé au XVIIIème siècle par Marie Harel.   monks

Aujourd'hui, le fromage produit industriellement représente 90% de la production française. Les 10% restants sont fabriqués selon certaines techniques artisanales ou par quelques fermières. La pasteurisation, qui est la règle dans la fabrication industrielle, donne un produit de qualité régulière, irréprochable sur le plan de l'hygiène, mais dont° le niveau° gastronomique est inférieur aux produits fermiers qui sont de véritables petites merveilles°.   whose/level ... wonders

En tout, La France exporte quelque 160.000 tonnes de fromages par an. En 1971, des dizaines° de milliers de fromages, tous français, ont été commandés par le chah d'Iran pour les seules festivités de Persépolis. Le président Franklin Roosevelt se faisait envoyer régulièrement un choix des plus fameux fromages français. Un jour il a dit au sculpteur Jo Davidson, qui avait fait son buste: «Connaissez-vous Pierre Androuët, ce marchand de fromages à Paris, rue d'Amsterdam, le plus merveilleux marchand de fromages au monde? Quand j'en aurai fini avec ce job de président des Etats-Unis, j'ouvrirai une boutique de fromages comme la sienne.»   tens

L'importance donnée par les Français au fromage peut être résumée dans ces mots de Colette: «Si j'avais un fils à marier, je lui dirais: «Méfie°-toi de la jeune fille qui n'aime ni le vin, ni la truffe, ni le fromage, ni la musique.»   beware

♦ Adapté de *la Sélection du Reader's Digest*[2]

Questions sur la lecture

1. Quel est le record mondial de consommation de fromage?
2. Quelles sont les formes des fromages français?
3. De quels facteurs dépend le goût des fromages?
4. La fabrication des fromages est-elle une industrie récente?
5. Comment le Combalou est-il né?
6. A qui devons-nous le munster, le Maroilles, et le trappiste de Cîteaux?
7. Quel pourcentage de la production française de fromage est fait industriellement?
8. Quels sont les avantages et les inconvénients de la pasteurisation?
9. Combien de fromages la France exporte-t-elle par an?
10. Qui les achète?

---

[2]Originally published in *La Selection du Reader's Digest,* January 1977. Reprinted with permission.

Questions à débattre en classe

1. Pourquoi les Etats-Unis sont-ils le premier producteur de fromage dans le monde?
2. Pensez-vous que les Américains apprécient le fromage comme les Français? (Est-ce que le fromage américain est «universellement illustré et célébré à travers tout le pays»?)
3. Dans quelles recettes les Américains emploient-ils le fromage?
4. Préférez-vous manger du fromage fait industriellement ou selon les techniques artisanales? Pourquoi?
5. Pourquoi les fromages français sont-ils si estimés dans le monde?
6. Expliquez la philosophie exprimée par Colette.
7. Si vous aviez «un fils à marier», quelle philosophie résumerait l'attitude américaine sur les choses qui comptent dans la vie?

Activités

A. Consultez la liste ci-dessous et choisissez l'expression qui convient pour compléter chaque phrase.

artisanales	bêtes	nourritures	bien entendu
détient	merveilles	de quoi	
niveau	goûte	moines	

1. Le Français _____ le record mondial de consommation de fromage.

2. Les fromages de France présentent une telle variété de saveurs qu'ils ont _____ plaire à tous les palais.

3. Lorsqu'on les _____ , les fromages composent une grande symphonie.

4. Cette grande richesse est, _____ , universellement illustrée et célébrée à travers tout le pays.

5. Le goût du lait est influencé par la race des _____ .

6. Le fromage est une des premières _____ de l'homme.

7. Nous devons le munster aux _____ qui s'étaient établis au VIIème siècle dans les Vosges.

8. Les 10% restants sont fabriqués selon certaines techniques _____ .

9. Souvent, le _____ gastronomique des fromages pasteurisés est inférieur aux produits fermiers.

10. Beaucoup considèrent les fromages fermiers comme de véritables petites _____ .

Comté de Montagne
45 % m. g., le kg **43,00**
50,80 F (— 7,80 F)

Roquefort Société
le kg .... **64,40 F**

Emmental Français
45 % m. g. - le kg .... **28,80 F**

FROMAGES

Fromage Chamois d'or
62 % m. g., le kg ...... **47,50 F**
53,00 F (— 5,50 F)

Tomme de chèvre
45 % m. g., le kg ...... **52,90 F**
59,50 F (— 6,60 F)

Fromage Pont Moutier
50 % m. g., le kg ...... **47,00 F**
53,50 F (— 6,50 F)

Bleu des Causses
50 % m. g., le kg ...... **45,90 F**
52,50 F (— 6,60 F)

B. Trouvez dans la colonne de droite l'antonyme de chaque mot de la colonne de gauche. Indiquez à gauche votre réponse.

____ 1. premier   A. le défaut

____ 2. la variété   B. inconnu

____ 3. le dur   C. dernier

____ 4. le mérite   D. le tendre

____ 5. le roi   E. l'uniformité

____ 6. trouver   F. ordinaire

____ 7. révéler   G. le pâtre

____ 8. célébré   H. se fier

____ 9. industriel   I. élaborer

____ 10. merveilleux   J. perdre

____ 11. se méfier   K. cacher

____ 12. résumer   L. artisanal

Etude étymologique

Quoi (forme forte issue du latin *quid,* qui veut dire *what* en anglais).

Quoi est un pronom relatif qui veut dire *what.* **De quoi** suivi de la forme infinitive, cependant, a une signification plus subtile.

Considérez les exemples suivants.

1. Ils ont **de quoi** plaire à tous les palais. — *They have **something** to please all palates.*
2. Il a **de quoi** vivre. — *He has **enough** to live on.*
3. Il y a **de quoi** vous faire enrager. — *It's **enough** to make you mad.*
4. Il faut trouver **de quoi** allumer le feu. — *We must find **something** to light the fire with.*
5. Il n'y a **pas de quoi** chanter victoire. — *There's **nothing** to crow about.*

C'est à vous!

Essayez de traduire les phrases suivantes en français.

1. You have something to talk about.
2. Does she have anything to prepare dinner with?
3. We have something to begin with.
4. They have invented something to work with.
5. Do you have anything to write with?

Fabrication du roquefort

Savoureux Fromages de France

Alsace-Vosges
Munster
Récollet

Anjou-Touraine
Sainte-Maure (chèvre)
Crémets (chèvre)

Béarn-Pyrénées
Oloron (brebis)
Cabecou, Fromage des Pyrénées

Bourgogne
Saint-Florentin
Epoisses, Soumaintrin

Bretagne-Maine
Port-Salut
Curé

Champagne
(voir Ile-de-France: Brie,
Coulommiers)
Chaourcé, Langres, Riceys
cendré

Flandres-Thiérache
Maroilles
Gouda français

Ile-de France
Brie de Meaux
Coulommiers

Guyenne
Bleu de Causses

Normandie
Camembert
Pont-l'Evêque

Provence
Banon (chèvre)
Poivre d'Ane (chèvre)

Savoie
Emmental
Tomme

Rougergue
Roquefort (brebis)

Comment couper un fromage:

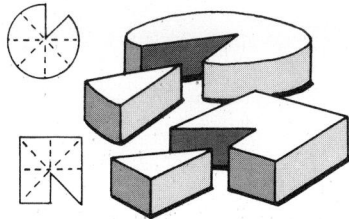

1. des fromages en rond ou des fromages carrés

2. de petits fromages de chèvre

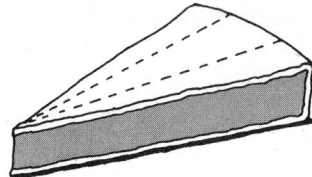

3. des bries

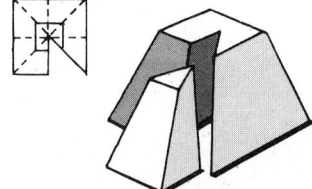

4. des fromages en pyramides

5. des fromages vendus en rond, comme "la Fourme"

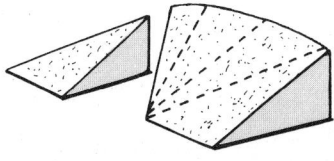

6. des bleus

Le saviez-vous?

Les Chèvres

Un million et demi de chèvres produisent 2.600.000 hectolitres de lait et offrent annuellement 16.000 tonnes de fromage, sans se vexer de leur sobriquet de «vache du pauvre».

Comment devenir fromager

Ecoles d'industrie laitière:

- ♦ Aurillac (Cantal)
- ♦ Mamirolle (Doubs)
- ♦ Poligny (Jura)
- ♦ La Roche-sur-Foron (Haute-Savoie)
- ♦ Surgères (Charente-Maritime)

Recrutement: sur titres ou sur concours
Régime: Internal
Durée des études: 2 années

Le Ministre de l'Agriculture peut fournir tous renseignements sur l'enseignement à la fois théorique et pratique, général et spécialisé: français et géographie laitière, législation sociale, microbiologie et zootechnie, travaux et beurrerie et... trigonométrie.

♦ Adapté de *Tout l'Univers, Grande Encyclopédie de Culture Générale*

RECETTE ♦ Soufflé au fromage

6 œufs
150 g. de gruyère
1½ verre de lait
2 cuillerées de farine
90 g. de beurre

Faites fondre le beurre, délayez-y la farine, mouillez avec le lait chaud, tournez en pâte lisse. Hors du feu, ajoutez, un à un, les jaunes d'œufs, puis le gruyère, et enfin, les blancs battus en neige, sel et poivre. Versez dans un moule à soufflé beurré qui ne doit pas être rempli plus qu'aux deux tiers. Faites cuire à four moyen 20 minutes à peu près. Servez sans attendre.

Préparation: 15 minutes
Cuisson: 20 minutes

◆ Le Camembert—fromage de Normandie

Qui a inventé le camembert? C'est une femme, Marie Harel, fermière, vers 1791, à Camembert-Normandie. Dans son village natal, à Vimoutiers (Orne), on lui a élevé une statue. Cette statue est là, grâce à un Américain, le Dr. Knirim, directeur de clinique, qui affirme avoir guéri° ses clients malades de maux d'estomac avec du camembert et de la bière Pilsen.   cured

C'est bon, mais est-ce diététique? Comme tous les fromages, le camembert est un aliment° très complet qui apporte à l'organisme les mêmes éléments que le lait: protéines, graisses°, vitamines, phosphore, calcium. Vous n'aimez pas le lait, mais vous adorez le camembert? Vous pouvez remplacer un verre de lait par une portion d'environ 28 g. de ce fromage. Vous êtes végétarien? Vous pouvez remplacer 50 g. de viande par 35 g. de camembert.   food / fats

Aujourd'hui, près de 70 départements[1] français fabriquent du camembert. Et s'il n'y avait que cela! Mais la Belgique, la Suisse, l'Allemagne, les Etats-Unis, le Canada ont aussi leur «vrai» camembert. Il y a toutes sortes de fabrications de camembert de plus ou moins bonne qualité.

Matière première essentielle, le lait joue évidemment un rôle capital. Deux sortes de lait peuvent être employées pour la fabrication du camembert: soit du lait cru°, soit° du lait pasteurisé. La pasteurisation qui—en principe, du moins—donne un fromage plus sain° sur le plan bactériologique a le gros inconvénient d'enlever° au lait toute la saveur du terroir° où il a été produit. Un lait cru, au contraire, garde tout son bouquet et le redonne au fromage qui devient alors un régal° pour les connaisseurs.   uncooked/either ... or / healthy / remove / tang of the soil / feast

Ce n'est pas seulement le lait, mais aussi le mode de fabrication qui est responsable des différences de qualités entre les camemberts, et par conséquent, de leurs différences de prix. Dans la fabrication artisanale, toutes les manipulations sont faites à la main, tandis qu'elles sont exécutées mécaniquement dans la fabrication industrielle.

Si vous voulez acheter un camembert dans un supermarché où le choix est vaste, ne vous laissez pas séduire° par les belles images des étiquettes°, mais lisez les prix et les inscriptions sur les boîtes. Si vous voulez un camembert vraiment exceptionnel, cherchez la mention «Camembert fermier». Cherchez aussi sur l'étiquette les lettres V.C.N.   led astray / labels

---

[1]**Départements**   administrative subdivision of France, somewhat like counties.

(Véritable Camembert de Normandie) et le label rouge attribué° par le   assigned
Ministre de l'Agriculture qui ne le donne qu'aux productions de Haute
et Basse-Normandie ainsi qu°'à quelques localités de la Somme et de   as well as
l'Oise. Pour être en règle° avec la législation, les camemberts doivent   compliance
contenir au moins 40% de matières grasses.

Ce n'est pas suffisant de savoir choisir un bon camembert. Il faut
aussi savoir le conserver. Le meilleur endroit°? Incontestablement, la cave°,   place/cellar
mais tout le monde n'a pas la chance d'en avoir une. Reste le réfrigérateur... Contrairement à ce qu'on pense, en effet, le froid n'est pas mauvais
pour le camembert. C'est le degré d'hygrométrie qui importe, c'est-à-dire l'humidité de l'air. La meilleure solution consiste donc à enfermer
le camembert dans une boîte type «Tupperware» dans le bac à légumes°   vegetable drawer
de votre réfrigérateur. Il faut le sortir au moins une heure avant de le
consommer.

♦ Adapté de *La Vie*

Questions sur la lecture

1. Qui était Marie Harel?
2. Pourquoi l'Américain, directeur de clinique, s'intéressait-il à cette femme?
3. Le camembert, est-il diététique?
4. Le camembert peut-il remplacer le lait?
5. Où le camembert se fabrique-t-il?
6. Quel est l'inconvénient du lait pasteurisé?
7. En quoi la fabrication artisanale de camembert diffère-t-elle de la fabrication industrielle?
8. Que faut-il faire pour acheter un camembert exceptionnel?
9. Quel est le meilleur endroit pour conserver le camembert?
10. Le froid est-il mauvais pour le camembert?

Questions à débattre en classe

1. Que savez-vous sur les fromages français?
2. Y a-t-il des produits en Amérique qui sont encore faits selon la méthode artisanale?
3. Aimez-vous le lait et les produits laitiers?
4. Quels changements le progrès technique a-t-il apporté en agriculture?
5. Cette modernisation agricole, est-elle une bonne chose?
6. Pourquoi avons-nous souvent la nostalgie des choses faites selon la méthode artisanale?
7. Y a-t-il des règles qui gouvernent les détails de la production agricole (pourcentage de matières grasses, par exemple) en Amérique?
8. Combien existe-t-il de variétés de fromages aux Etats-Unis? Nommez-en quelques-unes.

Activités

A. Remplacez le mot en italique dans les phrases suivantes par le mot de la lecture qui convient. Faites les accords nécessaires.

1. Qui a *créé* le camembert?
2. Le Dr. Knirim *déclare* avoir *sauvé* ses clients malades avec du camembert.
3. Comme tous les fromages, le camembert est *une nourriture* très complète.
4. Vous pouvez *substituer* un verre de lait par une portion d'environ 28 g. de ce fromage.
5. Près de 70 départements français *produisent* du camembert.
6. Deux sortes de lait peuvent être *utilisées* pour la fabrication du camembert.
7. La pasteurisation a le gros inconvénient d'*ôter* au lait toute la saveur qu'il prend du terroir.
8. Le camembert fait avec le lait cru garde son bouquet et devient un *plaisir* pour les connaisseurs.
9. Le label rouge sur les boîtes de camembert est *conféré* par le Ministre d'Agriculture.
10. Il faut aussi savoir comment *garder* un camembert.

B. Dans le contexte de la lecture, entourez le mot qui n'appartient pas à la suite logique de chaque groupe de mots.

1. guérir / les maux d'estomac / le calcium / les clients malades
2. les protéines / le prix / les graisses / les vitamines
3. l'inconvénient / le lait / le camembert / le fromage
4. sain / pasteurisation / bactériologique / la statue
5. la clinique / la saveur / le bouquet / le régal
6. manipulations / la boîte / mécaniquement / industrielle
7. l'étiquette / le prix / végétarien / le label rouge
8. conserver / département / la cave / l'hygrométrie

C. Consultez les étiquettes reproduites ici pour répondre aux questions suivantes.

1. Qu'est-ce qui est le plus important pour chaque fromage: l'image, la composition, la fabrication, etc.?
2. Auxquels de vos sens l'étiquette plaît-elle le plus?
3. L'étiquette contient-elle un message?
4. Quel est le critère d'achat?
5. En quoi ces étiquettes sont-elles différentes de celles des fromages américains?
6. Discutez la publicité et dites comment elle peut influencer les décisions?

Le Vin/Les Fromages français

Proverbe français

*Honni soit qui sans fromage
prétend à bonne table rendre hommage.*

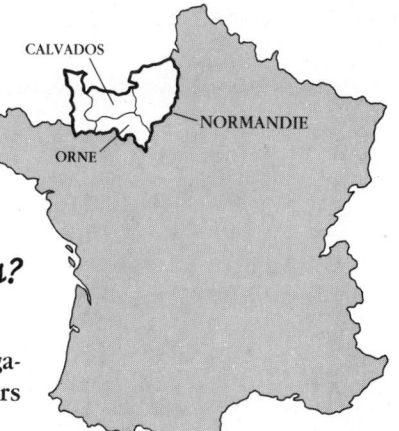

Le saviez-vous?

Ah! le fromage...

Camembert, 239 habitants, à la frontière de l'Orne et du Calvados, organise chaque année depuis huit ans le championnat du monde des avaleurs de camembert.

Cinq mille spectateurs ont assisté cette année au championnat qui réunissait neuf hommes et une femme, tous désireux de ravir le trophée à Michel Beaufils, champion l'année dernière avec une consommation de sept fromages un quart en un quart d'heure.

Le tenant du titre n'a pas été détrôné. Il n'avait pas pris la moindre nourriture, la moindre boisson depuis vingt-quatre heures, quand le président du jury a donné le top du départ. La foule n'a eu d'yeux que pour son appétit et pour ses performances: huit camemberts dégustés en un quart d'heure. Pour faire descendre le tout, une bouteille de bon cidre normand.

♦ adapté de *Nice-Matin*

La Récapitulation

Quelques mots de vocabulaire à retenir

la boisson	la règle	bien entendu
la durée	la volaille	c'est-à-dire
l'endroit (*m.*)	(se) découvrir	ci-dessous
les habitudes (*f.*)	diriger	ci-dessus
l'inconvénient (*m.*)	enlever	dont
la nourriture	se méfier	soit . . . soit
le niveau	vouloir dire	

Divisez la classe en plusieurs équipes

A tour de rôle, demandez à une personne de chaque équipe de:

A. définir un mot de vocabulaire dans la liste qui précède (1 point pour chaque bonne réponse);
B. inventer une phrase avec chaque mot (1 point pour chaque bonne réponse).

La meilleure équipe (celle qui aura obtenu le meilleur score) jugera les autres équipes dans l'activité suivante:

C. Choisissez des étudiants de chaque équipe pour jouer successivement les rôles de l'histoire suivante: *Aller manger en ville.*

En essayant d'employer tous les mots de vocabulaire possibles des chapitres précédents (1 point pour chaque mot de vocabulaire employé), un petit groupe d'amis discute la possibilité d'aller manger en ville. Ils habitent en banlieue (*suburbs*).

Les possibilités de discussion

—où manger
—les directions pour y aller
—on se perd
—on arrive enfin
—comment commander un repas
—le repas arrive

Variations

1. On a oublié de téléphoner au restaurant pour réserver une table et le restaurant est complet jusqu'à 22h 00. Est-ce qu'on attend? Que faire jusqu'à 22h 00?
2. On a oublié de téléphoner au restaurant pour réserver une table et en arrivant, on découvre qu'aujourd'hui c'est la fermeture hebdomadaire (*weekly*). Que faire?
3. On connaissait bien les propriétaires de ce restaurant mais ils viennent juste de vendre et les nouveaux propriétaires ont tout changé.

Vocabulaire thématique ♦ Le Vin / Le Fromage

Les substantifs

l'aliment (*m.*) food
l'attrait (*m.*) attraction
le bac à légumes vegetable drawer
la banlieue suburbs
la bête animal
la boisson drink
la brebis sheep
le calembour pun
la cave cellar
la charcuterie cold cuts
la confrérie brotherhood
le cours de perfectionnement advanced course
le cru official term used in grading wine
le département administrative subdivision of France, somewhat like counties
la devise motto
la dizaine (about) ten
la durée duration
l'endroit (*m.*) place
l'étiquette (*f.*) label
la fermière woman farmer
le gibier game
la graisse fat
les habitudes (*f.*) practices
les huîtres (*f.*) oysters
la libation drink-offering, spirits
la merveille wonder
le mets (*m.*) dish (of food)
le moine monk
le mousseux sparkling wine
le niveau level
la nourriture food
l'œuvre d'art (*f.*) work of art
l'outil (*m.*) tool
le palais palate
le panier d'osier wicker basket
le pâtre shepherd
le plateau tray
la poussière dust
la raison d'être reason for existence, justification
la recette recipe
le régal feast
la règle rule
le stade stage, period
le terroir (agr.) soil
les travaux pratiques (*m.*) (course of) practical application
le trésor treasure
le troupeau flock, herd
la volaille poultry

Les verbes

acquérir (*participe passé = p.p.* **acquis**) to acquire
attribuer to assign
consacrer to dedicate to
(se) découvrir to discover (in oneself), to realize
déguster to taste
détenir to hold (record, etc.)
deviner to guess
diriger to direct
enlever to remove
guérir to cure
humer to breathe in
(se) méfier to mistrust
naître (*p.p.* **né**) to be born
pouvoir (*cond.* **pourrait**) to be able to
(se) réunir to meet
séduire to lead astray
vouloir dire to mean

Les autres expressions

ainsi qu'à as well as
amarante purplish
à petites gorgées in sips
avoir de quoi plaire to have something pleasing
bien entendu of course
c'est-à-dire that is to say
chambré at room temperature
ci-dessous here below
ci-dessus here above
cru (*adj.*) uncooked, raw
dont whose, of which
en dépit de in spite of
en règle avec in compliance with
frappé submerged in an ice bath
les grandes bouteilles the best wines
grisant intoxicating
hebdomadaire weekly
moisi mildewy
sain healthy
soit . . . soit either . . . or
tel such
toujours still
tout à fait completely
vinicole wine-growing

La Cuisine

Unité 3

- ◆ Cuisiner, c'est inventer
- ◆ Mettez des étoiles dans vos casseroles
- ◆ Le «Fast food» envahit la France

◆ *Cuisiner, c'est inventer*

Alain Senderens, l'un des grands de la nouvelle cuisine et l'un des plus inventifs, parle de sa passion, l'innovation culinaire. Il prend résolument position: les principes de la nouvelle cuisine sont justes et bons. La nouvelle cuisine évoluera, mais elle restera.

«Le succès de la nouvelle cuisine a démontré° le désir et la nécessité, consciente ou inconsciente, de manger différemment. «On loue° le passé, disait Tacite, pour dénigrer le présent.» Or°, nos comportements° alimentaires sont dominés par des facteurs psychologiques et socioculturels. Les hommes acceptent relativement bien les changements techniques. Pour la nourriture, il y a une sorte de blocage: ils veulent retrouver les plats de leur enfance, préparés par leurs mères. C'est une sorte de refuge devant l'évolution qu'on refuse.»

Qu'est-ce que la nouvelle cuisine? On en parle souvent comme s'il existait un livre de référence, une bible, un évangile; en quoi est-elle nouvelle?

«En nouvelle cuisine, il n'y a pas de règles, mais seulement quelques principes. C'est la liberté de création. Et c'est peut-être par certains excès qu'elle mérite quelques reproches. La novation de la nouvelle cuisine, c'est un état d'esprit°, un esprit° de fraîcheur, de poésie, de création. Et une préoccupation de santé qui n'existait pas avant. La cuisine du XIXème siècle était un art mort; ou, en tout cas, paralysé. On répétait ce qu'on avait appris sans se poser de questions. La découverte, l'invention vient de ce que l'on réfléchit à ce qu'on fait, qu'on s'interroge, qu'on se remet en question°. C'est ce phénomène de créativité qui a marqué la nouvelle cuisine.»

«Entre les lignes de la nouvelle cuisine, on trouve ces notions nouvelles d'esthétique et de santé. Une exigence° de pureté et de simplicité, même dans l'arrangement, qui permet de saisir davantage le goût des choses: ainsi les sauces légères, sans farine°, qui ne masquent pas le produit. Ainsi l'assaisonnement° parfait. Je me demande, à la limite, si ce sel, ce poivre que nous ajoutons° ne sont pas une perversion du goût. J'observe par exemple que, lorsqu'un poisson ou un légume est cuit° dans un four à vapeur sèche°, il est inutile d'y ajouter du sel. Pour moi, le sucre détruit l'arôme du café. Carême (voir ci-dessous) disait que la sauce est la pierre angulaire° de la cuisine française. Je crois que cette recherche° de la santé par la pureté est, peut-être inconsciemment, la pierre angulaire de la nouvelle cuisine.»

---

demonstrated
praises
now/behavior

state of mind/spirit

put back into question

requirement

flour
seasoning
add
cooked
dry steam oven

cornerstone
pursuit

«Je vous ai parlé de technique. Le reste, qui n'est pas le moins important, est le reflet de la sensibilité°, du goût—juste ou non—du cuisinier. De sa maturité, de son sérieux°. C'est l'influence de la culture, la perception de son évolution, la faculté de sentir les aspirations de l'époque. Je m'efforce d'encourager mes cuisiniers à vibrer à d'autres formes d'art. Car l'art, c'est mélanger, combiner, imaginer. Comment, si l'on n'a pas une émotion devant un beau tableau°, une belle musique, peut-on créer une harmonie dans une assiette? La vue participe tellement au plaisir de la fête! Cet aspect esthétique est aussi une contribution de la nouvelle cuisine. Avant, on mettait sur les plats les décorations, plus ou moins inutiles, qui resservaient° pour un autre; la moitié de la cuisine se passait en salle. Aujourd'hui, avec le service à l'assiette, le cuisinier envoie son plat et le signe. Le client ne doit rien rajouter°, ni sel ni poivre, il faut que le plat soit parfait. Quand on achète un tableau, on n'y rajoute pas du bleu ou du rouge!»

sensitivity
seriousness

painting

were used again

add more

♦ Adapté de *L'Express*

Peanuts
Charles M. Schulz

Questions sur la lecture

1. Pourquoi la nouvelle cuisine connaît-elle un tel succès?
2. Quels sont les facteurs qui dominent nos comportements alimentaires?
3. Existe-t-il un livre de référence, une bible pour la nouvelle cuisine?
4. Quelle est la véritable novation de cette nouvelle cuisine?
5. En quoi cette nouvelle cuisine est-elle différente de la cuisine du XIXème siècle?
6. Pourquoi y a-t-il une exigence de pureté et de simplicité, même dans l'arrangement?
7. En plus de la technique, qu'est-ce qui contribue à une cuisine réussie°?   successful
8. Selon Senderens, quel est le rapport entre l'art et la cuisine?
9. La vue compte-t-elle dans cette cuisine?
10. Comment «le service à l'assiette» a-t-il changé la présentation des plats, d'après Senderens?

Questions à débattre en classe

1. D'où viennent nos goûts personnels pour certaines cuisines (française, chinoise, mexicaine)? Préférez-vous certains plats que votre mère préparait?
2. Pourquoi les hommes acceptent-ils relativement bien les changements techniques et relativement mal les changements culinaires?
3. Quel genre de cuisine préférez-vous et pourquoi?
4. Décrivez brièvement l'attitude américaine typique envers la cuisine. Cette attitude est-elle très différente de celle des Français? De celles d'autres pays? Quelles sont les sources de ces différences?
5. Que signifie cette phrase: «La recherche de la santé par la pureté est la pierre angulaire de la nouvelle cuisine»?
6. Notre attitude envers la cuisine se reflète-t-elle dans d'autres domaines comme les sports, les vêtements ou les produits alimentaires?
7. Considérez votre budget mensuel°. La cuisine y tient-elle une place   monthly
plus, moins, ou aussi importante que d'autres dépenses (les vêtements, les divertissements, etc.)?
8. Traditionnellement, c'est la femme qui fait la cuisine. Comment expliquez-vous le fait que la plupart des grands chefs dans le monde sont des hommes?

Le saviez-vous?

Guillaume Tirel ou Taillevent

Taillevent était le grand chef de Philippe VI de Valois et de Charles VI de France. Entre 1378 et 1380 il a écrit le premier livre de cuisine en français, le *Viandier*.

Activités

A. Choisissez l'expression qui complète le mieux chacune des phrases suivantes.

1. Nos comportements alimentaires sont dominés par des facteurs _____.
   a) historiques et linguistiques
   b) psychologiques et socioculturels
   c) héréditaires

2. Les hommes acceptent relativement bien les changements _____.
   a) techniques
   b) sociaux
   c) culturels

3. En nouvelle cuisine, il n'y a pas de _____.
   a) reproches
   b) principes
   c) règles

4. La nouvelle cuisine mérite quelques reproches par certains _____.
   a) excès
   b) plats
   c) novations

5. La nouvelle cuisine a une préoccupation de _____ qui n'existait pas avant.
   a) présentation
   b) santé
   c) goût

6. C'est le phénomène de _____ qui a marqué la nouvelle cuisine.
   a) tradition
   b) sensation
   c) créativité

7. Il y a aussi des notions nouvelles de (d') _____.
   a) esthétique
   b) règles
   c) évolution

8. La nouvelle cuisine permet de saisir davantage _____ des choses.
   a) le goût
   b) la couleur
   c) l'essence

9. Carême disait que _____ est la pierre angulaire de la cuisine française.
   a) le sucre
   b) l'assaisonnement
   c) la sauce

10. _____ participe beaucoup au plaisir de la fête.
    a) La vue
    b) La musique
    c) La préparation

B. Trouvez dans la colonne de droite l'antonyme de chaque mot de la colonne de gauche. Indiquez à gauche votre réponse.

_____ 1. la sensibilité   A. mobile
_____ 2. le reproche   B. la maladie
_____ 3. sérieux   C. supprimer
_____ 4. davantage   D. l'exception
_____ 5. paralysé   E. frivole
_____ 6. la liberté   F. le compliment
_____ 7. la santé   G. l'insensibilité
_____ 8. la règle   H. inconscient
_____ 9. rajouter   I. la contrainte
_____10. conscient   J. moins

C. Les Préfixes **re-, r-, res-, ra-,** (du latin *re*)

Comme en anglais, ces préfixes indiquent la répétition, mais ils peuvent aussi signaler l'augmentation, l'opposition, ou la réciprocité, entre autres choses.

Considérez les verbes de la sélection que vous venez de lire: **retrouver, remettre, rechercher, resservir, rajouter.**

1. Quelle est la forme originale de ces différents verbes?
2. Est-ce que le verbe avec le préfixe indique la répétition, l'augmentation, l'opposition ou la réciprocité?
3. Quelle est la différence de signification entre le verbe original et le verbe avec le préfixe? Consultez le dictionnaire pour trouver des nuances.
4. Employez chaque verbe avec le préfixe dans une phrase complète pour montrer que vous avez compris le sens du nouveau verbe.

D. **Composition**   Choisissez un des sujets suivants et écrivez une courte composition dont on discutera ensuite en classe.

1. Selon vous, quel est le rôle de la cuisine dans notre société contemporaine? Est-ce en train de changer? Comment?
2. En quoi la cuisine américaine d'aujourd'hui est-elle liée à l'évolution de la femme?
3. En quoi la cuisine de l'Amérique coloniale était-elle différente de celle des années 80°?   the eighties

La Cuisine **61**

TOQUE, TOQUE, TOQUE...
AUJOURD'HUI FRANÇOIS CLERC FRAPPE A VOTRE PORTE

Le département TRAITEUR, François CLERC vient vous faire apprécier sa cuisine à domicile. Pour tous vos buffets, cocktails, réceptions, dîners de gala, François CLERC a mis au point une formule spéciale de gastronomie sur mesure. Un large choix de plats et de menus que vous pouvez désormais savourer chez vous.

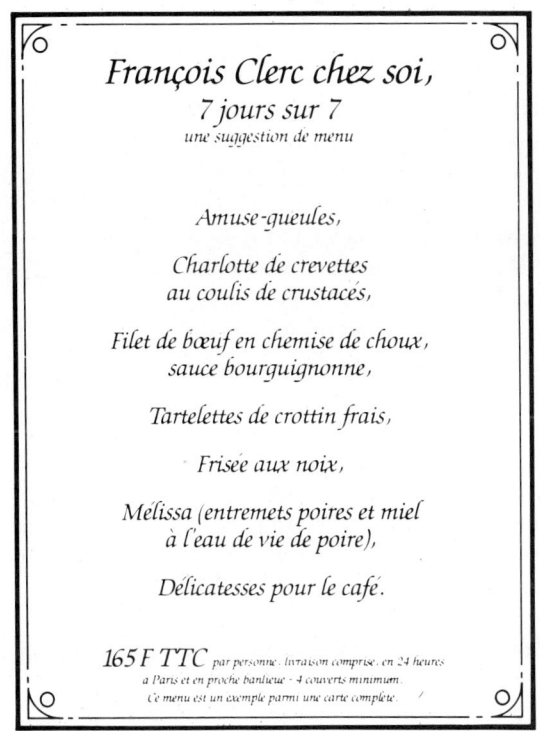

François Clerc chez soi,
7 jours sur 7
une suggestion de menu

Amuse-gueules,

Charlotte de crevettes
au coulis de crustacés,

Filet de bœuf en chemise de choux,
sauce bourguignonne,

Tartelettes de crottin frais,

Frisée aux noix,

Mélissa (entremets poires et miel
à l'eau de vie de poire),

Délicatesses pour le café.

165 F TTC par personne, livraison comprise, en 24 heures à Paris et en proche banlieue - 4 couverts minimum. Ce menu est un exemple parmi une carte complète.

Le saviez-vous?

Antonin Carême

Antonin Carême est né en 1784. A un très jeune âge, il quitte ses 24 frères et sœurs et il devient apprenti cuisinier. C'est Talleyrand, le Premier Ministre de Napoléon qui découvre Carême. Carême s'intéressait aussi à l'architecture. Avec les connaissances acquises dans cette discipline, il confectionne des villages entiers et des châteaux connus en pâtisserie. Il voyage beaucoup en Europe, faisant à la fois de la cuisine pour ses hôtes et recueillant des renseignements précieux pour Talleyrand. Il meurt en 1833.

◆ *Mettez des étoiles dans vos casseroles°*　　(sauce) pans

Les écoles pour devenir un fin cordon bleu attirent autant les hommes que les femmes. Au 40 de l'avenue Bosquet, sous la direction vigilante de Madame Brassart, une grand-mère de charme comme on n'en fait plus, le Cordon Bleu, fondé en 1895 («pas par moi», précise-t-elle!), respire l'ordre et la bonne tenue° d'une maison provinciale. Le cours est mixte° (mais sérieux). Vous aurez un mauvais point à l'examen si vous avez une tache° sur l'uniforme que vous devez obligatoirement acheter à l'école: blouse et tablier° pour madame, col roulé° et tablier pour monsieur. C'est Madame Brassart elle-même qui, des pommes de terre aux homards, achète les produits qui vous seront confiés° pour le meilleur et pour le pire. Vous suivez des cours de démonstration et des cours pratiques. La durée minimum des cours est de six semaines. Vous pourrez, par exemple, avec les deux cours pratiques et les trois cours de démonstration par semaine, passer en trois mois sans peine, mais pour quelque 7 000 francs, de l'œuf au plat° au canard à l'orange en gelée.

    Les cours de pâtisserie se prennent à part. Ce n'est qu'après quatre trimestres que vous obtiendrez (éventuellement°) le Grand Diplôme du Cordon Bleu. Mais si vos ambitions se limitent à la poule au pot du dimanche, Madame Brassart sera la première à vous conseiller de ne suivre que des cours de démonstration à 70 francs la séance° ou des cours d'été (trois semaines à 2000 francs).

    Pas très loin du Cordon Bleu se trouve La Varenne. La directrice, Anne Willan, est anglaise, le siège social° est aux Etats-Unis, et la majorité de la clientèle est américaine. Mais La Varenne n'est pas sectaire et accepte les Français! L'installation est de la même qualité que celle du Cordon Bleu. Les prix sont plus élevés (21.600 francs par trimestre), mais les cours plus nombreux: quatre «pratiques» et «démonstrations» par semaine. La Varenne offre une grande variété de cours «Visiteurs» (une semaine 2085 francs), cours d'été, cours de cuisine régionale...

    Fondé en 1893, le Pot au Feu est la plus vieille école de Paris. Son équipement semble hélas dater de sa création. Ses prix sont, en revanche°, les plus doux de la capitale: 1300 francs par mois pour cinq cours par semaine.

    L'Ecole d'Alimentation de la Chambre de Commerce et d'Industrie de Paris, jusqu'alors réservée aux professionnels, a ouvert ses portes aux amateurs. Amateurs n'est pas le mot exact. Ici, tout est sérieux: le matériel, que bien des restaurants envieraient, les prix (300 francs le cours ou 3.000 francs par mois pour trois cours par semaine).

Margin glosses: dignified manners; coeducational; stain; apron/turtleneck; entrusted; fried egg; possibly; session; headquarters; on the other hand

Anne Roberts est écossaise°. Vous rencontrerez ses grands yeux bleus dans une petite rue derrière la gare Saint-Lazare. Elle a fait ses classes au Cordon Bleu puis chez Lenôtre. Elle enseigne maintenant dans son appartement la nouvelle cuisine, la «cuisine minceur»° de Michel Guérard ou la cuisine gourmande inspirée par Paul Bocuse (80 francs le cours, 600 francs la semaine), en anglais seulement, l'essentiel de sa clientèle étant constituée de femmes de cadres° de l'Unesco ou d'I.B.M., qui profitent de° leur séjour en France pour améliorer leurs connaissances culinaires.

    Si vous préférez le soleil de la Côte°, vous pouvez toujours suivre un des stages que lance Paule Neyrat au Centre International de cuisine, à Cannes. Prix d'une session, 1600 francs environ. Vous aurez le choix entre la cuisine minceur, la cuisine de femmes, la cuisine basses calories, etc. A moins que° vous préfériez vous adresser au Maître et suivre les cours de Roger Vergé à Mougins. Quant à Michel Guérard qui vient d'organiser un stage de cuisine pour un groupe d'amateurs américains, il a décidé d'en proposer d'autres pour les cordons bleus de chez nous et de créer sa propre école.

°Scottish

°slenderizing

°executives
°take advantage of

°Riviera

°unless (followed by the subjunctive)

NOUVEAUTÉS

PARIS À TABLE

L'ASCENSEUR DES RESTAURANTS

À la hausse

14 ↑15 **Clovis** (4, av. Bertie-Albrecht, 8ᵉ). Une recherche plus précise dans la création (admirable «tartare d'huîtres») et beaucoup plus de régularité, dans un décor moderne très brillant. Mérite nos 2 toques.

13 ↑14 **L'Étoile d'Or** (3, pl. de la Porte-des-Ternes, 17ᵉ). La salle à manger n'a hélas pas rapetissé, mais les sauces sont plus courtes, l'invention libérée, moins «laborieuse», certes, mais désormais pleine d'aménagements laissant libre cours aux bonnes idées et à la légèreté. Du grand professionnalisme et un remarquable rapport qualité-prix.

15 ↑16 **Paul et France** (27, av Niel, 17ᵉ). Georges Romano, un vraiment bon bonhomme de cuisinier, se hisse peu à peu en haut du panier du XVIIᵉ. Suppliez-le de vous faire ses œufs brouillés aux oursins.

12 ↑13 **Le Train Bleu** (Gare de Lyon, 20, bd Diderot, 12ᵉ). De très grands efforts en cours pour accélérer le service, régionaliser la cuisine (selon l'itinéraire Paris-Lyon-Méditerranée), contrôler les cuissons, alléger les sauces, choisir les produits — et aussi dépoussiérer ce sublime palais 1900 : une toque, à nouveau.

13 ↑14 **Pré-Saint-Gervais : Pouilly-Reuilly** (68, rue André-Joineau, 93). Alors que disparaissent peu à peu les derniers vrais bistrots, il faut encourager le hareng pommes à l'huile, de pareils boudins et andouillettes, le vrai beaujolais et les tabliers longs des serveurs.

À la baisse

12 ↓11 **Marcel** (7, rue Saint-Nicolas, 12ᵉ). La générosité et le souvenir des bouchons lyonnais, cela ne suffit pas. Au fond, rien n'est plus difficile à réussir qu'un bon plat de ménage.

13 ↓12 **La Côte de Bœuf** (4, rue Saussier-Leroy, 17ᵉ). Nous gardions le souvenir d'un de ces petits restaurants à l'ancienne, intimes, sérieux et propres. C'est toujours bien ça, mais la cuisine s'est affadie, même la côte de bœuf.

13 ↑14 **Petit Colombier** (42, rue des Acacias, 17ᵉ). Cuisine «bourgeoise», certes, mais

Où vous adresser

- *Le Cordon Bleu*   40, avenue Bosquet, 75007 Paris, Tél.: 705.79.70

- *La Varenne*   34, avenue Saint-Dominique, 75007 Paris, Tél.: 705.10.16

- *Le Pot au Feu*   14, rue Duphot, 75001 Paris, Tél.: 260.00.94

- *Ecole d'Alimentation de la Chambre de Commerce*   11, rue Jean-Ferrandi, 75006 Paris, Tél.: 554.38.18

- *Anne Roberts*   19, rue de Milan, 75009 Paris, Tél.: 526.85.09

- *Paule Neyrat*   46, rue des Ardissons, 06110 Le Cannet, Tél.: (93)45.42.25

- *Roger Vergé à l'Amandier de Mougins*   Tél.: (93)90.00.91

- *Michel Guérard*   Les Prés et les sources d'Eugénie, à Eugénie-les-Bains, Tél.: (58)58.19.01

D'autres adresses:

- *Princesse de Broglie*   18, avenue de la Motte-Piquet, 75015 Paris, Tél.: 551.36.34

- *Les Loges de la cuisine*   31, rue Ticquetonne, 75002 Paris, Tél.: 233.93.93

- *Lafon Ricard*   60, rue Vieille-du-Temple, 75004 Paris, Tél.: 887.42.98.

♦ Adapté de *Paris Match*

Questions sur la lecture

1. Quel est l'uniforme obligatoire du Cordon Bleu?
2. Qu'est-ce qui peut causer un mauvais point à l'examen?
3. Combien de temps faut-il pour obtenir le Grand Diplôme du Cordon Bleu?
4. Qu'est-ce qui distingue La Varenne de la plupart des autres écoles culinaires?
5. Quelle est la plus vieille école de cuisine de Paris?
6. Qui constitue l'essentiel de la clientèle d'Anne Roberts?
7. Pourquoi ces femmes s'intéressent-elles à une école culinaire?
8. Toutes les écoles culinaires se trouvent-elles à Paris?
9. Dans quelle école trouve-t-on les prix les plus élevés?
10. Comment Michel Guérard a-t-il décidé d'organiser une école pour des cordons bleus?

Questions à débattre en classe

1. A l'école du Cordon Bleu, on peut apprendre tout, «de l'œuf au plat au canard à l'orange en gelée.» Pourquoi apprend-on à préparer les œufs au plat?
2. Aimeriez-vous suivre les cours d'une grande école culinaire? Pourquoi?
3. Les grandes écoles culinaires «attirent autant les hommes que les femmes». Commentez ce fait.
4. Connaissez-vous des hommes qui aiment faire la cuisine? Sont-ils de meilleurs chefs que les femmes?
5. Pourquoi les chefs très ambitieux, assistent-ils très souvent aux écoles culinaires françaises? Est-ce important pour leur succès?
6. Préféreriez-vous avoir un repas préparé par un diplômé du Cordon Bleu ou un diplômé d'une université locale? Pourquoi?
7. Est-il possible d'apprendre tout(e) seul(e) à faire de la bonne cuisine?
8. Quand vous payez cher pour un dîner dans un grand restaurant, qu'est-ce qui compte le plus pour vous: le nom du restaurant, le nom du chef, la présentation des plats, le goût, l'atmosphère du restaurant, ou le service? (Classez-les par ordre décroissant.)

Le saviez-vous?

Maurice-Edmond Sailland (dit Curnonsky)

Maurice-Edmond Sailland est né en Anjou en 1872. Après une grande carrière comme journaliste (il tenait la rubrique concernant les vins et la cuisine), il est élu en 1927 «prince des gastronomes français». Un an après, il organise une académie gastronomique composé de 40 gourmets. Beaucoup de restaurants parisiens ont une petite plaque en cuivre qui indique que le restaurant a reçu l'approbation de Curnonsky. Il meurt d'une chute accidentelle en 1956.

Activités

A. Choisissez l'expression qui complète le mieux chacune des phrases suivantes.

1. Le Cordon Bleu respire l'ordre et la bonne _____ .
   a) maison   b) tenue   c) direction

2. Vous aurez un mauvais point à l'examen si vous avez une _____ sur votre uniforme.
   a) école   b) durée   c) tache

3. Madame Brassart achète tous les produits qui vous seront _____ .
   a) confiés   b) respirés   c) attirés

4. Vous obtiendrez (_____) le Grand Diplôme du Cordon Bleu après quatre trimestres.
   a) minimum   b) par exemple   c) éventuellement

5. Les cours de démonstration sont à 70 francs la _____ .
   a) séance   b) dimanche   c) semaine

6. Les prix du Pot au Feu sont, _____, les plus doux de Paris.
   a) par exemple   b) en revanche   c) hélas

7. _____ de l'Ecole d'Alimentation de la Chambre de Commerce est enviable.
   a) L'appartement   b) L'essentiel   c) Le matériel

8. La clientèle d'Anne Roberts est constituée de femmes de _____ de l'Unesco ou d'I.B.M.
   a) cadres   b) cours   c) cuisine

9. Ces femmes _____ de leur séjour en France pour améliorer leurs connaissances culinaires.
   a) suivent   b) profitent   c) rencontrent

10. Vous pouvez aussi suivre des cours au Centre International de cuisine à Cannes, _____ vous préféreriez vous adresser au Maître.
    a) éventuellement b) en revanche   c) à moins que

B. Complétez les phrases suivantes. Utilisez votre imagination! (Les expressions en italique sont tirées directement de la lecture.)

1. Je pense que *l'ordre et la bonne tenue* sont très importants...
2. Les écoles *mixtes* sont mauvaises du point de vue...
3. Le domaine des *casseroles* est pour...

4. Quand mes amis me *confient* (un de) leurs secrets.'...
5. J'aimerais *éventuellement* aller...
6. Les *cours pratiques* auxquels je participe sont...
7. Je suis pour l'indépendance personnelle. *En revanche,*...
8. Aussitôt que possible, j'espère *profiter de*...
9. Je pense *obtenir un diplôme* d'université, *à moins que*...
10. *Pour le meilleur et pour le pire,* je...

C. Traduisez en français.

1. My aprons, my pots, everything in my kitchen indicates order.
2. After 4 quarters, I can obtain, possibly, *le Grand Diplôme du Cordon Bleu.*
3. For better or worse, I want to take cooking classes at the *Cordon Bleu.*
4. The courses on pastry are taken separately.
5. Her ambitions are limited to Sunday chicken.
6. The headquarters are in Boston, but the cooking school is in France.
7. The majority of her clientele is made up of executives' wives.
8. As for Michel Guérard, he has just decided to form his own school.

◆ Le «Fast Food» envahit° la France

invades

Ce n'est plus de l'amour, c'est de la manie! L'infatuation des Français pour la restauration° rapide—le fameux *fast food*—n'a d'égal que l'incapacité des statisticiens à suivre la multiplication des établissements. Sont-ils 388, comme l'indique *Equip-hôtel?* Sont-ils 559, comme l'assure la revue *Néorestauration?* Une seule certitude, les prévisions° (640 établissements à l'horizon 1990) sont enfoncées°: plus de 230 ouvertures° pour cette seule année!

dining out

forecasts
smashed/openings

Cette prétendue mode est devenue un phénomène de société. Même ses adversaires—et Dieu sait s'ils sont nombreux—ne contestent plus que la restauration rapide, «rançon° regrettable de la vie moderne», répond désormais° à un besoin°. Vie urbaine, travail des femmes, rupture de la cellule familiale, journée continue et, plus récemment, diminution du pouvoir d'achat° et augmentation du prix de la restauration traditionnelle sont des facteurs à l'origine de cette croissance champignon°.

ransom
henceforth/need

buying power
mushroom growth

Pouvoir manger, à n'importe quelle° heure, un plat en moins de vingt-cinq minutes et pour moins de 25 francs répond aux exigences d'une clientèle de plus en plus importante: selon l'enquête° du Marketing Office, elle est constituée à 78% de moins de 50 ans et à 68% de «classes moyennes» et d'«inactifs» (dont beaucoup d'étudiants); 54% de clients du *fast food* y vont pour la rapidité, 44% pour le prix, 31% pour la proximité, 25% pour la simplicité.

at any

survey

A ces réponses «utilitaires» s'ajoutent le désir de ne plus céder à un rite, un malin° plaisir à rejeter la tradition française du «bien manger» et le sentiment d'être «dans le coup»°, l'image du *fast food* étant° essentiellement associé au hamburger et à ses origines américaines. C'est pourquoi, sans doute, son développement provoque des réactions passionnelles. «On est en train d'annihiler les palais des jeunes générations!» clame Bernard Fournier, président du Syndicat des restaurateurs parisiens. Restons calmes: la restauration rapide ne représente pas 3% de la restauration commerciale! Oui, mais bon nombre de Français—dont les restaurateurs traditionnels—digèrent° mal que ce type d'établissement se développe aussi vite au pays de la grande tradition culinaire.

wicked
to be abreast of what is going on/being

digest

♦ Adapté du *Point*

Questions sur la lecture

1. Traditionnellement les Français aiment-ils la restauration rapide?
2. Les statisticiens sont-ils capables de suivre la multiplication des établissements? Pourquoi?
3. Quelles sont les prévisions pour 1990?
4. Ces prévisions, vous semblent-elles raisonnables?
5. Quels facteurs contribuent à cette croissance champignon?
6. Quelles sont les exigences de la nouvelle clientèle?
7. Quelle est la composition de cette clientèle (jeunes, vieux, étudiants)?
8. Pourquoi cette clientèle va-t-elle aux *fast foods*?
9. Quelle est la réaction des restaurateurs traditionnels?
10. La restauration rapide représente-t-elle un grand pourcentage de la restauration commerciale?

Questions à débattre en classe

1. Pourquoi la restauration rapide est-elle «la rançon regrettable de la vie moderne»?
2. Selon vous, est-il vrai qui le *fast food* est capable d'«annihiler le palais»?
3. Pour les jeunes Français, quelle est l'importance du hamburger américain? Pouvez-vous dire pourquoi?
4. Y a-t-il des influences françaises aussi fortes sur les jeunes américains? Lesquelles?
5. Quel est le rôle de la restauration rapide aux Etats-Unis aujourd'hui?
6. Quels sont les facteurs (historiques, socio-économiques, socio-culturels, religieux, etc.) qui contribuent à cette situation en Amérique?
7. La restauration rapide a-t-elle des inconvénients? Lesquels?
8. Pourquoi allez-vous aux *fast foods*?

Le saviez-vous?

Auguste Escoffier

Auguste Escoffier a passé 62 ans à Londres en tant que traiteur. Malgré cet exil voulu, il a reçu la rosette de la Légion d'Honneur pour les services rendus à la cuisine française. Il a beaucoup écrit sur la cuisine. Il est mort en 1935. C'est le grand maître Escoffier qui a créé la Pêche Melba en l'honneur de la grande cantatrice australienne, Helen Mitchell dite Nellie Melba, née à Melbourne en 1861, morte à Sydney en 1931. Elle s'était fait applaudir à Paris et dans le monde entier.

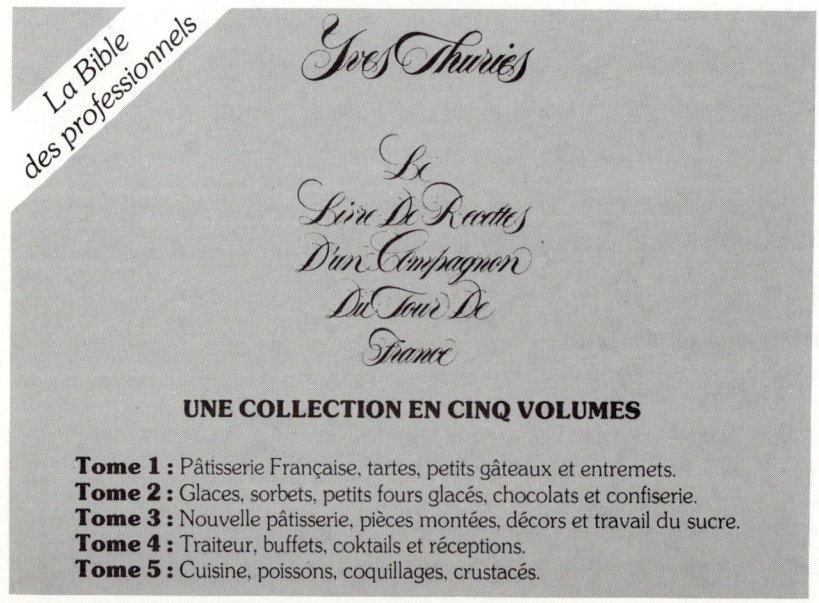

La Bible des professionnels

Yves Thuries

Le Livre De Recettes D'un Compagnon Du Tour De France

UNE COLLECTION EN CINQ VOLUMES

Tome 1 : Pâtisserie Française, tartes, petits gâteaux et entremets.
Tome 2 : Glaces, sorbets, petits fours glacés, chocolats et confiserie.
Tome 3 : Nouvelle pâtisserie, pièces montées, décors et travail du sucre.
Tome 4 : Traiteur, buffets, coktails et réceptions.
Tome 5 : Cuisine, poissons, coquillages, crustacés.

Activités

A. Consultez la liste ci-dessous et choisissez l'expression qui convient pour compléter chaque phrase.

contestent	l'enquête	restauration
à n'importe quelle	croissance champignon	«dans le coup»
la multiplication	exigences	pouvoir d'achat
rejeter		

1. Le nouveau phénomène en France, c'est l'infatuation des Français pour la _____ rapide.

2. Les statisticiens ne peuvent pas suivre _____ des établissements.

3. Les adversaires ne _____ plus que la restauration rapide répond à un besoin.

4. La diminution du _____ contribue à la popularité des *fast foods*.

5. Vie urbaine, travail des femmes, rupture de la cellule familiale sont d'autres facteurs à l'origine de cette _____ .

6. Pouvoir manger _____ heure est important pour certaines personnes.

7. Manger vite et manger moins cher répondent aux _____ d'une clientèle de plus en plus importante.

8. Selon _____ du Marketing Office, cette clientèle est constituée à 78% de moins de 50 ans.

9. Il y a des jeunes Français qui veulent _____ la tradition française du «bien manger».

10. Ils ont aussi le sentiment d'être _____ .

B. Puisque vous apprenez quelques nouveaux mots de vocabulaire, pourquoi ne pas en profiter pour apprendre d'autres mots de la même famille?

l'infatuation/infatuer	le pouvoir/pouvoir
la prévision/prévoir	la croissance/croître
l'enfoncement/enfoncer	l'exigence/exiger
l'ouverture/ouvrir	l'enquête/enquêter
la rançon/rançonner	la digestion/digérer
le besoin/avoir besoin de	la provocation/provoquer

C. Inventez une phrase complète avec les mots suivants.

1. prévoir
2. ouvrir
3. avoir besoin de
4. enfoncer
5. exiger

D. Choisissez la bonne forme du mot pour compléter ces phrases.

1. Les prévisions pour cette année sont déjà _____ . (l'enfoncement/enfoncées)
2. Les frères vont bientôt _____ un deuxième restaurant. (l'ouverture/ouvrir)
3. _____ des *fast foods* fait peur aux restaurateurs traditionnels. (La croissance/Croît)
4. Il _____ , mais il ne veut pas. (le pouvoir/peut)
5. Cette situation _____ des sentiments passionnels. (provoque/la provocation)
6. La tranquillité après un repas aide _____ . (la digestion / digèrent)

E. Discutez les opinions exprimées ci-dessous en classe. Partagez-vous ces opinions? Commentez votre réponse.

Les Américains:
1. Ils mangent trop vite.
2. Ils ne mangent que les hamburgers.
3. Ils ont une cuisine très limitée.
4. Ils emploient beaucoup de ketchup.
5. Ils mangent trop.

Les Français:
1. Ils ne prennent pas de petit déjeuner.
2. Ils mangent beaucoup de pain.
3. Ils passent deux heures à table le soir.
4. Ils mangent beaucoup de sauces.
5. Ils mangent toujours les produits frais.

F. Dressez une liste des stéréotypes alimentaires des Américains et des Français. Quelle est l'origine de ces stéréotypes? Commencent-ils à changer en Amérique? en France? Pourquoi?

Le saviez-vous?

Quelle est l'origine ... du mot «restaurant»?

En vieux français, le mot **restaurant** désignait un aliment qui restaure, qui remet en bon état. C'est seulement depuis 1765 que ce nom a pris son sens actuel: cette année-là, un certain Monsieur Boulanger a ouvert à Paris, dans la rue des Poulies, un établissement qu'il a appelé Restaurant.

Au lieu d'y vendre des ragoûts fort épicés comme chez les traiteurs, il n'y servait que des bouillons au gros sel, des œufs frais, etc. Paraphrasant plaisamment un verset de l'évangile selon Saint Matthieu (11,28) et jouant sur les sens différents du verbe latin *restaurare* et du verbe français **restaurer,** il avait placé ces mots au-dessus de sa porte: *«Venite ad me, omnes qui stomacho laborantis, et ego vos restaurabo»* («Venez à moi, vous tous qui souffrez de l'estomac, et je vous soulagerai»).

♦ Adapté du *Journal Français d'Amérique*

Phrases gastronomiques

La qualité principale d'un chef, c'est la ponctualité; elle doit aussi être celle de son invité.

♦ Brillat-Savarin

On ne peut pas parler à un homme de son âme immortelle si son estomac est vide.

♦ Abbé Pierre

L'art de nourrir les hommes mérite au moins autant d'attention que l'art de les tuer.

♦ Brillat-Savarin

La France a trois religions et trois cents sauces. Les Anglos-Saxons ont trois sauces et trois cents religions.

♦ Talleyrand

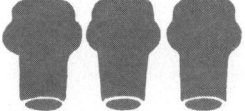

La Récapitulation

Quelques mots de vocabulaire à retenir

le besoin	cuire	être dans le coup
l'état d'esprit (*m.*)	digérer	éventuellement
l'exigence (*f.*)	étant (être)	mensuel
l'ouverture (*f.*)	profiter (de)	moins cher
la recherche	suivre	n'importe quel
la séance	les années 80	réussi
la sensibilité	en revanche	

———— ◆ ————

Divisez la classe en plusieurs équipes

A tour de rôle, demandez à une personne de chaque équipe de:

A. définir un mot de vocabulaire dans la liste qui précède (1 point pour chaque bonne réponse);
B. inventer une phrase avec chaque mot (1 point pour chaque bonne réponse).

La meilleure équipe (celle qui aura obtenu le meilleur score) jugera les autres équipes dans l'activité suivante:

C. Toute l'équipe peut participer a l'interprétation de l'histoire suivante: *Une Soirée chez les Grandville*.

En essayant d'employer tous les mots de vocabulaire possibles des chapitres précédents (1 point pour chaque mot de vocabulaire employé), toute l'équipe va interpréter cette soirée chez une famille française.

———— ◆ ————

Les possibilités de discussion

—pourquoi organise-t-on cette soirée?
—qui est invité?
—les invitations
—ce qu'on va manger
—ce qu'on va faire
—ce qu'on va écouter
—ce qu'on va discuter
—comment se termine la soirée?

———— ◆ ————

Variations

1. Des voisins trouvent que la soirée dure trop longtemps et ils téléphonent à la police pour se plaindre.
2. Un couple arrive sans avoir été invité. Pourquoi ne l'a-t-on pas invité? Qu'est-ce qu'on fait?

Vocabulaire thématique ♦ La Cuisine

Les substantifs

l'assaisonnement (*m.*) seasoning
le besoin need
le cadre executive
la casserole (sauce) pan
le col roulé turtleneck
le comportement behavior
la Côte d'Azur the French Riviera
l'enquête (*f.*) survey, inquiry, investigation
l'esprit (*m.*) spirit
l'état d'esprit (*m.*) state of mind
l'exigence (*f.*) requirement, demand
la farine flour
l'œuf au plat fried egg
l'ouverture (*f.*) opening
la pierre angulaire cornerstone
le pouvoir d'achat buying power
la prévision forecast
la rançon ransom
la recherche pursuit
la restauration dining out
la séance session
la sensibilité sensitivity
le sérieux seriousness
le siège social headquarters
le tableau painting
le tablier apron
la tache stain

Les verbes

(s') ajouter to be added
confier to entrust
cuire (*p.p.* – **cuit**) to cook
démontrer to demonstrate
digérer to digest
enfoncer to smash, to break
envahir to invade
étant (être) being
louer to praise
profiter (de) to take advantage (of)
rajouter to add or to add more
remettre en question to call something into question again
resservir to use again
suivre (*p.p.* – **suivi**) to follow

Les autres expressions

les années 80 the eighties
à moins que unless
la bonne tenue dignified manners
la croissance champignon mushroom growth
désormais henceforth
écossais Scottish
en revanche on the other hand
être dans le coup to be abreast of what is going on
éventuellement possibly
le four à vapeur sèche dry steam oven
malin naughty
mensuel monthly
minceur slenderizing
mixte coeducational
moins cher cheaper
n'importe quel(le) any, no matter which
or now
réussi successful

restaurants d'altitude

Unité

4

La Musique

- ◆ *Trois Nuits de chanson française*
- ◆ *Yves Montand charme l'Amérique*
- ◆ *L'Homme à la flûte d'or*

◆ Trois Nuits de chanson française

Pour la quatrième année consécutive, la maison du tourisme d'Antibes-Juan-les-Pins présente le Festival de la chanson française, qui aura lieu° les jeudi 7 juillet, vendredi 8 et samedi 9, dans la pinède° de Juan-les-Pins, qui est, on le sait, l'un des berceaux° de la chanson et de la variété, sans oublier le jazz. En effet, quelques jours plus tard du 16 au 24 juillet, le Festival de jazz connaîtra un succès même plus grand, en raison de l'internationalisation des participants et du public.

  Mais revenons à la chanson française. Toujours dans un désir de distraire° mais aussi de promouvoir° des talents nouveaux, la ville d'Antibes-Juan-les-Pins, comme par le passé, donne sa chance chaque année à des auteurs, compositeurs et interprètes.

  Fidèle à cette tradition, cette année encore, les «aînés» (ceux et celles qui ont débuté sur la scène° à Juan-les-Pins ou à d'autres festivals) encadreront° les plus jeunes pour le plaisir du public. (Antenne 2[1] filmera dans son intégralité les trois spectacles qui seront diffusés° trois samedis de suite° au mois d'août.

  Pour le premier des trois galas, le monde de l'amour et du soleil sera chanté par Enrico Macias. Tout sourire, tout miel°, tout sucre, il chante la Méditerranée, le soleil, l'amour et la paix dans le monde depuis vingt ans. Il a triomphé aux Etats-Unis, au Japon, au Canada, en Israël, en Egypte, en Afrique, en U.R.S.S., en Pologne et bien sûr en Europe.

  En avril dernier, il a sorti *L'Enfant de l'amour,* son dernier tube° que, bien entendu, il interprétera sur scène demain soir. Ambassadeur de la gentillesse et du sourire, il sera donc la vedette° de cette première soirée et nombreux seront ceux qui viendront applaudir leur idole.

  Il y a aura aussi Catherine Lara, nouvelle version, c'est-à-dire en association musicale américano-européenne. Dans un délire grave et gai, rock dans l'esprit et la tête pleine d'émotion, Catherine Lara commence une nouvelle étape° dans sa déjà longue carrière.

  Jean-Luc Lahaye, ce «Fils de personne», sera là. Il est né de cette génération du «Kick» pour qui passion signifie moto. Il a vingt-cinq ans depuis décembre dernier et ne quitte son casque de moto° que pour mettre celui des studios d'enregistrement. Il a connu l'adolescence triste des enfants perdus: révolté, sauvage presque, Jean-Luc a mis toute sa passion à «faire l'artiste». Il a été la révélation de l'an dernier avec *Femme*

will take place/pine forest
cradles

entertain/promote

stage
will frame
broadcast
in a row

honey

hit

star

step

motorcycle helmet

---
[1] **Antenne 2** One of three governmentally-owned TV stations

La Musique 79

que j'aime (plus d'un million de disques vendus). Aujourd'hui, avec *Appelle-moi Brando,* il est à nouveau sur les sommets des «hits».

N'oublions pas Gini Gallan, cette belle Marseillaise avec *Une Nouvelle Histoire d'Amour* et *J'arrête pas la musique.* Elle ressemble à une «star» d'Hollywood. Grande, belle, souriante, on nous dit que tout cela est naturel, sans additif ni colorant. C'est une étudiante sérieuse qui a la vocation de chanter depuis longtemps. Souhaitons avec elle que son rêve (et celui de sa famille) se réalise très vite et qu'elle devienne une grande de la chanson.

Enfin parmi les autres invités, on applaudira Les Forbans, le groupe «à la couleur des années 50 et le son des années 80», Gérard Berliner, Gilbert Lafaille, Renaud Detressan, Natali Kaufmann, Rachid Bahri, William Sheller, la jolie Busy, Jean-Jacques Goldman et le grand Claude Nougaro. Ce dernier, aux talents multiples, était déjà l'an dernier à Antibes, mais pour le Festival du jazz. Le revoici avec son spectacle de Paris, ses seize musiciens et ses danseuses dans une ambiance chaude, chaude...

Heureux comme un poisson dans l'eau, au milieu de ses rythmes brésiliens, il continue sa course folle à travers le langage et fait chanter les mots davantage qu'il ne les chante.

Bref, quatre grandes vedettes de la chanson française, seize jeunes «révélations» confirmées par des succès répétés depuis deux ans, un groupe, des orchestres et de nombreuses maisons de disques représentées, le quatrième Festival de la chanson française d'Antibes-Juan-les-Pins laissera un merveilleux souvenir au public venu pour voir, revoir ou découvrir les artistes de demain. Rendez-vous dans la pinède demain soir, vendredi soir et samedi soir.

♦ Adapté de *Nice-Matin*

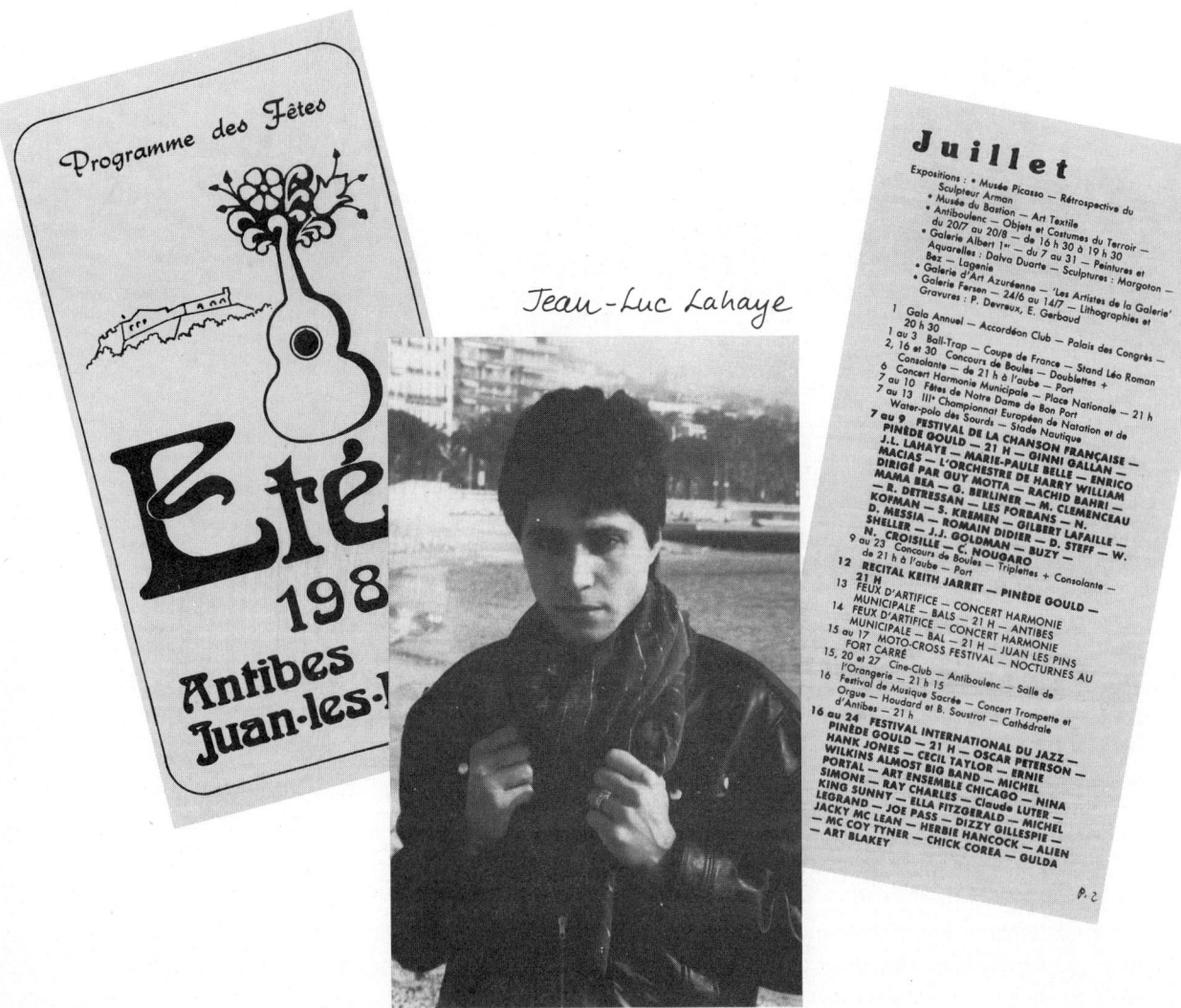

Questions sur la lecture

1. Quelles sont les dates du quatrième Festival de la chanson française?
2. Pourquoi le festival aura-t-il lieu à Antibes-Juan-les Pins?
3. Quels sont les buts du festival?
4. Pourquoi Antenne 2 sera-t-elle là?
5. Quels sont les thèmes préférés des chansons d'Enrico Macias?
6. En quoi Jean-Luc Lahaye, est-il différent des autres vedettes?
7. Quel est le rêve de Gini Gallan?
8. Comment est le groupe «Les Forbans»?
9. Claude Nougaro, ressemble-t-il à Enrico Macias?
10. Qu'est-ce qui «confirme» une jeune «révélation»?

Questions à débattre en classe

1. Y a-t-il des festivals semblables aux Etats-Unis? Quelles en sont les ressemblances et les différences?
2. Avez-vous jamais assisté à un tel festival? Faites-en la description.
3. Quels sont les tubes de l'année? Qu'est-ce qui détermine un tube?
4. Quel est le rôle des média dans les carrières des vedettes de la chanson?
5. Est-il difficile de devenir vedette de la chanson aujourd'hui? Comment peut-on faire carrière dans la chanson?
6. Aimez-vous les soirées «variétés» à la télévision? Pourquoi?
7. Quelle sorte de musique préférez-vous: la chanson populaire, le country, le jazz, la musique classique, etc? Pourquoi?
8. Quelles influences les vedettes de la chanson exercent-elles sur le public? Cela vous semble-t-il bon?
9. Ecoutez des chansons françaises et des chansons américaines (sur le même thème, si c'est possible). Quelle importance donne-t-on aux paroles et à la musique dans chaque cas?
10. Quelles sont les formes de musique les plus populaires aux Etats-Unis? Répondent-elles aux besoins du public? Comment?

Le saviez-vous?

La Radio française en Amérique

Depuis le 16 février 1976, Radio France Internationale retransmet quotidiennement, en direction de l'Amérique du Nord et de l'Amérique Centrale, cinq heures du programme national de «France-Inter» diffusé en France de 13 heures à 18 heures 10 (heure locale). L'objectif de la station est de répondre à une curiosité qui existe, de faire connaître ce qui est français.

◆ Adapté du *Français dans le monde*

Activités

A. Consultez la liste ci-dessous et choisissez l'expression qui convient pour compléter chaque phrase.

aura lieu	de suite	étape
encadreront	vedettes	tube
berceaux	sourire	à nouveau
promouvoir		

1. Le Festival de la chanson française _____ dans la pinède Juan-les-Pins.

2. Juan-les-Pins est l'un des _____ de la chanson et de la variété.

3. On veut _____ des talents nouveaux.

4. Les aînés _____ les plus jeunes pour le plaisir du public.

5. Antenne 2 filmera les trois spectacles qui seront diffusés trois samedis _____ en août.

6. Enrico Macias interprétera sur la scène son dernier _____ .

7. Il est tout _____, tout miel, tout sucre.

8. Il y aura quatre grandes _____ de la chanson française.

9. Catherine Lara commence une nouvelle _____ dans sa déjà longue carrière.

10. Avec «Appelle-moi Brando», Jean-Luc Lahaye est _____ sur les sommets de «hits».

B. Dans le contexte de la lecture, entourez le mot qui n'appartient pas à la suite logique de chaque groupe de mots.

1. jazz / chanson / moto / variétés

2. auteurs / pinède / compositeurs / interprètes

3. amour / soleil / paix / additif

4. sourire / sucre / vocation / miel

5. promouvoir / colorant / talents / chance

6. kick / casque / paix / moto

7. eau / vedette / idole / artiste

8. jolie / diffusé / belle / souriante

9. Hollywood / célèbre / poisson / rêve

10. révolté / perdu / sauvage / gentillesse

C. **Vrai ou faux?** Déterminez si chacune des phrases suivantes est vraie (**V**) ou fausse (**F**). Indiquez à gauche la bonne réponse pour chaque phrase. Si nécessaire, faites les corrections.

_____ 1. Antibes-Juan-les-Pins est l'un des berceaux du cinéma.

_____ 2. Le Festival du jazz à Antibes-Juan-les-Pins est très connu, en raison de l'internationalisation des participants et du public.

_____ 3. Le Festival de la chanson française a été créé uniquement pour distraire.

_____ 4. Il n'y a que les jeunes «révélations» au programme.

_____ 5. Enrico Macias chante le soleil, l'amour et la paix dans le monde.

_____ 6. Catherine Lara a un nouveau style américano-européen.

_____ 7. Antenne 2 filmera le Festival pour le cinéma français.

_____ 8. Jean-Luc Lahaye a connu une adolescence heureuse.

_____ 9. Gini Gallan est une étudiante sérieuse qui a la vocation de chanter depuis longtemps.

_____ 10. C'est la première fois que Claude Nougaro assiste au Festival de la chanson française.

JAZZ

Ray Charles à Nancy

Vitesse de croisière du *Nancy Jazz Pulsations* pour cinq jours. Soirée «jazz» le 17, avec Michel Petrucciani, Antoine Hervé et Lester Bowie, éclectisme au poste de commande. Du blues à venir (le 19) : Arthur Blythe retrouve ses amours passées, aux côtés de Johnny Copeland. Jazz du samedi soir (le 20), avec Monty Alexander, Daniel Humair European Reunion, et le très attendu *New York Uba*, de Michele Rosewoman, mélange de cubain et de contemporain. Soirée dans le coup pour finir, avec le free-funk de Ronald Shannon Jackson, le blues napolitain de Pino Daniele et les audaces sans complexes du *Kip Hanrahan Band*. Vedette de la soirée «Genius», le «Genius» en personne : Ray Charles.

Yves Montand charme l'Amérique

Depuis 1968, Montand n'avait pas chanté en public, consacrant son temps au cinéma. Et puis, en 1980, il sort° un nouveau disque contenant° cinq à six nouvelles chansons. Depuis, le public français attend la réapparition de Montand sur scène°. Le grand retour a eu lieu: le jour de ses 60 ans°, Montand commence un récital quotidien de trois mois à l'Olympia, le plus célèbre des music-halls parisiens. Les spectateurs, ceux qui ont pu réserver leurs places plusieurs mois à l'avance, lui font une fête°.

L'homme n'a rien perdu de sa vivacité, de son charme, ni de sa formidable prestance° sur scène. Pour ce spectacle°, Montand a répété° huit heures par jour pendant des semaines. Et le résultat est là. Yves Montand chante, danse, occupe la scène.

Peu de chanteurs ont la même aisance sur scène. Montand n'emploie guère° d'accessoires, sauf un chapeau, un parapluie ou un tabouret°. Mais il a un remarquable instinct pour l'éclairage° dramatique, pour camper° en quelques gestes, le personnage d'une chanson. Chaque geste a été pensé et répété des milliers° de fois, est-ce pour cette raison qu'il paraît si naturel? Le public en tout cas, ne remarque pas le travail de l'homme, il ne voit, n'entend que l'artiste.

La Musique **85**

Pour des millions d'admirateurs, Yves Montand apparaît comme le Français typique. Pourtant Yves Montand est né Yvo Livi à Monsummano, près de Florence, en 1921. Quand il avait deux ans, son père Giovanni, menuisier de métier, quitte l'Italie pour fuir° le régime de Mussolini. La famille va habiter Marseille, dans un quartier très populeux°. C'est une vie dure, pauvre, l'Europe comme les Etats-Unis est en pleine dépression. En 1932, Yves arrête ses études (il a 11 ans) et travaille à de menus métiers°. Souvent sa mère, qui ne parlait pas français, lui criait du haut de l'immeuble° où se trouvait leur appartement: «Yvo monta! Yvo monta!» De cette époque, semble-t-il, vient son nom de scène Yves Montand.

    flee
    populous

    small jobs
    building

Il a essayé beaucoup de métiers, ouvrier dans une usine° de spaghetti, apprenti° coiffeur dans le salon de sa sœur. La seule distraction qu'il pouvait se permettre était le cinéma, très bon marché à cette époque. «Je connaissais mieux les Etats-Unis que l'Europe.»

    factory
    apprentice

Il n'a pas pensé chanter avant d'entendre chanter Charles Trénet en 1938. Peu après, la guerre changea pour lui comme pour des millions de gens, le cours de son existence. Engagé° dans la Résistance, c'est pour échapper° aux forces allemandes qu'un jour il arrive à la Gare de Lyon à Paris. Il a 23 ans, et pour toute adresse, celle d'un certain Max qui jouait au Casino de Paris. Max lui trouve un engagement. Il chante à Bobino, aux Folies Belleville et au Moulin Rouge où il est engagé° en première partie d'un programme dont Edith Piaf est la vedette. Elle l'encourage à élargir son répertoire et lui, il compose plusieurs chansons. Et il est lancé.

    enlisted
    escape

    hired

Maintenant, un an après son retour triomphal à l'Olympia de Paris, Yves Montand commence une série de concerts aux Etats-Unis. Il a inauguré sa tournée au Metropolitan Opera de New York. Il est le premier chanteur populaire à avoir jamais eu cet honneur.

Il a présenté trente chansons en français au cours d'un spectacle de deux heures sans interruption. Détail intéressant, de nombreux Français qui n'avaient pas pu assister au° dernier spectacle de Montand à l'Olympia de Paris, sont venus en charters spéciaux pour entendre leur idole.

    attend

♦ Adapté du *Journal Français d'Amérique*

Questions sur la lecture

1. Pourquoi Montand n'a-t-il pas chanté en public depuis 1968?
2. Quand la réapparition de Montand sur scène a-t-elle eu lieu?
3. Comment Montand a-t-il préparé son spectacle à l'Olympia?
4. Emploie-t-il beaucoup d'accessoires pour ce spectacle?
5. Pourquoi a-t-il tant de succès sur scène?
6. Montand est-il le Français typique?
7. D'où vient son nom de scène?
8. Comment sa carrière de chanteur a-t-elle commencé?

9. En quoi sa tournée au Metropolitan Opera de New York est-elle différente de celles des autres artistes?
10. Pourquoi de nombreux Français sont-ils venus à New York pour l'entendre?

Questions à débattre en classe

1. Y a-t-il des chanteurs américains qui font une réapparition sur scène après de longues absences? Nommez-en quelques-uns.
2. Selon vous, pourquoi ces vedettes connaissent-elles alors un grand succès?
3. Quelle place la musique populaire tient-elle dans la société américaine? (sociale, éducative, religieuse, politique, morale, etc.). Pouvez-vous nommer quelques chanteurs dans chaque catégorie?
4. Quelle est l'importance de la musique populaire dans votre vie? Quel genre de musique (*rock, country and western, progressive, reggae, jazz,* etc.) préférez-vous?
5. Comment la présentation et l'interprétation d'une chanson diffèrent-elles aujourd'hui de la présentation des années 70?
6. Considérez-vous que les interprètes de chansons sont des artistes? Pourquoi?
7. De quoi, selon vous, dépend aujourd'hui une grande carrière musicale?
8. En général, le public américain apprécie-t-il beaucoup les interprètes étrangers? Donnez quelques exemples.

Activités

A. Consultez la liste ci-dessous et choisissez l'expression qui convient pour compléter chaque phrase.

prestance	quotidien	métiers
guère	immeuble	répété
consacrer	scène	éclairage
engagé		

1. Certains chanteurs préfèrent _____ leur temps au cinéma.
2. Montand a fait un récital _____ de trois mois à l'Olympia.
3. Quand un chanteur annonce son retour, le public attend sa réapparition sur _____ .
4. Cet homme n'a rien perdu de sa formidable _____ .
5. Pour préparer le spectacle, Montand a _____ huit heures par jour pendant des semaines.

6. Il n'emploie _____ d'accessoires quand il chante et danse.

7. Par contre° il a un remarquable instinct pour l' _____ dramatique.   on the other hand

8. Quand il était jeune, il a travaillé à de menus _____ .

9. Sa famille habitait dans un _____ à Marseille.

10. A 23 ans, il est _____ en première partie d'un programme dont Edith Piaf est la vedette.

B. Complétez les phrases suivantes. Utilisez votre imagination! (Les expressions en italique sont tirées directement de la lecture.)

1. J'attends avec impatience *la réapparition de*...
2. *Le jour de* mes 16 ans...
3. Pour *sa vivacité et son charme,* j'aime beaucoup la vedette...
4. Une chose que j'ai faite *des milliers de fois,* c'est...
5. Quelque chose que je désire toujours *fuir,* c'est...
6. Un *métier* que j'aime beaucoup, c'est...
7. Les *distractions* que je peux *me permettre* sont...
8. Le dernier *spectacle* auquel j'ai *assisté,* c'est...
9. *De nombreux* étudiants aiment...
10. Quelqu'un que j'admire beaucoup pour sa *prestance* est...

C. Traduisez en français.

1. The singer is releasing a new record containing ten new songs.
2. She practiced three hours a day for six weeks for her recital.
3. When it seems so natural, the public doesn't notice the man's work.
4. He did not think about singing before he attended his idol's concert.
5. The show was not cheap, so he could not allow himself to go.

◆ L'Homme à la flûte d'or

Washington, samedi, le 22 mars... 19 heures 30. Un vent froid souffle sur la capitale des Etats-Unis. Des centaines de voitures convergent vers le Centre Kennedy pour les arts scéniques, immense bloc de marbre dont la blancheur illuminée se reflète dans les eaux du Potomac. Dans la salle de concert, on entendra le flûtiste français Jean-Pierre Rampal qui, pour un soir, retrouve son public washingtonien. Le virtuose est accompagné au clavecin° et au piano par John Steele Ritter. Au programme: Bach, Telemann, Franck et Bazzini. Avant le concert, il parle avec Madame Chantal Mompoullan du *Journal Français d'Amérique*. Voici des extraits° de cette entrevue. — harpsichord / excerpts

Chantal Mompoullan: Ce soir encore vous allez faire salle comble°. Et plutôt que de refuser du monde, on a déjà rajouté quelque deux cents sièges sur la scène. Vous êtes sans conteste l'enfant chéri des mélomanes° américains. Que représente pour vous ce public? — full house / music lovers

Jean-Pierre Rampal: C'est un des meilleurs publics du monde. Cela peut surprendre certains Européens, certains Français, qui s'imaginent qu'ils ont le monopole de la qualité quant au° public, quant à tous les arts. Moi, j'insiste en disant que le public américain est certainement le plus évolué, celui qui est le moins snob, le plus ouvert à la plupart des musiques qu'on lui offre. C'est-à-dire: c'est un public qui n'a pas du tout de préjugés idiots comme cela se voit souvent en Europe où l'on s'imagine que l'on a le bon ton° de ne pas mélanger les genres. — as regards / good form

C.M.: Quelle est la fréquence et la durée de vos séjours aux Etats-Unis?

J.-P.R.: Je fais des tournées° d'environ quatre mois chaque année—un mois en été et trois mois en hiver. — tours

C.M.: Dans quelles autres régions du monde donnez-vous des concerts?

J.-P.R.: Je fais des tournées en Europe. Je me rends au Japon une fois tous les deux ans; c'est un pays merveilleux. Et l'année prochaine, je vais aller pour la première fois en Chine et cela m'intéresse beaucoup.

C.M.: A Marseille (où Jean-Pierre Rampal est né le 7 janvier 1922), votre père était flûtiste avant vous. Quel rôle a-t-il joué dans votre orientation vers une carrière d'instrumentiste?

J.-P.R.: C'est étrange, mais il n'a joué aucun rôle. C'est-à-dire qu'il ne m'a pas du tout orienté vers une telle carrière, bien au contraire. Je dois dire que mon père hésitait à me pousser° vers une carrière artistique à l'époque de l'occupation nazie. Il n'y avait pas beaucoup d'avenir° dans la plupart des carrières artistiques—et la profession musicale était plus — push / future

qu'aléatoire°. Mes parents avaient d'autres idées pour moi. J'en avais d'autres aussi, je dois le dire: j'ai commencé mes études de médecine...   risky

C.M.: Et puis, c'était l'appel! On voulait vous envoyer en Allemagne pour un service de travail obligatoire, ni médical, ni artistique. Et vous avez pris discrètement la direction de Paris où, non moins discrètement, vous avez suivi les cours du Conservatoire. Et, en un temps record, vous y obteniez un premier prix de flûte.

J.-P.R.: Et quand Paris a été libéré, quand la guerre a été finie, le hasard a fait que je me suis lancé dans une carrière musicale. C'était en 1945–1946.

C.M.: Est-ce que vous composez vous-même?

J.-P.R.: Pas du tout. Vous savez, pour composer, il faut beaucoup d'inspiration.

C.M.: Vous arrive-t-il de ressentir° un sentiment de jalousie, d'envie,   feel
devant les créations de grands compositeurs?

J.-P.R.: Oui et non. Bien sûr, quand on écoute des symphonies de

Beethoven ou de Brahms, des opéras ou concertos de Mozart et, plus près de nous, du Stravinsky ou du Ravel, on est obligé de se dire que c'est fabuleux et qu'on aimerait bien être comme eux... Mais, comme c'est un rêve impossible, je préfère ne pas y penser.

C.M.: Y a-t-il un compositeur que vous aimez exécuter° plus particulièrement?   perform

J.-P.R.: Exécuter et entendre—et vivre avec—c'est Mozart. Sans aucun doute, Mozart est mon Dieu. Parce qu'il représente pour moi tout ce que l'on peut trouver dans la musique et chez l'homme: la peine, la douleur, la joie, la tendresse, l'amour, la sensualité... (On frappe)... Oui? C'est l'heure°? Dans cinq minutes? Et bien, on va y aller...   It's time

Deux heures plus tard, c'est la fin du spectacle, c'est le délire du public enthousiaste qui l'acclame°, le rappelle. Par cinq fois, il revient, il rejoue, il remercie, avec Chopin ou Rossini... Et puis, il disparaît pour cette saison. Et de nouveau, Washington attend le retour de Jean-Pierre Rampal.   cheer

♦ Adapté du *Journal Français d'Amérique*

Peanuts
Charles M. Schulz

Questions sur la lecture

1. Où aura lieu le concert de Jean-Pierre Rampal?
2. Que pense Jean-Pierre Rampal du public américain?
3. Vient-il souvent aux Etats-Unis?
4. Quel rôle le père de Jean-Pierre Rampal, flûtiste lui-même, a-t-il joué dans l'orientation de son fils vers une carrière d'instrumentiste?
5. Pourquoi ses parents ne le poussaient-ils pas vers une carrière musicale?
6. Qu'est-ce qui a détourné M. Rampal de ses études de médecine?
7. Jean-Pierre Rampal est-il aussi compositeur? Pourquoi?
8. Est-il parfois jaloux des grands compositeurs?
9. Pourquoi Mozart est-il son compositeur préféré?
10. Comment le public de Washington reçoit-il Jean-Pierre Rampal?

Questions à débattre en classe

1. Aimez-vous la musique classique? Pour quelles raisons?
2. Avez-vous assisté à des concerts de musique classique? Décrivez votre expérience.
3. Selon vous, pourquoi le public américain reçoit-il si bien les artistes étrangers?
4. Jouez-vous d'un instrument de musique? Lequel?
5. Y a-t-il d'autres instruments que vous aimez? Pourquoi?
6. Comment imaginez-vous des tournées de quatre mois? Pourquoi les artistes sont-ils obligés de les faire?
7. Quel rôle vos parents jouent-ils dans le choix de votre profession? Soyez honnête! Devrait-il en être ainsi?
8. Si l'argent ne comptait pas, quelle profession aimeriez-vous vraiment exercer?
9. Pourquoi la profession musicale était-elle plus qu'aléatoire pendant l'occupation nazie?
10. Quels sont vos compositeurs favoris? Pourquoi?
11. Avez-vous jamais ressenti un sentiment de jalousie, d'envie devant les créations de grands artistes (de toutes sortes)?
12. Qu'est-ce qui distingue un amateur d'un professionnel?

Le saviez-vous?

Le 21 juin, Fête de la musique

Le 21 juin aura lieu dans toute la France la Fête de la musique. C'est l'occasion pour tout musicien, professionnel comme amateur, de s'exprimer de la manière qui lui plaira et où il le souhaitera.

Qui peut participer?

Tout le monde. Le musicien de tous les jours, comme le musicien d'un soir, seul ou en groupe. Quatuors à cordes, groupes de rock, jazz, folk, accordéons, musettes ou batteries, chorales ou chanteurs d'opéra. Sans aucune discrimination de genre ou de niveau, c'est la caractéristique de cette fête.

Où participer?

Dans la rue, sur la place, dans les jardins publics, dans les gares ou les églises... Ou encore chez vous, la fenêtre ouverte.

♦ Adapté de *Nice-Matin*

Activités

A. Choisissez l'expression qui complète le mieux chacune des phrases suivantes.

1. Les idées exprimées ici sont des _____ d'une entrevue avec Jean-Pierre Rampal.
   a) clavecins   b) vents   c) extraits

2. Ce soir-là, Jean-Pierre Rampal a encore fait _____ .
   a) deux cents sièges   b) salle comble   c) arts scéniques

3. En Europe on s'imagine que l'on a _____ de ne pas mélanger les genres.
   a) les préjugés   b) le bon ton   c) le monopole

4. Jean-Pierre Rampal fait des _____ d'environ quatre mois chaque année aux Etats-Unis.
   a) mélomanes   b) rôles   c) tournées

5. Son père hésitait à le _____ vers une carrière artistique à l'époque de l'occupation nazie.
   a) pousser   b) représenter   c) retrouver

6. Il n'y avait pas beaucoup d' _____ dans la plupart des carrières artistiques.
   a) imagination   b) orientation   c) avenir

7. La profession musicale était plus qu' _____ à cette époque-là.
   a) obligatoire   b) aléatoire   c) illuminée

8. Mme. Mompoullan demande s'il lui arrive de _____ un sentiment de jalousie devant les créations de grands compositeurs.
   a) ressentir   b) lancer   c) préférer

9. Mozart est le compositeur que M. Rampal aime _____ plus particulièrement.
   a) attendre   b) offrir   c) exécuter

10. Le public enthousiaste l' _____ , le rappelle.
    a) obtient   b) acclame   c) oblige

B. Complétez les phrases suivantes. Utilisez votre imagination! (Les expressions en italique sont tirées directement de la lecture.)

1. Quelqu'un qui fait toujours *salle comble* est...
2. La nationalité du plus grand nombre des *mélomanes* est...
3. *Quant à* mon opinion sur la musique classique, je...

4. *L'enfant chéri* des jeunes mélomanes aujourd'hui est...
5. Cela peut *surprendre* certains de mes amis, mais...
6. Un *préjugé* que je considère complètement idiot est...
7. Mes parents ne pensent pas qu'il y ait beaucoup *d'avenir* dans les carrières...
8. Une profession qui est encore *aléatoire* est...
9. Il m'arrive parfois de *ressentir* un sentiment de jalousie devant...
10. *Un rêve impossible,* auquel je préfère ne pas penser, est...

C. L'influence de la famille se révèle de multiples façons. En voici quelques aspects. Etudiez cette liste et ensuite répondez aux questions ci-dessous.

le respect	la surveillance
l'autorité	l'honnêteté
le sacrifice	l'indulgence
la tolérance	l'aide affective° emotional
la moralité	la protection
le maintien des traditions familiales	l'éducation
	le dialogue
la confiance	l'orientation professionnelle
l'aide financière	les idées religieuses
le soutien moral	la critique constructive

D. Regardez la liste ci-dessus et répondez aux questions suivantes.

1. Quelles sont les obligations des parents et quelles sont celles des enfants?
2. Y a-t-il des qualités communes aux parents et aux enfants?
3. A votre avis vos parents vous ont-ils donné des responsabilités? Comment y avez-vous réagi?
4. Les différentes responsabilités sont-elles nettement définies entre les membres de votre famille?
5. Trouvez-vous cette répartition juste?
6. Ces obligations changent-elles avec l'âge de l'enfant? Quelles seront vos obligations quand vous aurez 50 ans?
7. Quelles sont les principales sources de conflits dans votre famille (vos opinions, vos vêtements, vos amis, vos habitudes, le téléphone, etc.)?
8. Est-il plus facile d'être parents aujourd'hui que dans les années cinquante?
9. Quels sont les dangers les plus grands pour la famille actuelle (le divorce, les problèmes financiers, de communication, la moralité, etc.)?
10. Avez-vous l'intention d'élever vos enfants comme vos parents vous ont élevé(e)? Que changeriez-vous?

E. **Composition**   Choisissez un des sujets suivants et écrivez une courte composition dont on discutera ensuite en classe.

1. L'importance de la musique (tous les genres)
2. L'influence parentale (en général)
3. Le choix d'une profession

La Récapitulation

Quelques mots de vocabulaire à retenir

l'avenir (*m.*)
l'éclairage (*m.*)
l'étape (*f.*)
l'extrait (*m.*)
l'immeuble (*m.*)
le millier
le spectacle

la tournée
la vedette
assister (à)
avoir lieu
distraire
échapper
pousser

répéter
ressentir
de suite
ne ... guère
par contre
quant à

◆

Divisez la classe en plusieurs équipes

A. Chaque équipe va inventer dix phrases en employant un des mots de la liste qui précède. Quand toutes les équipes auront inventé ces phrases, chaque équipe, à tour de rôle, écrira au tableau noir une des dix phrases sans mentionner le mot retenu. L'équipe qui devinera la première le mot qui manque gagnera 1 point.

B. A partir d'un certain moment, l'équipe peut lire la phrase à haute voix plutôt que de l'écrire.

La meilleure équipe (celle qui aura obtenu le meilleur score) jugera les autres équipes dans l'activité suivante.

C. Choisissez des étudiants de chaque équipe pour jouer, chaque équipe à tour de rôle, l'histoire suivante: *La Grande Tournée de l'été*.

En essayant d'employer tous les mots de vocabulaire possibles des chapitres précédents (1 point pour chaque mot de vocabulaire employé), des étudiants vont interpréter un groupe de producteurs/managers parlant avec un groupe de musiciens très connu. Ils discutent la grande tournée de l'été.

◆

Les possibilités de discussion

—quelle sorte de musique ce groupe joue-t-il?
—comment s'appelle ce groupe?
—où la tournée aura-t-elle lieu (les pays, les villes et pourquoi ces endroits?)

—les dates de la tournée et pourquoi
—les moyens de transport pour les musiciens et pour les instruments
—les avantages et les inconvénients de faire une grande tournée

◆

Variations

1. A la dernière minute, un des membres du groupe tombe très malade et son agent annonce qu'il sera obligé de rester chez lui tout l'été. Que va-t-on faire?
2. Les membres du groupe et les producteurs/managers ne sont pas d'accord pour les villes ou pour le prix des billets. Que va-t-on faire?

Vocabulaire thématique ♦ *La Musique*

Les substantifs

l'apprenti (*m.*) apprentice
l'avenir (*m.*) future
le berceau cradle
le casque de moto motorcycle helmet
le clavecin harpsichord
l'éclairage (*m.*) lighting
l'étape (*f.*) step
l'extrait (*m.*) excerpt
l'immeuble (*m.*) building, block of apartments
le mélomane music lover (**être mélomane** to be mad about music)
le miel honey
le millier (about a) thousand
la pinède pine forest
la prestance imposing appearance
la scène stage
le spectacle show
le tabouret high stool
la tournée tour
le tube (*slang*) hit
l'usine (*f.*) factory
la vedette star

Les verbes

acclamer to cheer, to applaud
assister à to attend
avoir lieu to take place
camper to depict
contenir to contain
diffuser to broadcast
distraire to distract
(s')échapper to escape
encadrer to frame
engager to hire, to enlist
exécuter to perform
faire (une) fête à quelqu'un to receive someone with open arms
faire salle comble to draw a full house
fuir to flee
pousser to push
promouvoir (*p.p.* **promu**) to promote
répéter to practice
ressentir to feel
sortir (un disque) to release

Les autres expressions

affectif emotional
aléatoire risky
c'est l'heure It's time
le bon ton good form
de suite in a row
le jour de ses 60 ans on his 60th birthday
ne ... guère scarcely
les menus métiers small jobs
par contre on the other hand
populeux populous
quant à as regards

Les Femmes

Unité 5

- *Des Filles et des fusils*
- *Les Femmes au travail*
- *Femmes: vivre seule*

◆ *Des Filles et des fusils°*   rifles

Il y a certaines femmes qui sont des pionnières perdues dans le troupeau d'hommes. Comme Valérie André, médecin général de la 4ème région aérienne, à Aix-en-Provence. Elle porte cravate et étoiles dorées°, mais les ongles° roses et sa nouvelle coiffure illuminent son uniforme de coquetterie. A 62 ans, c'est la seule femme général en France. Elle a participé aux guerres d'Indochine et d'Algérie, plus souvent près des lignes qu'à l'arrière°, pour évacuer les blessés° à bord d'un hélicoptère qu'elle pilotait elle-même. Une sorte d'héroïne, passionnée et féministe.   *general's stars / nails / behind the lines/wounded*

Verra°-t-on des femmes à bord de navires de guerre° français? En verra-t-on aux commandes d'un bombardier°? Dirigeant un tir de missiles° nucléaires Pluton?   *will we see/warship / bomber/missile fire*

A ces questions, la plupart des militaires (hommes) répondent: «Inimaginable!» Pourtant, ce sont là quelques-uns des vœux exprimés° très officiellement, dans un très officiel rapport au Ministre de la Défense, Charles Hernu, par la seule femme française titulaire° du grade de général: Valérie André, médecin inspecteur général.   *wishes expressed / holder (of title)*

Général André, l'auteur d'*Ici, ventilateur* (un livre sur son expérience de pilote d'hélicoptère pendant la guerre d'Indochine) ne désarme pas pourtant. Elle cite volontiers des chiffres°. Aux Etats-Unis, 8,9% de femmes sont dans l'armée de terre; 7% dans la marine; près de 11% dans l'armée de l'air. En France, 1,1% seulement d'officiers féminins dans l'armée de terre et 2% dans l'armée de l'air. La marine bat°, elle, tous les records: 0,57% seulement des officiers sont des femmes.   *figures / beats*

Peu impressionnés, quelques marins sont passés à la contre-offensive. Dans un article du mensuel° *Armées d'aujourd'hui,* un capitaine de frégate invoque l'argument suprême: «Faire vivre ensemble, dans un espace limité, quinze garçons de 20 ans n'est déjà pas facile. Faut-il vraiment compliquer les choses?»   *monthly magazine*

«Si une femme a la vocation, au nom de quels préjugés archaïques lui bloquerait-on la route? répond le médecin inspecteur général. Trop d'hommes oublient ce que l'expérience de la guerre nous a appris à tous: dans une situation difficile, la présence d'une femme rassure...»

Dans la cour° de l'Ecole de guerre, à Paris, un amiral en grand uniforme s'avance au-devant de Valérie André. Il s'incline respectueusement: «Mes hommages, madame!» Valérie André le foudroie°: «Est-ce parce que je suis une femme, amiral, que vous ne croyez pas devoir me saluer par mon grade?» Penaud°, l'amiral rectifie.   *courtyard / strikes him down / embarrassed*

Et gare° au naïf de bonne volonté° qui croirait pouvoir dire «Mes hommages, madame la Générale!» «Pas de ça non plus, proteste Valérie André. Regardez les dictionnaires: «la générale», c'est la femme d'un général. Je refuse donc cette appellation. Appelez-moi «Madame le Général» ou «Général» tout court!»

Il n'y a pas, pour le féminisme, de petits combats. Surtout dans les casernes°.

♦ Adapté de *L'Express*

beware (to)/well-meaning but naive

barracks

Questions sur la lecture

1. Qui est Valérie André?
2. Comment a-t-elle obtenu son grade?
3. Comparez la France aux Etats-Unis du point de vue de la participation des femmes dans la vie militaire.
4. Quel est l'argument de quelques marins contre la participation féminine?
5. Comment l'espace physique pose-t-il des problèmes sur les frégates?
6. Quelle est la réponse du médecin inspecteur général à cet argument?
7. Quelle est l'erreur commise par l'amiral?
8. Pourquoi le médecin inspecteur général ne veut-elle pas être appelée «la générale»?

Questions à débattre en classe

1. Comment Valérie André est-elle une «pionnière perdue dans le troupeau d'hommes»?
2. Général André a-t-elle joué un très grand rôle dans les guerres d'Indochine et d'Algérie?
3. Pourquoi la plupart des militaires (hommes) répondent-ils «Inimaginable!» aux problèmes de la participation féminine dans l'armée?
4. Pourquoi y a-t-il plus de femmes militaires américaines que françaises?
5. Etes-vous d'accord avec l'idée que «dans une situation difficile, la présence d'une femme rassure»?
6. Les titres comme «Docteur», «Professeur», «Général», diminuent°- ils le status féminin?   take away from
7. Du point de vue linguistique, pourquoi y a-t-il un manque° de mots   lack
de vocabulaire désignant des professions occupées par des femmes?
8. Pensez-vous que les femmes soient aussi compétentes que les hommes dans le métier militaire? Pourquoi?
9. Que pensez-vous de l'idée du service militaire obligatoire pour tous les jeunes, hommes et femmes? Quels en seraient les avantages et les inconvénients?
10. Les femmes sont-elles parfois sexistes, elles aussi?

Activités

A. Consultez la liste ci-dessous et choisissez l'expression qui convient pour compléter chaque phrase.

casernes	gare	ongles
bat	chiffres	mensuel
foudroie	arrière	appellation
titulaire		

1. Les _____ roses et sa nouvelle coiffure illuminent son uniforme de coquetterie.

2. Elle a participé aux guerres d'Indochine et d'Algérie, plus souvent près des lignes qu'à l' _____ .

3. Valérie André est la seule femme française _____ du grade de général.

4. Elle a écrit un livre dans lequel elle cite volontiers des _____ .

5. La marine, elle _____ tous les records: 0,57% seulement des officiers sont des femmes.

6. Dans un article du _____ *Armées d'aujourd'hui,* un capitaine de frégate répond aux questions de la participation féminine dans la marine.

7. Quand un amiral salue Valérie André en disant «Mes hommages, madame», elle le _____ .

8. _____ au naïf de bonne volonté qui croirait pouvoir dire «Mes hommages, madame la Générale!»

9. «La générale, c'est la femme d'un général. Je refuse donc cette _____ .»

10. Il n'y a pas, pour le féminisme, de petits combats, surtout dans les _____ .

B. Choisissez l'expression qui complète le mieux chacune des phrases suivantes.

1. Une personne qui explore des territoires inconnus est ____ .
   a) un pilote   b) une pionnière   c) un auteur

2. Après un désastre, la Croix Rouge arrive pour ____ les blessés.
   a) illuminer   b) porter   c) évacuer

3. En Australie, les chiens aident à garder _____ .
   a) les troupeaux   b) les chiffres   c) les marins

4. Quand on voit une étoile filante°, on fait vite _____ .   shooting star
   a) une commande   b) une question   c) un vœu

5. Pour la participation des femmes, la marine _____ .
   a) bat tous les records   b) dirige un tir de missiles   c) cite des chiffres

6. L'étudiant fait une erreur, alors le professeur le _____ .
   a) demande   b) rectifie   c) s'incline

7. Valérie André cherche à éliminer les _____ contre les femmes.
   a) préjugés   b) présences   c) hommages

8. Un amiral _____ respectueusement devant le Général.
   a) s'incline   b) foudroie   c) garde

C. **Des Professions et des métiers** Etudiez les listes de professions ci-dessous.

   1. un/une architecte   un/une athlète
      un/une fonctionnaire   un/une artiste
      un/une journaliste   un/une militaire
      un/une pilote

   2. un avocat/une avocate   un instituteur/une institutrice
      un employé/une employée   un directeur/une directrice
      un ouvrier/une ouvrière   un acteur/une actrice
      un cuisinier/une cuisinière   un vendeur/une vendeuse
      un infirmier/une infirmière   un chanteur/une chanteuse
      un patron/une patronne   un danseur/une danseuse

   3. un cadre/une femme-cadre   un professeur/une femme-professeur
      un ingénieur/une femme-ingénieur
      un médecin/une femme-médecin   un écrivain/une femme-écrivain

Mettez les lettres dans le bon ordre pour compléter chacune des phrases suivantes. Vous pouvez consulter les listes ci-dessus.

1. Quelqu'un qui s'occupe des malades est un _____ (RIMIIENFR)

   ou une _____ (EIENFIRMRI).

2. Quelqu'un qui conduit les avions est un ou une _____ (ELOPTI).

3. Quelqu'un qui écrit des articles pour les journaux est un ou une _____ (LANSTIJUORE).
4. Quelqu'un qui fait des projets de construction est un ou une _____ (TRECAHETIC).
5. Quelqu'un qui joue un rôle dans un film est un _____ (CERTAU) ou une _____ (RETCAIC).
6. Quelqu'un qui fait de la cuisine est un _____ (IINCUIERS) ou une _____ (SIRCEEIUIN).
7. Quelqu'un qui enseigne à l'université est un _____ (SEFSPORERU) ou une _____ (RERFOSPSUE-MEMEF).
8. Quelqu'un qui vend au client dans un magasin est un _____ (DNEVREU) ou une _____ (SEDEENVU).
9. Quelqu'un qui fait du sport est un ou une _____ (EHEALTT).
10. Quelqu'un qui travaille pour le patron est un _____ (MEOLPEY) ou une _____ (YEOLEPEM).

D. Divisez la classe en groupes pour discuter les idées suivantes.

1. Y a-t-il des professions et des métiers qui sont exclusivement masculins?
2. Quelles sortes de postes conviennent le mieux aux hommes? aux femmes?
3. Y a-t-il des professions et des métiers qui sont plus attrayants° que d'autres? plus amusants? plus dangereux?   °glamorous
4. Nommez quelques professions qui semblent particulièrement intellectuelles.
5. Pourquoi certaines professions et certains métiers sont-ils mieux payés que d'autres?
6. Existe-t-il aux Etats-Unis une discrimination sexuelle vis-à-vis des emplois?
7. Est-ce que les hommes et les femmes sont traités de la même manière par rapport à leurs échecs et à leurs succès?

Le saviez-vous?

Les Femmes aux services militaires

Seules les femmes néerlandaises jouissent (et depuis deux ans déjà) du droit de combattre.

Etats-Unis: Les Américaines représentent 6,5% (133.000) des effectifs globaux des trois armes, des marines et des gardes-côtes.

Grande-Bretagne: Les Anglaises représentent 5% des effectifs de la Royal Navy (280 officiers, 3000 matelotes), 3% de l'armée (497 officiers et 6400 soldats).

France: Les Françaises représentent 5,3% (11.000) des effectifs globaux (dont 380 officiers).

R.F.A.: Seuls les emplois médicaux sont ouverts aux femmes dans le Bundeswehr (47 femmes officiers sur une armée de 495.000 hommes).

Norvège: Le personnel féminin représente 0,3% des forces armées.

Grèce: 300 officiers femmes sur une armée de 184.000 hommes (9,5% de l'armée de la terre, 5% des effectifs de la marine).

Belgique: 2896 femmes dont 49 officiers, soit 4,6% du total.

Canada: 4818 femmes dont 719 officiers (6% des forces armées canadiennes).

Danemark: 428 femmes (62 officiers) dans les trois armes et 7513 dans la milice territoriale soit 15,2% de celle-ci.

♦ Adapté du *Journal Français d'Amérique*

◆ *Les Femmes au travail*

La plupart des femmes dans les pays industrialisés ont acquis le droit à un salaire égal pour un travail égal, mais «il leur reste° une autre barrière à détruire: celle de la ségrégation professionnelle», estime une étude du Bureau international du travail (B.I.T.) publiée récemment à Genève. — there remains

Sous le titre *Diversifier l'emploi des femmes: une condition indispensable à une vraie égalité des chances,* l'étude note que les femmes se trouvent orientées vers des occupations sans avenir, n'exigeant° aucune qualification, répétitives et le plus souvent si mal rémunérées que même les chômeurs° de l'autre sexe les refusent. — requiring / unemployed

Selon les chiffres publiés par le B.I.T., aux Etats-Unis, par exemple, au moins trois fois plus de femmes que d'hommes occupent des emplois de bureau. En France, les femmes ne se dirigent en effet que vers 34 types d'emplois alors que les hommes s'orientent vers 300 professions. Le choix est restreint dès° le départ. Il suffit d'examiner les types d'éducation professionnelle vers lesquels les filles sont orientées: secrétariat, dactylographie et sténographie, technique financière et comptable°, technique administrative et juridique, santé et secteur paramédical, commerce et distribution. Voici les dix métiers «typiquement féminins» où l'on trouve plus de 75% de femmes françaises: aide maternelle, sténodactylo, secrétaire de direction°, guide ou hôtesse, habillement, aide-soignante, infirmière, hôtellerie, mécanographe°, employée de commerce. Inutile d'insister, il ne s'agit là que de tâches d'assistance, d'exécution ou de simples prolongements de leur rôle traditionnel dans la famille. — from / bookkeeping / management / computer operator

La cause fondamentale des inégalités de salaire de nos jours réside surtout dans «l'existence d'un double marché° parallèle de l'emploi, assignant aux hommes et aux femmes des postes différents et non interchangeables», indique entre autres choses cette enquête. La femme au travail occupe en général un poste moins bien rémunéré, moins stable, avec moins de possibilités d'avancement, plus rapidement gagné par le chômage. Première raison à cela: la population active féminine continue d'être considérée comme un réservoir de main d'œuvre°, en cas de besoin. A travail égal, une femme touche° à peine plus des deux tiers° du salaire d'un homme. Et les disparités de salaire s'accroissent avec le niveau de qualification. Dans l'industrie, un homme cadre supérieur touche en moyenne un salaire de 48% supérieur à celui d'une femme. — market / manpower / earns/thirds

Pourtant, elles sont de plus en plus nombreuses à gagner leur vie: 53,7% des femmes en âge de travailler occupaient un emploi en 1981 contre 46,7% en 1971. En outre°, de 1971 à 1981, les femmes ont occupé — moreover quatre emplois nouveaux sur cinq et sont donc responsables à 87% de l'augmentation de la population active.

Il y a du progrès quand même: ces dix dernières années, le nombre des femmes-cadres supérieurs a doublé! Dans le bataillon des cadres moyens, il a gagné plus de 50% de femmes. Il y a même de l'avancement dans un certain nombre de places fortes° masculines comme la profession d'avocat (30% des femmes), de médecin (25%), de journaliste (32%). Elles progressent aussi dans l'armée et la police, bien que tout reste relatif (4,1%). Il n'y a que 5,8% de femmes-ingénieurs et 6% d'architectes. — strongholds

Les Etats-Unis, selon ce document, ont été les premiers parmi les pays industrialisés occidentaux à faire une législation qui interdit° toute discrimination. Ils ont aussi promu, en faveur des femmes, des pratiques équitables de recrutement et de développement des carrières. — forbids

Selon l'étude, la pénurie° de personnel qualifié, due au vieillissement de la population qui se fait sentir en Europe occidentale actuellement pourra jouer en faveur des femmes si elles acceptent de se préparer à des emplois techniques. — lack

Ce document souligne° enfin que le chômage croissant° réveille les vieux réflexes de défense des hommes contre la concurrence° féminine et remet en valeur l'image de la femme au foyer°. — underlines/increasing unemployment/ competition/ housewife

♦ adapté du *Journal Français d'Amérique*

Questions sur la lecture

1. Selon cette étude du Bureau international du travail, pourquoi les femmes n'ont-elles pas une «vraie égalité des chances»?
2. Les hommes et les femmes se dirigent-ils vers les mêmes types d'emplois?
3. Quelle est la cause fondamentale des inégalités de salaire de nos jours?
4. En général, les femmes touchent-elles des salaires égaux à ceux des hommes?
5. Quel pourcentage de femmes gagnent leur vie?
6. Y a-t-il du progrès?
7. La discrimination, est-elle interdite légalement aux Etats-Unis?
8. En quoi le marché du travail en Europe change-t-il actuellement?
9. Cela aura-t-il une influence sur les femmes? A quelles conditions?
10. Quelle conséquence du chômage croissant souligne cette étude?

> La "femme au foyer" n'est plus le modèle dominant...
> **56,5 % des mères de famille exercent un métier**

Questions à débattre en classe

1. Pensez-vous que la ségrégation professionnelle soit un problème aux Etats-Unis? Pourquoi?
2. Pourquoi les femmes se dirigent-elles vers 34 types d'emplois alors que les hommes s'orientent vers 300 professions?
3. Certaines professions sont-elles plus spécifiques à un sexe? Lesquelles?
4. Quelle est l'influence de l'éducation primaire et secondaire dans le choix de l'emploi?
5. Regardez la liste (*p. 107*) des dix métiers «typiquement féminins». Pourquoi ces métiers attirent-ils les femmes?
6. Bien qu'une loi interdise toute discrimination, pensez-vous qu'il y ait un «salaire égal pour un travail égal»?
7. L'entrée en masse des femmes dans le marché du travail a-t-elle changé la vie quotidienne aux Etats-Unis?
8. Croyez-vous que l'Amérique aura un jour une femme-Président?
9. Voyez-vous des changements dans le marché du travail aux Etats-Unis?
10. Les femmes ont-elles besoin d'une nouvelle législation pour obtenir ce qu'elles veulent?

Activités

A. Choisissez l'expression qui complète le mieux chacune des phrases suivantes.

1. Selon les ____ publiés par le B.I.T., au moins trois fois plus de femmes que d'hommes occupent des emplois de bureau.
   a) qualification b) chiffres c) types

2. Le choix est restreint ____ le départ.
   a) estime b) vers c) dès

3. La cause fondamentale des inégalités de salaire de nos jours réside surtout dans «l'existence d'un double ____ parallèle de l'emploi».
   a) marché b) tâche c) enquête

4. A travail égal, une femme ____ à peine plus des deux tiers du salaire d'un homme.
   a) réside b) indique c) touche

5. Ces dix dernières années, le nombre de femmes- ____ a doublé.
   a) cadres b) ingénieurs c) architectes

6. Les Etats-Unis ont fait une législation qui ____ toute discrimination.
   a) diversifie b) interdit c) rémunère

7. Ils ont aussi ____, en faveur des femmes, des pratiques équitables de recrutement et de développement des carrières.
   a) réveillé b) refusé c) promu

8. Selon l'étude, la pénurie de personnel qualifié due au ____ de la population pourra jouer en faveur des femmes.
   a) vieillissement b) recrutement c) nombre

9. Ce document ____ le fait que le chômage croissant réveille de vieux réflexes de défense chez les hommes.
   a) publie b) souligne c) occupe

10. L'image de la ____ est remise en valeur.
    a) pénurie b) législation c) femme au foyer

B. **Les Stéréotypes** Un stéréotype est une sorte de condensé d'opinions toutes faites, recueillies° aussi bien dans les conversations que dans les films et les romans.   gathered

Choisissez de la liste suivante les mots qui décrivent le stéréotype masculin et le stéréotype féminin. Vous n'avez pas besoin d'employer tous les mots pour exprimer vos idées et vous pouvez très bien en ajouter d'autres.

Stabilité émotionnelle

capricieux(se)	sensible	calme
décidé(e)	ferme	émotif(ve)
hystérique	frivole	

Caractéristiques

discipliné(e)	maniéré(e)	organisé(e)
incohérent(e)	bavard(e)	rigide
franc(he)	méthodique	flexible
secret(ète)	discret(ète)	

Autonomie

goût du risque	dépendant(e)	besoin de se confier
besoin de plaire	indépendant(e)	coquet(te)

Affirmation de soi

besoin de puissance	ambitieux(se)	faible
besoin de célébrité	dominateur(trice)	soumis(e)
besoin de prestige	suffisant(e)	arriviste
goût du commandement	sûr(e) de soi	

Tempérament

goût pour la lutte	combatif(ve)	passif(ve)
goût pour la paix	cynique	actif(ve)
compatissant(e)	curieux(se)	tranquille
rusé(e)	doux(ce)	égoïste

Qualités intellectuelles

créateur(trice)	lucide	subjectif(ve)
intuitif(ve)	théorique	pratique
raisonneur(se)	objectif(ve)	sceptique

Questions sur «les stéréotypes»

1. Discutez les stéréotypes que vous avez créés.
2. Quelles sont les sources de vos stéréotypes?
3. Citez d'autres sources possibles de stéréotypes.
4. Y a-t-il une certaine vérité dans un stéréotype?
5. Les stéréotypes sont-ils parfois utiles?
6. Est-ce possible de créer un nouveau stéréotype? Comment?
7. Quel est l'effet des médias modernes (la télévision, la radio, les journaux, les satellites, etc.) sur les stéréotypes traditionnels?
8. Les stéréotypes peuvent-ils évoluer?

C. Voici quelques mots de la lecture dont les lettres sont en désordre. Retrouvez les mots en question. Les équivalents anglais se trouvent dans la colonne de droite, mais essayez de déchiffrer les mots sans être aidé de l'anglais.

1. aarleis glaé   equal pay
2. mcôushre sle   the unemployed
3. opatelbmc   bookkeeping (*adj.*)
4. qeetêun   study (investigation)
5. eoveurd' anmi   manpower
6. ruectho   to earn (a salary)
7. memef ua yrfoe   housewife
8. gréieninu   engineer
9. sliimnveilsete   aging
10. rnourceccen   competition

D. **Composition** Choisissez un des sujets suivants et écrivez une courte composition dont on discutera ensuite en classe.

1. Les changements (légaux, sociaux, politiques, etc.) dûs à l'entrée en masse de la femme dans le marché du travail.
2. La femme moderne a-t-elle acquis trop de libertés? Expliquez votre réponse.

Le saviez-vous?

Liechtenstein: Les Femmes ont gagné

Le 1er juillet 1984, au cours d'un référendum populaire obligatoire, les citoyens de la petite principauté du Liechtenstein ont approuvé de justesse, l'introduction du suffrage féminin sur leur territoire. Il y avait 51,3% des voix en faveur du suffrage féminin et 48,7% contre. Le Liechtenstein (26.000 habitants) est ainsi le dernier Etat européen à accorder le droit de vote et d'éligibilité aux femmes.

Le saviez-vous?

Le Marché du travail féminin

La part des femmes dans la population active est passée de 36,2% en 1968 à 39,2% en 1980. Soit 8.463.000 femmes sur 21.593.000 personnes.

Le taux d'activité féminine pour les femmes entre 22 et 55 ans s'est accru de façon spectaculaire, par exemple, de 39,2% en 1962 à 54,6% en 1975 pour les 30–34 ans.

Entre 1968 et 1975, le nombre des femmes cadres a progressé deux fois plus que celui des hommes.

Les femmes cadres supérieurs gagnent 36% moins que les hommes.

17.000 femmes sont ingénieurs diplômés (6% de la profession). 30% des étudiants de dernière année de médecine sont des femmes (contre 13% en 1968).

63,8% des chômeurs de longue durée sont des femmes.

Les femmes sont 52% des agrégés, mais 7% des professeurs d'université.

Leur percée dans les grands corps de l'Etat demeure très lent. 13,8% des administrateurs civils et 3,8% des postes de direction sont des femmes.

♦ Adapté du *Point*

◆ *Femmes: vivre seule*

C'est mathématique: deux femmes pour un homme. Veuves° (cinq fois plus nombreuses que les veufs à cause de la plus grande longévité des femmes), divorcées (elles se remarient deux fois moins que les hommes dans le même cas), et célibataires°, elles dépassent en France de près d'un million le nombre d'hommes dans la même situation. Le problème c'est que toutes sont pénalisées—comme d'ailleurs° les hommes dans le même cas—par un mode de vie contemporain qui est tout entier construit autour du couple.

    De plus en plus de femmes seules refusent de se résigner et prennent conscience° de leur poids° démographique. Elles cherchent à obtenir des conditions matérielles décentes, mais elles veulent aussi mener une vie sociale et affective° satisfaisante. Ce n'est pas facile.

    Signe d'une nouvelle attitude, quand les femmes divorcent aujourd'hui, elles ne cherchent pas systématiquement à se remarier. Sept fois plus nombreuses chez les 20–30 ans aujourd'hui qu'au début du siècle°, les divorcées se remarient de moins en moins. Sur 1000 divorcées en 1957, 420 étaient remariées cinq ans plus tard. En 1971, elles n'étaient que 370. Un courant° qui n'a cessé de s'accentuer. Hier, elles étaient résignées. Aujourd'hui, elles préfèrent être seules que mal mariées.

widows

singles

moreover

are becoming aware of/weight

emotional

century

tendency

Autofinancer ses études.
Joëlle L. est une future informaticienne. Comme elle a réussi ses deux premières années, elle a obtenu de sa BNP un crédit qui lui permet ainsi de poursuivre ses études sans l'aide de personne.

Aux Etats-Unis, ce phénomène se développe: jamais depuis les années trente, le taux° de mariage n'a été plus bas°. Un Américain sur trois est célibataire, et parmi eux, 60% de femmes. Mais là-bas comme ici en France, ce n'est pas un hasard si les célibataires par choix sont les plus souvent celles qui sont éduquées et celles qui ont ébréché° des bastions masculins. Ce sont les célibataires de charme et de choc, celles qui ont réussi° leur solitude parce qu'elles avaient réussi leur profession. Une race de femmes qui font le monde à leur image. Cette sérénité, cette assurance supposent un travail gratifiant, comme on dit, et correctement rémunéré. Toutes reconnaissent cette évidence: leur relative sécurité financière est primordiale.

«Seul le mariage permet à la femme d'accéder à son intégrale dignité sociale,» ironisait Simone de Beauvoir en 1949. Ce n'est plus vrai. Le travail (valorisant°) a donné à certaines femmes cette «dignité sociale». Et s'il dévore leur vie, il la justifie aussi.

Si l'autonomie financière est indispensable à leur réussite, elle ne suffit° pas. Réaction contre leur milieu, indépendance d'esprit, caractère marqué, autant de raisons pour lesquelles elles ont refusé l'alternative: vivre pour un homme ou vivre comme un homme.

♦ Adapté du *Point*

Questions sur la lecture

1. Succinctement, quel est le problème des femmes (et des hommes) qui vivent seules?
2. Que cherchent à obtenir ces femmes?
3. Y a-t-il un courant commun aux femmes qui divorcent aujourd'hui?
4. Quel est le pourcentage d'Américains célibataires?
5. En quoi les femmes célibataires par choix se ressemblent-elles?
6. Que supposent la sérénité et l'assurance de ces femmes?
7. Qu'est-qui dévore mais aussi justifie la vie de certaines de ces femmes?
8. Quelle alternative ces femmes refusent-elles?

Questions à débattre en classe

1. Que veut dire le «poids démographique» des femmes?
2. Les femmes exercent-elles une véritable influence politique aux Etats-Unis?
3. Etes-vous d'accord qu'il est préférable d'être seul(e) que mal marié(e)?
4. Quelles raisons poussent certains jeunes gens à se marier aujourd'hui?
5. Qu'est-ce qui compte le plus pour vous, une carrière réussie ou un mariage heureux? Les deux sont-ils compatibles?

6. Selon vous, pourquoi «un Américain sur trois est célibataire» aujourd'hui? Est-ce un nouveau courant?
7. Faites la liste des arguments traditionnels contre une femme occupant une position stratégique gouvernementale. Les acceptez-vous?
8. Pensez aux pays dans le monde où une femme est à la tête du gouvernement. Sa présence a-t-elle créé des problèmes qui n'auraient pas existé autrement?

Activités

A. Consultez la liste ci-dessous et choisissez l'expression qui convient pour compléter chaque phrase.

réussi	d'ailleurs	suffit
courant	siècle	prennent conscience
affective	célibataire	ébréché
taux		

1. Le problème c'est que toutes ces femmes seules sont pénalisées—comme _____ les hommes dans le même cas—par notre mode de vie contemporain construit autour du couple.

2. De plus en plus de femmes seules _____ de leur poids démographique.

3. Elles veulent mener une vie sociale et _____ satisfaisante.

4. De moins en moins de divorcées se remarient, un _____ qui n'a cessé de s'accentuer depuis 1957.

5. En Amérique, jamais depuis les années trente, le _____ de mariage n'a été plus bas.

6. Un Américain sur trois est _____, et parmi eux, 60% de femmes.

7. Ces femmes célibataires sont souvent celles qui ont _____ des bastions masculins.

8. Elles ont _____ leur solitude parce qu'elles avaient réussi leur profession.

9. Si l'autonomie financière est indispensable à leur réussite, elle ne _____ pas.

10. Les divorcées sont sept fois plus nombreuses chez les 20–30 ans aujourd'hui qu'au début du _____ .

B. Construisez des phrases complètes à partir des éléments donnés. Ajoutez la ponctuation.

1. obtenir / des conditions / elles / décentes / matérielles / cherchent à
2. veulent / sociale / une vie / et / mener / satisfaisante / elles / aussi / affective
3. être / mal / aujourd'hui / elles / seules / mariées / préfèrent / que
4. certaines / a donné / sociale / cette / le travail / dignité / à / (valorisant) / femmes
5. la / s'il / leur / justifie / vie / aussi / dévore / il
6. financière / suffit / est / ne / si / à / leur / l'autonomie / réussite / pas / elle / indispensable

Les Dates dans l'histoire de la femme française

Le Travail	La Maternité/La Famille	L'Education
1788 Condorcet, un philosophe et homme politique, réclame pour les femmes le droit à l'instruction et à l'emploi	**1804** Code Napoléon (femme mariée = incapable)	**1867** enseignement primaire féminin
1892 interdiction de travail de nuit pour les femmes	**1883** la loi Naquet autorise le divorce	**1861** pour la 1ère fois, une Française, Julie Daubié, est reçue au baccalauréat (elle a 37 ans)
1905 repos hebdomadaire obligatoire	**1907** libre salaire de la femme mariée	**1868** 1ère femme-médecin
1937 les femmes sont autorisées à enseigner le latin, la philo et le grec	**1920** (29/7) la loi réprime la propagande anticonceptionnelle et l'avortement	**1869** 1ère femme reçue docteur en pharmacie
1945 (10/10) une loi s'inscrit «à travail égal, salaire égal»	**1920** les travailleuses mariées peuvent se syndiquer sans la permission de leur époux	**1892** la loi autorise les femmes à devenir dentistes et médecins
1946 préambule de la Constitution: droit au travail pour tous reconnu	**1928** congé de maternité	**1896** 1ère femme-cinéaste (Alice Guy-Blaché)
1972 (22/12) égalité des rémunérations	**1965** réforme des régimes matrimoniaux (la femme est personne civile à part entière)	**1897** 1ère femme docteur en droit
1974 (22/11) loi Simone Veil[1]	**1967** loi Nuewirth	**1900** 1ère avocate
1975 (11/7) discrimination interdite à l'embauche	**1970** (4/6) la seule autorité paternelle est abolie	**1924** unification des enseignements secondaires masculin et féminin
1980 Arlette Bouvier devient arbitre de rugby	**1974** le droit d'avorter	**1930** 1ère femme chef d'orchestre (Jeanne Evrard)
1982 le droit de l'accès bisexuel à tous les emplois de la Fonction publique		**1966** l'enseignement technique est ouvert aux filles
		1967 1ère femme pilote de ligne (Danièle Decuré)
		1968 1ère femme doyenne de faculté (Alice Saunier-Seité)
		1976 1ère femme-général (Valérie André)

[1] **Simone Veil** Ministre de la Santé (1974–1979). Elle a fait voter la loi sur l'interruption volontaire de grossesse. Voir la photo *page 99*.

La Participation civique	La Participation à l'étranger
1791 déclaration d'Olympe de Gouges, *Les Droits de la femme et de la citoyenne*; elle fut guillotinée	**1691** Etats-Unis—les femmes votent pour la 1ère fois (au Massachusetts). Elles perdent ce droit en 1780.
1849 pour la 1ère fois, une femme se présente aux élections (les femmes n'ont même pas le droit de vote)	**1862** Suède—les femmes votent aux élections municipales pour la 1ère fois
1851 pour la 1ère fois, une femme est décorée de la Légion d'Honneur (décoration alors exclusivement militaire)—elle avait participé à toutes les campagnes de Napoléon	**1869** l'état de Wyoming accorde le droit de vote aux femmes
	1893 les femmes votent dans l'état de Colorado
1882 la création d'une ligue pour les droits des femmes (son inspirateur—Victor Hugo)	**1893** la Nouvelle Zélande accorde le droit de vote aux femmes
1901 débat à la Chambre sur le droit de vote des femmes	**1905** Bertha Kinsky, 1ère femme à obtenir le Prix Nobel de la Paix
1903 Marie Curie, Française d'origine polonaise, est la 1ère femme à recevoir un Prix Nobel (elle recevra un second en 1911).	**1909** Suède—Selma Lagerloef, 1ère femme à obtenir le Prix Nobel de Littérature
	1928 la Hollande—les femmes participent pour la 1ère fois aux Jeux Olympiques (32 ans après les hommes)
1936 3 Françaises ministres	
1945 les Françaises votent pour la 1ère fois	**1942** Pérou—Conchita Cintron, 1ère femme-toréador
1962 pour la 1ère fois, une femme mariée peut signer un chèque sans l'autorisation de son mari	**1951** Convention du B.I.T.: «à travail égal, salaire égal»
1969 Arlette Leguiller est candidate à la Présidence de la République	**1963** Union Soviétique—1ère femme dans l'espace (Valentina Térechkowa)
1972 Marcella Campana, 1ère ambassadrice de l'histoire de France (à Panama)	**1966** Inde—Indira Gandhi est élue Premier Ministre
1974 Nicole Briot est nommée Inspecteur des Finances; Florence Hugodot, sous-préfet; Françoise Chandernagor au Conseil d'Etat; Anne Chopinet intègre le Corps des Mines	**1971** Suisse—les femmes obtiennent le droit de suffrage fédéral
	1975 Cuba—le *Code de la Famille* stipule que l'homme et la femme ont l'obligation de partager toutes les tâches domestiques
	1979 Grand Bretagne—Margaret Thatcher est élue Premier Ministre et réélue en 1983

Questions sur les «Dates dans l'histoire de la femme française»

1. Selon vous, pourquoi la femme américaine a-t-elle eu le droit de vote si longtemps avant la femme française?
2. L'égalité intellectuelle de la femme, est-elle une idée acceptée universellement?
3. Pourquoi Napoléon a-t-il interdit le divorce?
4. Pensez-vous que les femmes-médecins, les avocates et les femmes-pilotes de ligne soient aussi qualifiées que les hommes aux mêmes postes?
5. Croyez-vous que la discrimination sociale dans le travail et dans l'éducation existe encore?

Les Sports

- **1896** La première qui participe au marathon est une certaine Melpomène. Son temps: 4h30! La distance: 42,195 km.
- **1971** L'Australienne Adrienne Beams est la première à franchir le cap des trois heures (2h46′30″).
- **1980** La Norvégienne Greta Waitz remporte son troisième record du monde en 2h25′41″, au marathon de New York, ce qui équivaut au record masculin de 1956. Au dernier marathon new-yorkais, les coureuses étaient au nombre de 2.500 (dont 407 françaises) sur 16.000 participants.

♦ Adapté d'*Agence Femmes Information*

Quelques organisations féminines

- *Ligue du Droit des Femmes* 24, cité de Trévise, 75009 Paris.
- *Choisir* 174, rue de l'Université, 75007 Paris.
- *Mouvement Français pour le Planning Familial* 2, rue des Colonnes, 75002 Paris
- *Union Féminine Civique et Sociale* 6, rue Béranger, 75003 Paris.
- *M.I.F.A.S. (Mouvement d'Intégration des Femmes à l'Action Socialiste)* 46, rue de Vaugirard, 75006 Paris.

Tous ces mouvements tiennent fermement à leur indépendance à l'égard des partis politiques afin de pouvoir mener de façon réellement efficace leur pratique féministe.

Le saviez-vous?

Les Droits de la femme

Olympe de Gouges, révolutionnaire française et femme de lettres, a écrit la *Déclaration des droits de la femme et de la citoyenne,* publiée en septembre 1791:

Toute femme naît et demeure libre et égale à l'homme en droits; les distinctions sexuelles ne peuvent être fondées que sur l'utilité commune.

Le but de toute association politique est la conservation des droits naturels et imprescriptibles de la femme et de l'homme. Ces droits sont la liberté, la propriété, la société et surtout la résistance à l'oppression.

Le principe de toute souveraineté réside essentiellement dans la nature qui n'est que la réunion de la femme et de l'homme. Nul corps, nul individu ne peut exercer d'autorité qui n'en émane expressément.

La liberté et la justice consistent à rendre tout ce qui appartient à autrui. Ainsi l'exercice du droit naturel de la femme n'a de bornes que la tyrannie perpétuelle que l'homme lui oppose. Ces bornes doivent être réformées par la loi de la nature et de la raison.

La loi doit être l'expression de la volonté générale. Toutes les citoyennes comme tous les citoyens doivent concourir personnellement ou par leurs représentants à sa formation. Elle doit être la même pour tous.

Toutes les citoyennes et tous les citoyens étant égaux à ses yeux doivent être également admis à toutes les dignités, places et emplois publics selon leurs capacités et sans aucune distinction que celle de leurs vertus et de leurs talents.

Nul ne peut être inquiété pour ses opinions; la femme a le droit de monter à l'échafaud, elle doit avoir également celui de monter à la tribune, pourvu que ses réclamations ne troublent pas l'ordre établi par la loi.

La garantie des droits de la femme est pour l'utilité de tous et non pour l'avantage de celle à qui elle est accordée.

La femme concourt ainsi que l'homme à l'impôt public, elle a le droit ainsi que lui de demander compte à tout agent public de son administration.

Pour l'entretien de la force publique et pour les dépenses de l'administration, les contributions de l'homme et celles de la femme sont égales. Elle a part à toutes les corvées, à toutes les tâches pénibles, elle doit donc de même avoir place à la distribution des places, des emplois, des charges et des dignités.

♦ Adapté de l'*Agence Femmes Information*

La Récapitulation

Quelques mots de vocabulaire à retenir

le/la célibataire	le manque	réussir (à)
le chiffre	le marché	souligner
le chômage	le siècle	d'ailleurs
la concurrence	exiger	à la fois
le courant	exprimer	en outre
la direction	interdire	valorisant
la femme au foyer	prendre conscience (de)	

———◆———

Divisez la classe en plusieurs équipes

    A. Chaque équipe va inventer dix phrases en employant un des mots de la liste qui précède. Quand toutes les équipes auront inventé ces phrases, chaque équipe, à tour de rôle, écrira au tableau noir une des dix phrases sans mentionner le mot retenu. L'équipe qui devinera la première le mot qui manque gagnera 1 point.

    B. A partir d'un certain moment, l'équipe peut lire la phrase à haute voix plutôt que de l'écrire.

La meilleure équipe (celle qui aura obtenu le meilleur score) jugera les autres équipes dans l'activité suivante.

    C. Choisissez des étudiants de chaque équipe pour jouer, chaque équipe à tour de rôle, l'histoire suivante: *Premier emploi*.

En essayant d'employer tous les mots de vocabulaire possibles des chapitres précédents (1 point pour chaque mot de vocabulaire employé), des étudiants vont interpréter l'histoire d'une personne qui a 20 ans et qui cherche son premier emploi.

———◆———

Les possibilités de discussion

—le sexe de la personne
—pourquoi cette personne a décidé de chercher un emploi
—les réactions de sa famille / de ses ami(e)s
—la première entrevue, la seconde
—les résultats
—un mois plus tard

———◆———

Variations

1. Choisissez le sexe opposé pour élaborer cette histoire.
2. Imaginez que la personne est engagée et qu'on lui demande d'aller travailler à Paris. Quelle est sa réaction? Pourquoi? Qu'est-ce que cette personne décide de faire?

Vocabulaire thématique ♦ Les Femmes

Les substantifs

l'agrégé (*m.*) associate professor
le blessé wounded (man)
le bombardier bomber
la caserne barracks
le (la) célibataire single man (woman)
le chiffre figure
le chômage unemployment
le chômeur unemployed (person)
la concurrence competition
la cour courtyard
le courant tendency
la direction management
les étoiles dorées (*f.*) general's stars
la femme au foyer housewife
le fusil rifle
la main-d'œuvre manpower
le manque lack
le marché market
le (la) mécanographe computer operator
le mensuel monthly magazine
le navire de guerre warship
les ongles (*m.*) fingernails
la pénurie scarcity
la place forte (*mil.*) stronghold
le poids weight
le siècle century
le taux rate
le tiers third
le tir de missiles missile fire
la veuve widow
le vœu wish

Les verbes

battre to beat
diminuer to take away from
ébrécher to make a notch in
exiger to require
(s')exprimer to express (oneself)
foudroyer to strike down
interdire to forbid
prendre conscience (de) to become aware of, to realize
réussir (à) to succeed, to make a success of
souligner to underline
suffire to suffice, to be enough
toucher (un salaire) to earn (a salary)
voir (*futur* **il verra**) to see

Les autres expressions

affectif emotional
d'ailleurs moreover
à l'arrière behind
bas low
comptable bookkeeping (work, adj.)
croissant increasing
de bonne volonté well-meaning
dès from
en outre moreover
gare au... beware (to)
il reste there remains
penaud embarrassed
titulaire holder (of title or right)
valorisant worthwhile

Unité 6

Les Hommes

- *Mâles d'aujourd'hui*
- *Les Nouveaux Pères*
- *Les Hommes doivent-ils aller se rhabiller?*

◆ Mâles d'aujourd'hui

Superman a pris des rides°. Les modèles masculins sont en pleine mutation. Dans un numéro intitulé *Masculinité,* la revue *Recherches* donne le ton. «Bientôt,» y lit-on, «dans les dictionnaires, il y aura: «Virilité—synonyme archaïque et péjoratif° de masculinité.» Les essais sur la nouvelle condition masculine, les manifestes° pour un autre homme, les dossiers° sur la néo-virilité, les collectifs d'hommes en mouvement se multiplient.

    Il n'est pas facile d'être homme aujourd'hui. On ne sait plus à quoi se raccrocher°. Les anciennes valeurs mâles ne valent plus un clou°. Mais par quoi les remplacer? Angoisses sans repère°, désirs mal définis. Trop tard pour vivre comme avant. Trop tôt pour exister autrement. «Pour les femmes, dit Nicolas, un publiciste qui a trente ans, «la lutte° est claire. Elles ont quelque chose à faire reconnaître et respecter: leur identité. Les hommes, eux, sont dans le brouillard° complet. La sérénité des femmes, dans son affirmation, a quelque chose de décourageant pour nous. Je les regarde un peu comme un pauvre regarderait un riche.» «Je vois clairement d'où je viens», affirme Francis, grand reporter, marié depuis vingt ans et avec un fils de vingt et un ans, «mais je ne vois pas du tout où je vais. Je ne vois pas comment, par simple décision consciente et délibérée on peut aller contre les modèles inscrits dans nos têtes, depuis le début de l'humanité.»

    Les couples qui partagent indifféremment les tâches quotidiennes—toi tu passes l'aspirateur°, moi je fais la cuisine, toi tu fais la vaisselle°, moi je vide les cendriers°, toi tu remplis la machine à laver, moi je dégivre le congélateur°—sont un peu plus nombreux chaque printemps. Mais pas d'illusions prématurées. Les maris qui sont entièrement nourris et servis par les femmes sont toujours majoritaires: 57% quand les femmes travaillent à l'extérieur, 71% quand elles restent à la maison.

    C'est plutôt dans la vie professionnelle qu'on a pu voir des changements plus significatifs de la virilité. L'arrivée du double salaire a libéré partiellement les hommes de leur fonction de protecteurs et de nourriciers° exclusifs. Plus disponibles°, ils se sont mis à investir ailleurs que dans leur sacro-sainte carrière. «Je n'éprouve aucune nécessité de me battre pour obtenir plus,» dit Gilles, trente-huit ans, cadre dans une compagnie d'assurances, père de quatre enfants, «ma vie personnelle en souffrirait°.» Mais la plupart continuent à se définir en premier par le travail. On sait d'abord ce qu'ils font, avant de savoir ce qu'ils sont.

    Certains commencent à entrevoir° les limites d'une telle vie, et à se réaliser° dans la paternité et dans le couple. Pour huit jeunes sur dix,

ou presque, d'après un récent sondage, réussir sa vie à deux et avoir des enfants comptent plus qu'une belle carrière. Ces nouveaux pères évoquent le plaisir fou de la paternité vécue d'une manière plus active, plus attentive, plus intime.

Le couple est le lieu géométrique où les mutations les plus profondes s'opèrent. «Je vis avec Monette une relation plus calme, plus tolérante, plus relaxe, plus joyeuse aussi, parce que plus inventive, plus mobilisée», dit Bernard, trente-six ans, et romancier. Mais quand il se produit un renversement° pur et simple des rôles et non une interpénétration, quand le chasseur devient le chassé, rien ne va plus. «Je n'aime pas qu'une femme manifeste des intérêts trop évidents sur ma personne», écrit Alain Royer, sociologue.

Yves est auteur-compositeur-interprète. Son succès l'a propulsé sur le devant de la scène et les médias en ont fait un modèle amoureux, un

reversal

stéréotype sexuel. Classique. «Quand je suis dans la rue,» dit-il, «je vis une expérience féminine. Je suis sollicité sans arrêt. Je baisse les yeux ou je regarde ailleurs. Je ne me sens à l'aise que lorsque quelqu'un m'accompagne.»

Quand le jeu le plus excitant de la terre se libère des règles imposées et que les cartes sont redistribuées, au hasard, aux deux sexes, la vie retrouve toute sa saveur. Nombreuses sont celles qui préfèrent chérir un «homme sweet homme». Un homme assez fort pour admettre ses faiblesses, assez confiant pour dire ses peurs. Un homme qui pleure, un homme qui rit. Un homme qui écoute et qui entend.

♦ Adapté du *Nouvel Observateur*

Questions sur la lecture

1. Pourquoi n'est-il pas facile d'être un homme aujourd'hui?
2. Quelle est l'attitude de Nicolas?
3. La plupart des couples partagent-ils les tâches quotidiennes?
4. Dans quel domaine est-il possible de voir des changements plus significatifs de la virilité?
5. Quels sont ces changements?
6. Qu'est-ce qui compte le plus aujourd'hui chez les jeunes?
7. Quelle est la réaction de certains hommes face à un renversement pur et simple des rôles?
8. Comment Yves vit-il une expérience féminine?

Questions à débattre en classe

1. D'après vous, qui a écrit cet article: un homme ou une femme? Pourquoi?
2. Le sexe de l'auteur a-t-il une influence sur l'objectivité des faits?
3. Comment définir aujourd'hui le mot «masculinité»?
4. Que pensez-vous de l'interpénétration des rôles? Du renversement total des rôles?
5. Les «règles de la chasse» sont-elles les mêmes partout dans le monde (pensez aux différents continents)?
6. Trouvez-vous que la vie est plus facile (ou plus difficile) depuis l'émancipation de la femme? Pourquoi?
7. Pensez-vous que les valeurs fondamentales ont changé?
8. Relisez la citation de Francis. Comment voit-il l'avenir? Et vous?
9. Voyez-vous plus de changements des rôles féminin et masculin dans la vie personnelle ou dans la vie professionnelle?
10. Quels sont les avantages et les inconvénients de la disponibilité familiale telle qu'elle est définie dans le texte?

Activités

A. Consultez la liste ci-dessous et choisissez l'expression qui convient pour mieux compléter chaque phrase.

brouillard	significatifs	aspirateur
vaisselle	renversement	disponibles
entrevoir	se raccrocher	lutte
valent		

1. On ne sait plus à quoi _____ .
2. Les anciennes valeurs mâles ne _____ plus un clou.
3. Pour les femmes, la _____ est claire.
4. Les hommes, eux, sont dans le _____ complet.
5. Quelques couples partagent les tâches quotidiennes. L'un passe l' _____ .
6. L'autre fait la _____ .
7. C'est dans la vie professionnelle qu'on peut voir des changements plus _____ de la virilité.
8. Les hommes sont plus _____ à investir ailleurs que dans leur carrière.
9. Certains commencent à _____ les limites d'une telle vie.
10. Quand il se produit un _____ pur et simple des rôles, rien ne va plus.

B. **Vrai ou faux?** Déterminez si chacune des phrases suivantes est vraie (**V**) ou fausse (**F**). Indiquez à gauche la bonne réponse pour chaque phrase. Si nécessaire, faites les corrections.

_____ 1. Les modèles masculins sont en pleine mutation.

_____ 2. Il y a beaucoup de choses précises pour remplacer les anciennes valeurs mâles.

_____ 3. Pour les hommes, la lutte est claire.

_____ 4. Les maris qui sont entièrement nourris et servis par les femmes sont toujours majoritaires.

_____ 5. L'arrivée du double salaire n'a eu aucun effet sur les hommes.

_____ 6. La plupart des hommes continuent à se définir en premier par le travail.

_____ 7. Certains commencent à se réaliser dans la paternité et dans le couple.

_____ 8. La paternité est le lieu géométrique où les mutations les plus profondes s'opèrent.

_____ 9. Alain Royer aime qu'une femme manifeste des intérêts sur sa personne.

_____ 10. Quand le jeu le plus excitant de la terre se libère des règles imposées, la vie perd toute sa saveur.

C. Où en sont les Françaises et les Français? A quoi rêvent-ils? Que veulent-ils?

A la question: «Avez-vous plutôt confiance ou pas vraiment confiance en la famille, le progrès, la recherche scientifique, et la médecine» les Français ont répondu:

	Plutôt confiance	Pas vraiment confiance	Sans opinion
La famille	89%	8%	3%
Le progrès	81%	14%	5%
Le travail	78%	18%	4%
Le mariage	75%	18%	7%
La patrie	70%	20%	10%
L'avenir	62%	29%	9%
La religion	53%	31%	16%
La recherche scientifique	94%	4%	2%
La médecine	91%	7%	2%
L'armée	64%	25%	11%
L'école	62%	30%	8%
La police	61%	33%	6%
Les entreprises	52%	32%	16%
Les lois	51%	39%	10%
L'Eglise	50%	32%	18%
L'Université	46%	34%	20%
Les syndicats	42%	46%	12%
La justice	40%	53%	7%

Questions sur le sondage

1. Quelles conclusions pouvez-vous tirer de ce sondage?
2. D'après ce sondage, la vie personnelle compte-t-elle plus, moins ou autant que la vie professionnelle?
3. Pourquoi n'a-t-on «pas vraiment confiance» dans l'université? dans les syndicats? dans la justice?
4. Quelles institutions ont la meilleure chance de survivre d'après ce sondage?
5. Comment expliquez-vous le fait que seulement 50% des gens ont plutôt confiance dans l'Eglise?
6. Comment peut-on être «sans opinion»?
7. Pourquoi a-t-on «plutôt confiance (94%) dans la recherche scientifique»?
8. Faites le sondage dans la classe. Comparez les résultats avec ceux de ce sondage. Quelles conclusions pouvez-vous en tirer?

Organisations masculines

- *Association pour la Destruction des Archétypes Masculins (A.D.A.M.)* 59 bis, rue de la Tombe-Issoire, 75014 Paris. Ce groupe édite la revue *Types, paroles d'hommes.* (Chaque numéro est consacré à un thème. Précédents numéros: paternité, plaisirs, masculin-pluriel, femmes, masculin/féminin.)
- *Mouvement Condition-Masculine—soutien à l'enfance (M.C.M.)* 221 rue Faubourg-Saint-Honoré, 75008 Paris. Tél: (1) 5 3.82.12 (de 17h à 19h).
- *Mouvement pour l'Égalité Parentale (M.E.P.)* 50 rue de Sèvres, 92100 Boulogne. Tél: (1) 603.85.17
- *Mouvement de la condition Paternelle (M.C.P.)* 144 Avenue Daumesnil, 75012 Paris. Tél: (1) 341.45.18 ou 344.26.04.

Le saviez-vous

...Seuls...

Les hommes seuls (1,5 millions), tout en restant moins nombreux que les femmes seules (3,1 millions) connaissent une progression plus rapide (+27,6%) que celle des femmes (+17,9%).

Les pères seuls ne sont pas encore très nombreux (194.000 en 1981) par rapport aux mères seules (734.000), mais leur progression (+21,1%), presque aussi forte que celle des femmes (+25,6%) atteste de l'augmentation de ce phénomène masculin.

♦ Adapté de *Nice-Matin*

Histoire de cœurs

Le magazine *Historia* a réalisé un sondage afin de définir le «lectorat» des revues historiques.

Il révèle que ces lecteurs sont en très large majorité des hommes, 75%, plutôt d'âge mûr (47% ont entre 35 et 64 ans), qui dans 44,1% des cas occupent des postes de responsabilité; 37% sont cadres moyens ou supérieurs.

Qu'est-ce qui les passionne le plus? Avant l'histoire religieuse (26,2%), économique (29%), militaire (29,6%) ou les grandes affaires criminelles (31,3%), c'est... l'histoire sentimentale (35,6%).

♦ Adapté de *Presse actualité*

Les Nouveaux Pères

Avec ses cheveux gris bouclés° et ses petites lunettes d'intellectuel, il a l'air sérieux. Patrick Lebaste, 34 ans, est rédacteur-concepteur° dans une société d'audio-visuel. Et c'est ce sérieux qui surprend ses voisins quand, l'après-midi, il se promène avec une voiture d'enfant dans son quartier de Saint-Cloud. «On me regarde d'un drôle d'°œil», dit-il. On se demande s'il faut mépriser° ou admirer cet homme qui a choisi de travailler à mi-temps° pour élever sa fille Lucie, sept mois et demi, et sa nièce Camille, quatorze mois. Patrick Lebaste est parmi les premiers prototypes d'une espèce encore rare en France: le père au foyer°.

    «L'instinct paternel, ça existe, ça se développe même tout seul. Mais notre type de société l'empêche° de s'épanouir°», remarque un deuxième père, Jean-Pierre Leroy, 23 ans, grand et barbu°, peintre et sculpteur, qui a un fils Charles-Edouard, âgé de vingt-trois mois.

    Donc, c'est l'instinct, disent-ils. Pas toujours en fait. Parfois, des raisons matérielles ont guidé leur choix: quand la femme a un emploi plus stable et un salaire plus important qu'eux. Parfois, aussi, ils n'ont pas le choix. Comme Jean-Jacques, 32 ans, visage tourmenté, dont l'épouse, un triste matin, a fait ses valises pour partir avec un camarade d'enfance. Sidonie et Augustin, leurs enfants, avaient alors dix-huit mois et trois ans. Il a dû faire face°, seul, brusquement, à tout. «Je ne savais même pas changer le bébé; j'ai dû apprendre. Et alors, j'ai compris que jusque-là j'avais trop pensé à mon travail et pas assez à mes enfants. J'ai découvert des valeurs nouvelles.»

    Pour Yves Machelard, 45 ans, PDG° d'une petite entreprise de produits d'entretien°, c'est le divorce qui a tout changé. Deux fois il a divorcé, et à chaque fois il a obtenu la garde de ses enfants.

    Restent ceux qui ont fait un choix délibéré, ceux qui ont été guidés surtout par des préoccupations personnelles ou éducatives: «D'entrée en jeu°,» explique par exemple Patrick Lebaste, «nous avons exclu la possibilité de mettre notre fille dans une crèche°; nous voulions qu'elle soit habituée° à l'un comme à l'autre.» Ils sont de véritables pionniers d'un nouveau type de relations entre hommes et femmes, parents et enfants, et une nouvelle attitude envers le travail professionnel.

    Mais on ne peut pas se débarrasser° d'une éducation faite de stéréotypes qui veulent que certaines tâches° domestiques ingrates° reviennent aux femmes. «La première fois que j'ai dû changer les couches° de ma fille,» dit Patrick Lebaste, «vraiment ça m'a fait quelque chose. J'avais toujours appris que ce n'était pas le travail d'un homme.»

Mais quel sera l'effet sur l'enfant? Il est encore trop tôt pour interroger les enfants eux-mêmes ou pour analyser leur évolution. Une conseillère° conjugale, Francine Sautter, affirme: «Un tel type d'éducation ne met absolument pas en question la construction psychologique de l'enfant. La fille, par exemple, continue de s'identifier à la mère comme dans un couple traditionnel. Ce sont les rôles que chaque sexe est censé° tenir dans la société qui changent.»

counselor

supposed to

Ce sont les idées de virilité et de féminité qui sont en train de changer. Près de 200.000 Américains sont d'accord et sont devenus pères au foyer, en dépit des habitudes et aussi de la législation. En Suède, 7% des jeunes pères de famille ont déjà profité de la possibilité donnée par la loi de 1er janvier 1974 de prendre un congé de paternité pendant les six mois qui suivent la naissance de leur enfant.

Et puis, bien sûr, il y a aussi toute la pression sociale qui définit les rôles et les tâches de chacun, qui veut que la place de la femme soit à la maison et celle de l'homme au dehors. Pour y résister, il faut beaucoup d'énergie, une grande indépendance d'esprit, et peut-être un certain type d'activité. Mais, pour certains il n'y a pas de doute: cette nouvelle attitude masculine est la rançon de l'émancipation féminine.

♦ Adapté du *Point*

Questions sur la lecture

1. Comment Patrick Lebaste a-t-il choisi de travailler? Pourquoi?
2. Quelles sont les raisons qui peuvent guider un homme à choisir de rester au foyer avec les enfants?

3. Pourquoi les Lebaste ont-ils choisi cette façon de vivre?
4. Qu'expérimentent-ils?
5. Quels sont les problèmes relatifs à ce choix, même lorsque les maris désirent rester au foyer?
6. Quel en est l'effet sur l'enfant?
7. Les Américains pensent-ils aussi que les idées de virilité et de féminité sont en train de changer?
8. Quelle est la loi en Suède?
9. Les Suédois en profitent-ils?
10. Quel est la rôle de la pression sociale?

Questions à débattre en classe

1. Connaissez-vous des exemples en Amérique «d'hommes au foyer»?
2. Voyez-vous de grands changements dans la société américaine vis-à-vis de la répartition des tâches domestiques?
3. Pensez-vous qu'il est préférable que l'un des parents reste au foyer? Pourquoi?
4. Est-il préférable que la personne qui reste au foyer soit la femme ou l'homme? Discutez les avantages et les inconvénients pour chaque parent.
5. Trouvez-vous que la société américaine permet ou empêche l'échange des rôles?
6. La loi américaine est-elle favorable à de tels échanges de rôles?
7. Selon vous, comment un homme au foyer peut-il influencer moralement les enfants à sa charge? Autrement dit, croyez-vous qu'il existe des différences de moralité chez° les hommes et chez les femmes?   with
8. Que veut dire la dernière phrase: «cette nouvelle attitude masculine est la rançon de l'émancipation féminine»?
9. Etes-vous conscient(e) de faire certaines tâches considérées plutôt féminines ou masculines? Cela vous dérange-t-il?
10. Quelle est votre idée du foyer idéal? Quelles tâches accepteriez-vous de faire, et quels rôles choisiriez-vous?

Activités

A. Choisissez l'expression qui complète le mieux chacune des phrases suivantes.

1. Quand il se promène avec la voiture d'enfant, ses voisins le regardent d'un _____ œil.
    a) sérieux   b) drôle d'   c) rare
2. On se demande s'il faut _____ ou admirer cet homme.
    a) mépriser   b) choisir   c) surprendre.

3. Notre type de société ____ l'instinct paternel de s'épanouir.
   a) existe b) guide c) empêche

4. Jean-Jacques a dû ____ seul et brusquement à tout.
   a) faire ses valises b) faire face c) partir

5. Il a ____ des valeurs nouvelles.
   a) hésité b) changé c) découvert

6. Les Lebaste voulaient que leur fille soit ____ à l'un comme à l'autre.
   a) habituée b) guidée c) délibérée

7. On ne peut pas ____ facilement d'une éducation faite de stéréotypes.
   a) expérimenter b) analyser c) se débarrasser

8. Les stéréotypes veulent que certaines ____ domestiques ingrates reviennent aux femmes.
   a) tâches b) couches c) pionniers

9. Ce sont les rôles que chaque sexe est ____ tenir dans la société qui changent.
   a) venu b) parti c) censé

10. Près de 200.000 Américains sont devenus pères au foyer, ____ habitudes et aussi de la législation.
    a) en dépit des b) bien sûr c) ont résisté aux

B. Construisez des phrases complètes à partir des éléments donnés. Ajoutez la ponctuation.

1. de / a / travailler / cet / mi-temps / à / homme / choisi

2. empêche / notre / paternel / société / s'épanouir / sentiment / le / de.

3. guidé / parfois / raisons / des / leur / ont / matérielles / choix.

4. le / pas / ils / parfois / n' / aussi / ont / choix

5. pionniers / sont / mode / ils / vie / de / un / véritables / de / nouveau / d'.

6. enfant / sera / quel / l' / mais / l' / sur / effet

7. qui / tenir / ce / les / que / sont / rôles / chaque / est / dans / société / sexe / la / censé / changent.

8. masculine / nouvelle / la / de / émancipation / cette / attitude / est / rançon / l' / féminine.

C. **Qu'est-ce que vous aimez faire chaque jour?** Regardez la liste suivante des activités possibles dans la vie quotidienne. Classez-les par ordre décroissant d'importance et expliquez vos priorités.

repasser°	ranger votre chambre	iron
rencontrer des amis	parler au téléphone	
nettoyer° la cuisine	écrire une lettre	clean
apprendre quelque chose de nouveau	faire du sport	
	nettoyer la salle de bains	
avoir du temps à soi	laver les vêtements	
laver la vaisselle	terminer un projet au bureau	
lire le journal	faire la cuisine	
passer l'aspirateur	épousseter° les meubles	dust
regarder la télévision		

D. **Sujets de discussion**

1. Y a-t-il des activités quotidiennes qui vous ennuient°? Lesquelles? bother
2. Peut-on concilier activités domestiques et activités scolaires/professionnelles? Comment?
3. Trouvez-vous facilement du temps pour vos loisirs?
4. Le progrès technique, aide-t-il ou nuit°-il à l'organisation du foyer? to be hurtful
5. Quelles sont les inventions qui pourraient faciliter votre vie?
6. Comment imaginez-vous la famille et les rôles des deux sexes en l'an 2000? 2050?

◆ *Les Hommes doivent-ils aller se rhabiller°?*[1]

buy a new outfit

...Oui, estiment une majorité des femmes.

    Dans ce domaine-là aussi, il y a désaccord. En tout cas, ce n'est pas l'entente° parfaite. Si 80% des hommes s'estiment «bien habillés», 48% seulement des femmes partagent° ce bel optimisme. Et comme si cela ne suffisait pas, 59% de ces messieurs en rajoutent en disant qu'ils s'habillent «gaiement», alors que 11% des femmes sont d'accord. Une vrai catastrophe!

agreement
share

    Ces considérations apparaissent dans un sondage effectué du 25 au 27 janvier, auprès de mille personnes et pour le compte° de l'Office de promotion de l'habillement masculin et de la Fédération française des industries du vêtement masculin.

account

    Et ça continue. Les hommes, dans 70% des cas, trouvent les hommes politiques bien habillés, alors que 61% des femmes les trouvent peu élégants. Tout pourrait° peut-être s'expliquer si l'on sait que 35% des messieurs font très ou assez attention à leur toilette°, mais que 55%

could
dress

[1] **Il peut aller se rhabiller** *(expression idiomatique)* he'd better give up.

admettent qu'ils s'habillent sans tenir compte de° l'appréciation éven- — taking into consideration
tuelle° d'un supérieur hiérarchique. L'habit fait le moine², on le savait, — possible
mais beaucoup plus pour les femmes que pour les hommes. A la question:
«Vous arrive-t-il de juger les hommes que vous connaissez peu d'après la
façon dont ils sont habillés?» 41% des femmes ont répondu «oui» et
«assez souvent», contre 24% chez les hommes.

Au moment de l'achat, moment crucial s'il en est, plusieurs critères
entrent en jeu°. 92% tiennent compte du prix, 48% s'attachent au confort, — come into play
29% à la coupe°, 24% à la matière et 18% à la couleur. — cut

Quant à leur «autonomie» et leur «libération» dans le choix de leurs
vêtements, 52% déclarent les acheter tout seuls comme des grands, alors
que 82% des femmes affirment qu'elles choisissent elles-mêmes les
habits de leur conjoint° ou ami. Pas rien clair tout ça! — spouse

♦ Adapté de *Nice-Matin*

Questions sur la lecture

1. Les hommes et les femmes sont-ils d'accord au sujet des vêtements masculins?
2. Les hommes s'estiment-ils en majorité «bien habillés»?
3. Les femmes sont-elles d'accord?
4. Les femmes trouvent-elles que les hommes s'habillent «gaiement»?
5. Pourquoi le sondage a-t-il été effectué?
6. Les hommes et les femmes sont-ils d'accord sur la façon dont les hommes politiques s'habillent?
7. Les hommes font-ils en général très attention à leur toilette?
8. Les femmes jugent-elles les hommes qu'elles connaissent peu d'après la façon dont ils sont habillés? Et les hommes?
9. Quels critères entrent en jeu au moment de l'achat?
10. Qui achète les vêtements pour les hommes?

Questions à débattre en classe

1. Si on effectuait ce sondage en Amérique, les résultats (en général) seraient-ils semblables ou différents?
2. Que veut dire s'habiller «gaiement»?
3. Pourquoi l'Office de promotion de l'habillement masculin et la Fédération française des industries du vêtement masculin s'intéressent-ils à ce sondage?

---

²**L'habit ne fait pas le moine.** (*proverbe français*) Clothes don't make the man (*literally,* a monk's frock doesn't make a monk).

4. Pour quel public font-ils leurs vêtements?
5. Qui fait le plus attention à leur toilette, les hommes ou les femmes? Est-ce la même chose à tous les âges?
6. Le proverbe français dit: «L'habit ne fait pas le moine.» Qu'est-ce que cela veut dire pour vous?
7. Pourquoi l'auteur de ce texte dit-il, «L'habit fait le moine, on le savait»?
8. Jugez-vous les personnes que vous connaissez peu d'après la façon dont elles s'habillent?
9. Au moment de l'achat, qu'est-ce qui compte le plus pour vous? Classez tous les facteurs par ordre décroissant.
10. Qui influence le plus votre choix de vêtements (les parents, les amis, les frères, les sœurs, les vedettes, la télévision, les films, la publicité, etc.)?

Activités

A. Consultez la liste ci-dessous et choisissez l'expression qui convient pour compléter chaque phrase.

l'habit	partagent	l'entente
toilette	d'après	conjoint
entrent en jeu	rajoutent	la coupe
tenir compte		

1. En tout cas, ce n'est pas _____ parfaite.

2. 49% seulement des femmes _____ ce bel optimisme.

3. 59% de ces messieurs en _____ en disant qu'ils s'habillent «gaiement».

4. Seulement 35% de ces messieurs font très ou assez attention à leur _____ .

5. 55% admettent qu'ils s'habillent sans _____ de l'appréciation éventuelle d'un supérieur hiérarchique.

6. _____ fait le moine.

7. Beaucoup de femmes jugent les hommes qu'elles connaissent peu _____ la façon dont ils s'habillent.

8. Au moment de l'achat, plusieurs critères _____ .

9. Au moment de l'achat, 29% des hommes s'attachent à _____ .

10. 82% des femmes affirment qu'elles choisissent elles-mêmes les habits de leur _____ ou ami.

B. Trouvez dans la colonne de droite l'antonyme de chaque mot de la colonne de gauche. Indiquez à gauche votre réponse.

_____ 1. faire attention à   A. enlever

_____ 2. l'entente   B. féminin

_____ 3. s'habiller   C. ordinaire

_____ 4. l'optimisme   D. certain

_____ 5. rajouter   E. se déshabiller

_____ 6. gaiement   F. insuffisamment

_____ 7. masculin   G. négliger

_____ 8. la catastrophe   H. dépendance

_____ 9. élégant   I. tristement

_____ 10. souvent   J. nier

_____ 11. assez   K. le désaccord

_____ 12. admettre   L. obscur

_____ 13. autonomie   M. le pessimisme

_____ 14. éventuel   N. rarement

_____ 15. clair   O. la chance

C. Divisez la classe en trois groupes. Laissez chaque groupe effectuer un sondage auprès du reste de la classe, et auprès de leurs amis et de leurs familles, sur les sujets suivants.

- Groupe 1: la façon dont les hommes s'habillent
- Groupe 2: la façon dont les femmes s'habillent
- Groupe 3: la façon dont on s'habille dans les circonstances précises (l'église, l'entrevue, etc.)

Chaque groupe doit:
1. décider ensemble quelles seront les questions du sondage
2. décider comment faire les statistiques
3. choisir un porte-parole
4. effectuer le sondage
5. donner les résultats en classe
6. comparer ces résultats avec ceux des deux autres sondages
7. en tirer ensemble des conclusions

Comment répondriez-vous aux questions suivantes?

Et chez une fille, aimez-vous beaucoup, assez ou pas...					
	Beaucoup	Assez	Pas	Ne sait pas	Total
Les cheveux longs.............					
Les cheveux courts et lisses.					
Les cheveux courts et frisés.					
Les mèches de couleur........					
Aimez-vous qu'elle porte...					
Des jeans serrés très courts..					
Une jupe jusqu'aux genoux..					
Une minijupe....................					
Des boots........................					
Des chaussures plates de teinte pastel (jaune, rose, bleu)............					
Des vêtements classiques....					

Etude étymologique

L'histoire du mot **toilette**

1. de la fin du XVIème siècle – objets d'ornement (mis sur une **toilette**— voir n° 2)
2. 1749 – petit meuble, table de toilette
3. XVIIème–XVIIIème siècle – l'action de se préparer (les vêtements, le maquillage, etc.) pour apparaître en public
4. fin du XVIIIème siècle – la manière dont une femme s'habille et par extension, ses vêtements, ses bijoux, son apparence
5. XIXème siècle – le procédé entier d'hygiène personnelle

Les Hommes 143

Voilà des expressions dérivées de ce mot:

faire sa toilette	*to wash and dress*
le cabinet de toilette	*dressing-room with wash basin*
aimer la toilette	*to be fond of dress*
être en toilette	*to be dressed up*
faire toilette pour quelqu'un	*to dress up for someone*
en grande toilette	*in full dress*
les toilettes	*lavatory, toilet*

Il y a aussi les mots **toiletter** et le **toilettage** (to groom an animal and the grooming).

C'est à vous

Expliquez les expressions suivantes.

1. faire une toilette rapide
2. avoir le goût de la toilette
3. Les femmes aiment à parler toilette.
4. Le chat fait sa toilette.
5. être à sa toilette

La Récapitulation

Quelques mots de vocabulaire à retenir

le conjoint	empêcher	se réaliser
la coupe	ennuyer	tenir compte de
le dossier	s'épanouir	vider
l'entente (f.)	habituer	censé
le foyer	mépriser	disponible
la lutte	nettoyer	en dépit de
se débarrasser (de)	partager	

Divisez la classe en plusieurs équipes

A. Chaque équipe va inventer dix phrases en employant un des mots de la liste qui précède. Quand toutes les équipes auront inventé ces phrases, chaque équipe, à tour de rôle, écrira au tableau noir une des dix phrases sans mentionner le mot retenu. L'équipe qui devinera la première le mot qui manque gagnera un point.

B. A partir d'un certain moment, l'équipe peut lire la phrase à haute voix plutôt que de l'écrire.

La meilleure équipe (celle qui aura obtenu le meilleur score) jugera les autres équipes dans l'activité suivante:

C. Choisissez des étudiants de chaque équipe pour jouer, chaque équipe à tour de rôle, l'histoire suivante: *La Détente*.

En essayant d'employer tous les mots de vocabulaire possibles des chapitres précédents (1 point pour chaque mot de vocabulaire employé), des étudiants vont interpréter l'histoire de deux pays qui se réunissent pour des négociations. Imaginez que l'un des pays, la Rabelaisie, n'est dirigé que par des hommes tandis que l'autre, la Beauvoirie, est gouverné uniquement par des femmes.

Les possibilités de discussion:

—le rôle du sexe des négociateurs
—le rôle de l'argent
—les termes
—le rôle de l'orgueil
—les conséquences eventuelles

—les forces et les faiblesses de chaque côté
—le sujet de leurs négociations
—les avantages et les inconvénients pour chaque côté

Variations

1. Les personnalités des deux négociateurs principaux rendent impossible toute entente. Comment obtenir un accord?
2. Un événement extérieur bouleverse° les négociations. Quel est cet événement? Comment assurer la continuation des négociations?

upsets

Vocabulaire thématique ◆ Les Hommes

Les substantifs

l'aspirateur (*m.*) vacuum cleaner
le brouillard fog
le cendrier ashtray
le compte account
le congélateur freezer
le conjoint spouse
la conseillère counselor (woman)
la couche diaper
la coupe cut
la crèche day nursery
le dossier documents, file
l'entente (*f.*) agreement
le foyer home, hearth
la lutte struggle
le manifeste proclamation
le nourricier breadwinner
P.D.G. (Président Directeur Général) general manager
les produits (*m.*) d'entretien household cleaning products
le rédacteur-concepteur writer-designer
le repère reference
le renversement reversal
la ride wrinkle
la tâche task
la toilette dress, clothes

Les verbes

bouleverser to upset, to overturn
se débarrasser (de quelque chose) to get rid (of something)
dégivrer to defrost
empêcher to prevent
ennuyer to bother, to annoy
entrer en jeu to come into play
entrevoir to catch a glimpse of
(s')épanouir to blossom
épousseter to dust
faire face à to face
faire la vaisselle to do the dishes
habituer to accustom, to get used to
mépriser to scorn
nettoyer to clean
nuire to be hurtful, to harm
partager to share
se raccrocher to catch hold
se réaliser to fulfill oneself
repasser to iron
se rhabiller to buy a new outfit
soit (*3e per. prés. subj.* être) be
souffrir to suffer
tenir compte de to take into consideration
vider to empty

Les autres expressions

ailleurs elsewhere
barbu bearded
bouclé curly
censé supposed, considered
chez les hommes (femmes) with men (women)
disponible available
un drôle de... an odd (funny)...
en dépit de in spite of
d'entrée en jeu from the beginning
éventuel possible
ingrat thankless
mi-temps part-time
péjoratif disparaging
valoir un clou to be worth a scrap (*lit.* a nail)

Unité 7

La Francophonie

Louisiane

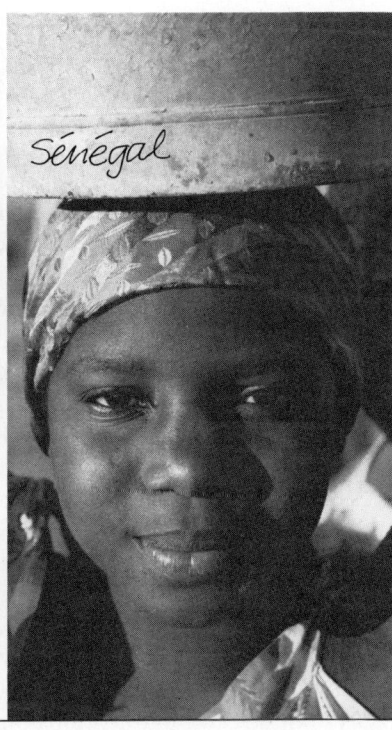

Sénégal

Québec

- ◆ *La Francophonie*
- ◆ *Le Sénégal de demain parlera-t-il français ou wolof?*
- ◆ *Comment quatre jeunes Français voient-ils les États-Unis?*

◆ La Francophonie

Le mot est ignoré de l'*Encyclopédie Quillet* de 1938. *Larousse* le fait naître en 1949 avec la définition «l'habitude de parler le français». *Le Robert,* la même année, lui donne le sens de «collectivité constituée par les peuples parlant le français.»

    Qui parle français? C'est un calcul bien difficile à faire et qui peut donner des résultats bien surprenants selon les méthodes d'évaluation: 90 ou 270 millions. 90 millions est le chiffre obtenu par l'addition de 50 millions de français vivant en France, 10 millions de francophones de naissance en Europe, et 6 à 8 millions de francophones de tradition en Amérique du Nord, au Québec et en Louisiane. Ajoutons 10 millions de francophones d'usage au Maroc, en Algérie, en Tunisie et le reste dans les départements français d'outre-mer (Antilles, la Réunion, etc.) et dans les îles de l'Océan Indien. Ce chiffre de 90 millions recouvrirait° donc   encompasses
les hommes et les femmes parlant réellement et usuellement le français.

    Mais on obtient le chiffre 270 millions par l'addition du chiffre précédent et les 180 millions de personnes habitants des pays plus ou moins soumis à l'influence française: c'est-à-dire tous les pays du Maghreb (région au nord-ouest de l'Afrique) pris dans la totalité de leurs populations, les vingt-deux états francophones d'Afrique Noire et de l'Océan Indien, ceux du Sud-Est Asiatique. Il y a aussi cette mosaïque de peuples parlant des centaines de langues différentes et que l'on appelle francophones parce que 3% d'entre eux parlent quelques mots de français ou que leur gouvernement a choisi d'utiliser le français pour ses communications officielles aux autres Etats.

Au fond, le développement d'une langue exprime la vitalité de la civilisation qui l'a inventée. Si le vieux pays demeure vivant, s'il écrit, s'il fabrique, imagine et vend, le français a encore de beaux jours. Si nous nous réfugions dans la nostalgie de la douceur passée, nous nous éteindrons doucement à la clarté des lampes. Ce n'est pas la francophonie qui est essentielle... c'est la vitalité de la nation française.

                                                                ◆ Georges Suffert

Ces différentes estimations peuvent donc placer les francophones à la deuxième ou à la septième place dans le monde si l'on estime en gros°: *roughly*

- les anglophones à 350 millions
- les hispanophones à 250 millions
- les russophones à 200 millions (100 millions pour qui le russe est la langue maternelle et 100 millions à qui il est enseigné comme première langue obligatoire dans les Républiques Soviétiques)
- les lusophones (portugais) 170 à 180 millions
- les arabophones à 120 millions
- les germanophones à 100 millions

Mais on a souvent tendance à oublier les langues qui ne sont pas véhiculaires à l'extérieur de leurs propres frontières. Voilà quelques autres chiffres:

- 1 milliard d'individus parlent le chinois
- 1 autre milliard parle les langues hindoues, le japonais et les langues malaises

Les langues de communication internationale les plus utilisées sont principalement et dans l'ordre: l'anglais, le français et l'espagnol, sans oublier le chinois, le russe et l'arabe qui sont également des langues officielles à l'O.N.U. (Organisation des Nations Unies).°   *United Nations*

Que ressort°-il de tous ces chiffres? La langue française peut s'esti-   *emerges*
mer heureuse d'être considérée comme la deuxième du monde. Le français bénéficie de privilèges anciens, hérités d'une époque où la France était le pays le plus riche et le plus peuplé d'Europe. Il garde encore à travers le monde un vaste réseau de diffusion° culturelle et il jouit°   *broadcasting network/enjoys*
toujours d'un immense capital de sympathie.

Où va le français? Il subsiste de solides implantations en Amérique du Sud, au Moyen Orient et même en Pologne. Il semble maintenant accomplir une percée° dans des pays qui étaient traditionnellement sous   *breakthrough*
l'influence anglaise: la Jordanie, l'Arabie Saoudite, les Emirats du Golfe. Mais ce sont les Québécois, après 1960, qui deviennent persuadés que la langue est plus que la langue, qu'elle transporte, qu'elle impose des modèles culturels. Ils donnent alors à l'idée de francophonie un regain de dynamisme.

L'appel le plus ardent est venu des anciennes possessions coloniales françaises en Afrique qui s'expriment maintenant officiellement par la voix de l'Agence de Coopération Culturelle et Technique. Cette agence a été fondée en 1963 par les Présidents Senghor (du Sénégal), Houphouet-Boigny (de la Côte d'Ivoire) et Bourguiba (de la Tunisie). Sa devise: «le rapprochement des peuples par le dialogue des civilisations».

Pour cette organisation, ce ne sont pas seulement des raisons politiques qui ont fait du français la langue idéale et qui l'ont imposé au

XVIIIème et au XIXème siècles comme langue de communication internationale; la langue française contient également un message culturel et spirituel. Le français indique aussi une idée de la coopération bilatérale entre ces différents pays et la France. Depuis près de vingt ans, M. Léopold Senghor lutte pour soutenir° «organiquement» tous ceux qui parlent français dans le monde. Il a affirmé dans un article du 28 août 1980: «La francophonie est nécessaire au monde à l'heure atomique, à l'heure de la technologie envahissante°, des haines° réciproques ... la francophonie libère de la domination des super-puissances, la francophonie est un idéal qui ne s'oppose ni à l'Arabité, ni à la Négritude, pas même à l'Anglophonie.»   support

encroaching/hatreds

♦ Adapté de la Conférence de Yves de Camproger[1]

Questions sur la lecture

1. A quel moment le mot «francophonie» apparaît-il? Comment?
2. Combien d'hommes et de femmes parlent-ils réellement et usuellement le français?
3. Pourquoi dit-on que 270 millions de personnes parlent français?
4. Quelle place les hispanophones tiennent-ils dans le monde? Et les francophones?
5. Pourquoi ne tient-on pas compte des chinois et des personnes qui parlent les langues hindoues, le japonais et les langues malaises?
6. Quelles sont les langues de communication internationale les plus utilisées?
7. Comment la France bénéficie-t-elle de privilèges anciens?
8. A propos de l'unification des francophones, qui est-ce qui a fait l'appel le plus ardent? Les Québécois?
9. Que représente la langue française pour l'Agence de Coopération Culturelle et Technique?
10. Comment le Président Senghor voit-il la francophonie?

Questions à débattre en classe

1. Que représente la francophonie pour vous? Avez-vous les mêmes idées vis-à-vis de l'anglophonie?
2. Pourquoi le chinois ne jouit-il pas des mêmes avantages que l'anglais dans le monde?
3. Pourquoi le français a-t-il toujours été considéré comme la langue de la diplomatie?
4. A votre avis, pourquoi le français jouit-il «toujours d'un immense capital de sympathie»?

---

[1] Président du Rotary français

Ferme LaRivière, Québec

5. Pourquoi les pays traditionnellement sous l'influence anglaise, se tournent-ils vers le français?
6. Pensez-vous qu'une langue «transporte ... et impose des modèles culturels»? Comment?
7. Quel «modèle culturel» pensez-vous que l'anglais transporte?
8. Quel part des responsabilités ont alors les anglophones?
9. Pourquoi les anciennes possessions coloniales françaises ont-elles intérêt à promouvoir la francophonie?
10. Que savez-vous sur l'effort des Québécois à sauvegarder le français au Canada?

Activités

A. Trouvez dans la lecture le synonyme des mots en italique.

1. 90 millions est le *numéro* obtenu par l'addition de Français en France, de francophones de naissance en Europe, de francophones de tradition et de francophones d'usage.
2. Les langues de communication internationale les plus *employées* sont principalement et dans l'ordre: l'anglais, le français et l'espagnol.
3. Que *résulte*-t-il de tous ces chiffres?

LE QUÉBEC TOURISTIQUE

4. Le français *profite* de privilèges anciens.
5. *Mille millions* d'individus parlent le chinois.
6. Le français garde encore à travers le monde un vaste *ensemble de voies* de diffusion culturelle.
7. Il *bénéficie* toujours d'un immense capital de sympathie.
8. Le français paraît être en train d'accomplir une *ouverture* dans des pays qui étaient traditionnellement sous l'influence anglaise.
9. M. Léopold Senghor lutte pour *encourager* «organiquement» tous ceux qui parlent français dans le monde.
10. M. Senghor affirme que «la francophonie est nécessaire au monde à l'heure atomique, à l'heure de la technologie envahissante, des *hostilités* réciproques.

B. Construisez des phrases complètes à partir des éléments donnés. Ajoutez la ponctuation.

1. naître / le français / Le Larousse / l'habitude / la définition / de parler / en 1949 / fait / le / avec.
2. s'estimer / la langue française / la deuxième / heureuse / comme / du monde / d'être considérée / peut.
3. diffusion / le français / à travers / culturelle / vaste / garde / un / encore / le monde / réseau / de.
4. capital / il / d'un immense / toujours / de sympathie / jouit.
5. Après 1960 / deviennent / les Québécois / la langue / qui / ce sont / plus que / que / est / mais / persuadés / la langue.
6. dynamisme / l'idée de / donnent / ils / un regain / de / à / alors / francophonie.
7. le dialogue / sa devise: / des peuples / des civilisations / le rapprochement / par.
8. culturel / contient / spirituel / la langue / un message / française / et / également.
9. entre / la France / la / coopération / indique / le / français / et / une idée / bilatérale / ces / de / aussi / différents pays.
10. tout ce qui / depuis / lutte / pour soutenir / M. Léopold Senghor / près de / organiquement / est / dans le monde / français / vingt ans.

C. Traduisez en français.

1. This number of 90 million encompasses entirely then, the men and women who speak French truly and regularly.
2. There is also this mosaic of peoples speaking hundreds of different languages.
3. Their government has chosen to use French for its official communications with other nations.
4. We tend to forget the languages that are not vehicular outside their own borders.
5. There remain solid implantations in South America, in the Middle East, and even in Poland.
6. The motto of the Agency of Cultural and Technological Cooperation is "the coming together of people through the dialogue of civilizations."
7. For this agency, it is not just political reasons that made French the ideal language.
8. For nearly twenty years, M. Léopold Senghor has fought to support organically all those who speak French in the world.

D. **Composition** Choisissez un des sujets suivants et écrivez une courte composition dont on discutera ensuite en classe.

1. Le rôle de l'Organisation des Nations Unies devrait être...
2. L'importance de la bonne communication sur un niveau international.
3. L'importance de la francophonie telle qu'elle est définie par Léopold Senghor.

Le saviez-vous?

La Louisiane est toujours française...

La Louisiane est toujours française. C'est ce qu'affirme un Français passionné d'histoire américaine, M. Jean Gras, cinquante ans: «La Louisiane n'est pas un état américain, mais est toujours français.» Il a saisi officiellement le gouvernement des Etats-Unis de cette affaire.

Selon M. Gras, le traité de 1803 par lequel Bonaparte a cédé la Louisiane aux Etats-Unis d'Amérique n'a pas été respecté, les Américains n'ayant jamais payé à la France la somme qu'ils s'étaient engagés à acquitter.

M. Gras affirme en outre que des officiers américains avaient signé à la place de Talleyrand, Ministre des Affaires Etrangères de l'époque, et que ce dernier avait «touché des pots de vin» pour ne pas divulguer le subterfuge.

♦ Adapté de *France-Amérique*

Le saviez-vous?

Le Décret du 8 pluviôse an II (janvier 1793)

La Convention nationale[2] constate «qu'au moins six millions de français, surtout dans les campagnes, ignorent la langue nationale, qu'un nombre égal est à peu près incapable de soutenir une conversation suivie, qu'en dernier résultat le nombre de ceux qui la parlent n'excède pas trois millions et que probablement le nombre de ceux qui l'écrivent correctement, est encore moindre.»

L'Europe des langues

L'Europe parle déjà sept langues, dont six (le français, l'anglais, l'allemand, l'italien, le néerlandais et le danois) sont utilisées quotidiennement dans les institutions de la CEE (Communauté Economique Européenne). L'Irlande n'a pas insisté outre mesure pour que le gaélique devienne une langue officielle communautaire.

Actuellement un fonctionnaire sur quatre de la Commission européenne de Bruxelles, soit environ deux mille personnes, est déjà interprète ou traducteur. Le coût total des services de traduction et d'interprétation des institutions communautaires est estimé par les services de la Commission à trois cent huit millions de francs français par an, soit 25% du budget de fonctionnement de la Commission ou 1% du budget de la CEE.

Le français est la langue la plus parlée dans les institutions communautaires mais il subit une vive concurrence de la part de l'anglais.

♦ Adapté de *France-Amérique*

---

[2]**La Convention nationale** (1792–1795), l'Assemblée nationale fondée après la Révolution française de 1789.

LE MONDE FRANCOPHONE

Europe
1. (la) France
2. Monaco
3. (la) Belgique
4. (la) Suisse
5. (le) Luxembourg

Amérique du Nord
6. (le) Canada
   (le) Québec
7. (les) États-Unis:
   (la) Louisiane
   (la) Nouvelle-Angleterre
8. Saint-Pierre-et-Miquelon

Amérique Centrale.
Amérique du Sud
9. (la) Guadeloupe
10. (la) Martinique
11. Haiti
12. (la) Guyane française

Asie et Océanie
13. (le) Cambodge
14. (le) Laos
15. (le) Viêt-nam
16. (la) Nouvelle-Calédonie
17. (la) Polynésie française:
    Tahiti

Afrique
18. (l')Algérie
19. (le) Bénin
20. (le) Burundi
21. (le) Cameroun
22. (la) Côte-d'Ivoire
23. (le) Gabon
24. (la) Guinée
25. (la) Bourkina Fasso
26. Madagascar
27. (le) Mali
28. (le) Maroc
29. (la) Mauritanie
30. (le) Niger
31. (la) République Centrafricaine
32. (la) République Populaire du Congo
33. (la) République Rwandaise
34. (la) Réunion
35. (le) Sénégal
36. (le) Tchad
37. (le) Togo
38. (la) Tunisie
39. (le) Zaïre

La Francophonie **157**

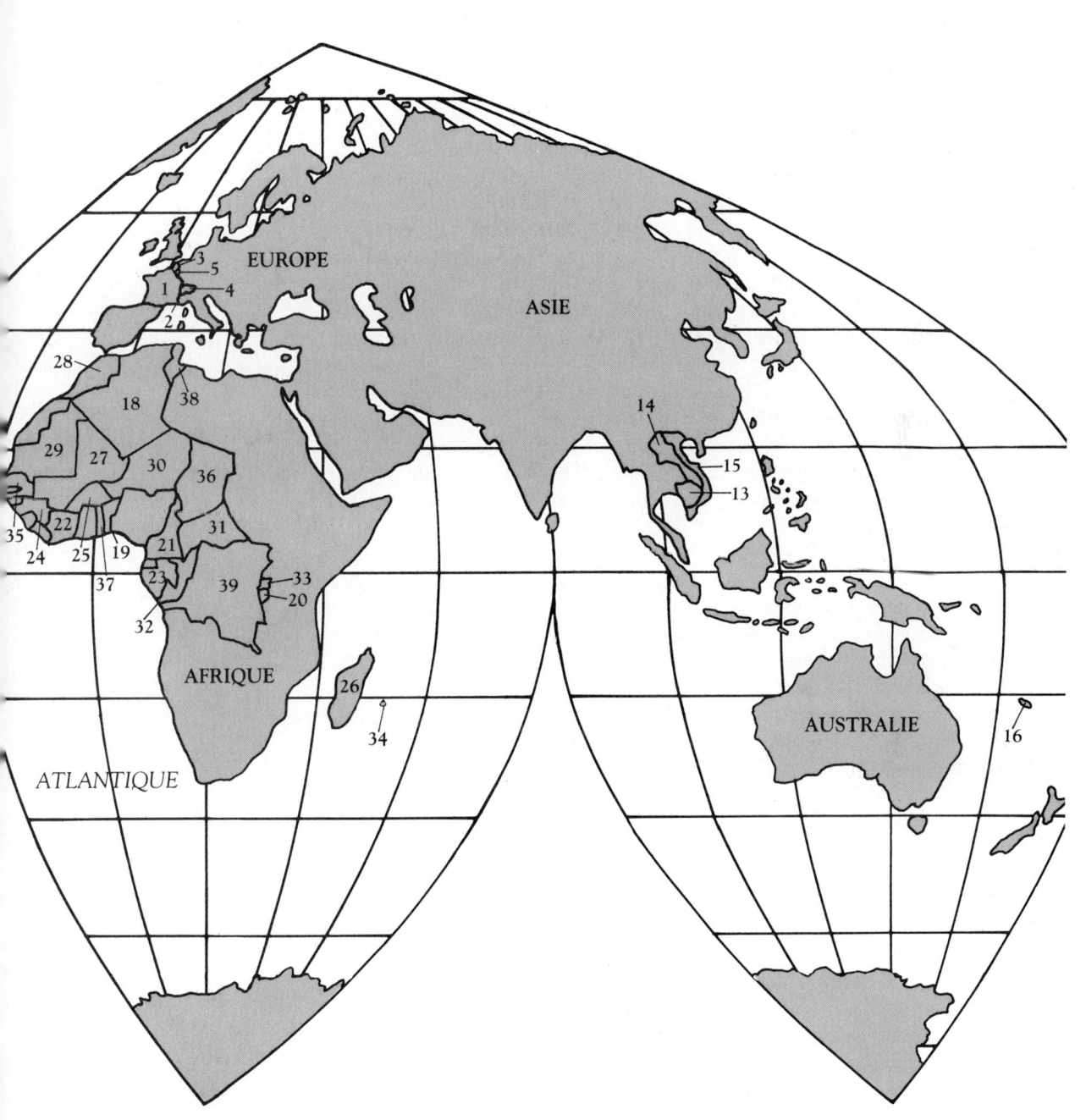

◆ *Le Sénégal de demain parlera-t-il français ou wolof?*

Comment décrire le Sénégal? C'est un petit pays très plat°. Il couvre 200.000 km², et porte le nom du grand fleuve qui le sépare au nord, de la Mauritanie et, à l'est, du Mali. Avec une grande façade atlantique à l'ouest, il est limité, au Sud, par la Guinée. Il est traversé d'est en ouest par le fleuve Gambie qui a donné son nom au petit état riverain°. Le Sénégal a un climat intertropical avec une végétation riche près des grands fleuves et dans la région de Basse-Casamance, au sud. C'est un pays d'agriculteurs (arachides°) et de pêcheurs° qui commence à s'industrialiser.

  Peuplé de 5 millions d'habitants dont 700.000 vivent à Dakar, et la majeure partie dans les villes côtières°, le Sénégal se compose d'au moins 20 groupes ethniques dont les Wolofs constituent 40% de la population. Jeunesse incroyable des Sénégalais, puisque 54% ont moins de 20 ans! Seulement 36% des enfants vont à l'école primaire, 20% au lycée et 1% à l'université.

  Le wolof est parlé par 80% de la population, mais le français est la langue commune, celle du gouvernement, des administrations et des relations internationales.

  Après avoir été une colonie française pendant quatre siècles, le Sénégal est devenu, depuis vingt ans, une république indépendante et socialiste. Grâce aux extraordinaires qualités humaines de Léopold Sédar Senghor, son premier Président—l'un des grands sages° de notre siècle— le Sénégal a su° assimiler les bons côtés de la culture française et les intégrer, harmonieusement, à la civilisation traditionnelle du Sénégal.

  Cependant, cette harmonisation pose d'énormes problèmes pour l'avenir. Les jeunes Sénégalais cherchent une identité. Ils rejettent le monde occidental. Ils ne veulent pas être des «nègres blancs». Ils désirent retourner aux valeurs africaines et souhaitent imposer le wolof comme langue nationale. Profondément nationalistes, ils considèrent le Japon comme un modèle culturel parce que ce pays a su garder son originalité et en même temps, devenir une puissance industrielle.

  Former un homme nouveau, «un mutant», est le but que l'Université des Mutants se propose. Elle s'est installée dans l'Ile de Gorée, en face de Dakar, d'où pendant trois siècles s'effectuait la Traite des Nègres°. Par l'ouverture d'un dialogue entre les civilisations, dans cette île qui était le symbole de souffrances et d'injustices, les responsables de l'université visent° la création d'un nouvel ordre culturel mondial. Dans cette perspective universelle, la contribution de la civilisation nègre au monde

  flat

  riverside

  peanuts/fishermen

  coastal

  wise men
  managed

  slave trade

  aim at

est merveilleusement exprimée par Senghor: «... c'est le goût, mais surtout le sens de la vie qui anime toute la société noire.»

Le Sénégal recherche avec beaucoup d'honnêteté son équilibre et, comme ses écrivains° le pensent, il ne doit pas s'éloigner° de la nature. Regardez le baobab°. Il n'est que racines°: racines dans la terre des traditions, racines dans le ciel de la communication, géant d'un autre âge et arbre nouveau d'une société en mutation. C'est l'arbre sous lequel la bonne tradition africaine invite toutes les opinions à s'exprimer, et tient compte de tous les hommes.

authors/move away from
baobab tree/roots

♦ Adapté du *Journal Français d'Amérique*

Questions sur la lecture

1. Où se trouve le Sénégal?
2. Est-ce un pays industrialisé?
3. Qui sont les Wolofs?
4. La population Sénégalaise est-elle jeune ou vieille?
5. Les Sénégalais parlent-ils français?
6. Qui est Léopold Sédar Senghor?
7. Quel problème pose l'harmonisation des cultures française et sénégalaise?
8. Pourquoi les jeunes Sénégalais considèrent-ils le Japon comme un modèle culturel?
9. En quoi l'Université des Mutants est-elle différente d'autres universités?
10. Comment le baobab représente-t-il le Sénégal?

Questions à débattre en classe

1. Que signifie le fait que 54% des Sénégalais ont moins de 20 ans? Qu'est-ce que cela implique pour l'avenir?
2. Selon les chiffres donnés, quelle est l'importance de l'éducation au Sénégal? Est-ce-que l'industrialisation est possible sans l'éducation des masses?
3. Selon vous, quel rôle les Etats-Unis devraient-ils jouer dans l'industrialisation des pays en voie de développement°? Est-ce une obligation politique? sociale? morale?
4. Si le wolof est parlé par 80% de la population, pourquoi le français est-il resté la langue commune?
5. Les Américains ont-ils aussi bien réussi à assimiler les différentes cultures qui existent dans leur pays? Avec quels résultats?
6. Connaissez-vous quelques problèmes posés par cette harmonisation des cultures?

Third World countries

7. Le Sénégal devrait-il imposer le wolof comme langue nationale ou maintenir l'emploi du français? Le bilinguisme est-il une solution réaliste.
8. Les Etats-Unis auraient-ils intérêt à devenir bilingues? Pourquoi?
9. L'Université des Mutants vise «la création d'un nouvel ordre culturel mondial.» Qu'est-ce que cela veut dire? Est-ce possible selon vous? Pourquoi?
10. Tel le baobab au Sénégal, qu'est-ce qui, dans la nature, pourrait représenter l'esprit américain? Comment?

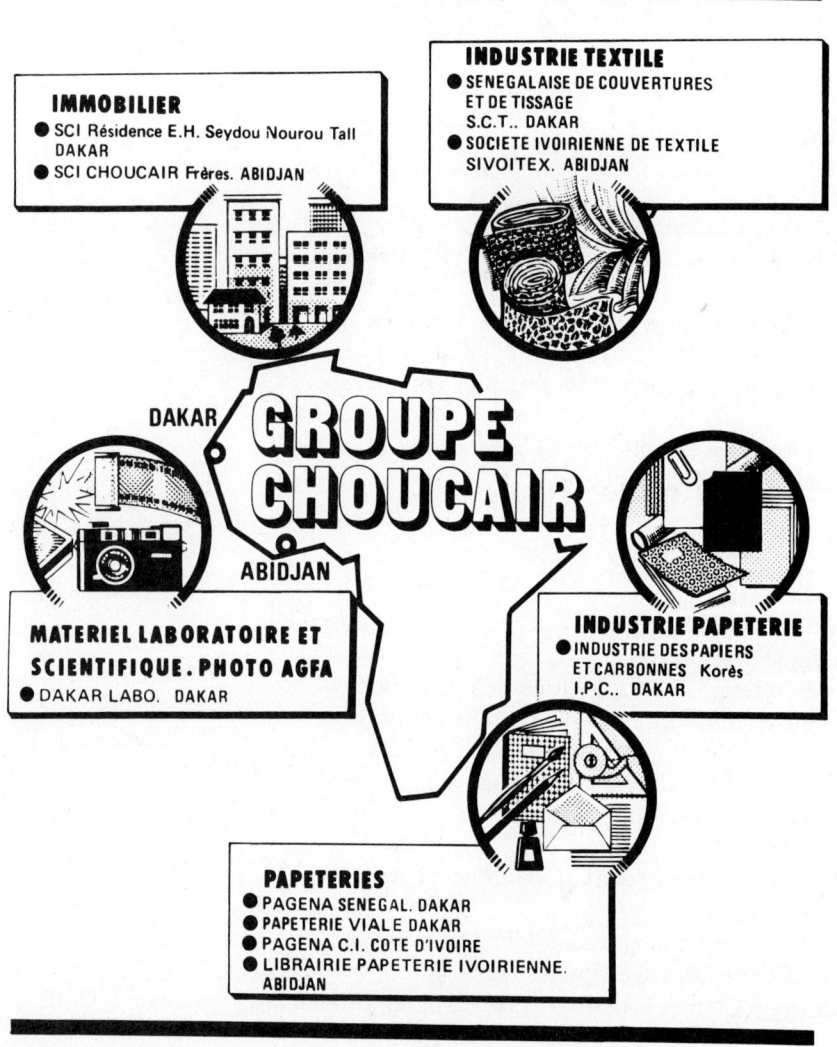

Le saviez-vous?

Léopold Sédar Senghor

Léopold Sédar Senghor est né en 1906 à Joal au Sénégal. Il était professeur, député et est devenu le premier Président de la République du Sénégal. C'est un grand promoteur de la négritude et de la francophonie. Parmi ses œuvres publiées, signalons *Chants d'Ombre* (1945), *Anthologie de la nouvelle poésie nègre et malgache* (1948), *Hosties noires* (1948), *Ethiopiques* (1956), *Nocturnes* (1961) et *Elégie des alizés* (1969).

Activités

A. Consultez la liste ci-dessous et choisissez l'expression qui convient pour compléter chaque phrase.

su	sages	visent
côtières	racines	plat
la Traite des Nègres	s'éloigner	riverain
l'ouverture		

1. Le Sénégal est un petit pays très _____ .

2. Il est traversé d'est en ouest par le fleuve Gambie qui a donné son nom au petit état _____ .

3. Le Sénégal est peuplé de 5 millions d'habitants dont 700.000 vivent à Dakar, et la majeure partie dans les villes _____ .

4. Léopold Sédar Senghor, le premier Président du Sénégal, est l'un des grands _____ de notre siècle.

5. Le Japon a _____ garder son originalité et en même temps, devenir une puissance industrielle.

6. Pendant trois siècles, _____ s'effectuait de l'Ile de Gorée, en face de Dakar.

7. On espère promouvoir _____ d'un dialogue entre les civilisations dans cette île qui était le symbole de souffrances et d'injustices.

8. Les responsables de l'Université des Mutants _____ la création d'un nouvel ordre culturel mondial.

9. Les écrivains pensent que le Sénégal ne doit pas _____ de la nature.

10. Le baobab n'est que _____ .

B. Trouvez dans la colonne de droite l'antonyme de chaque mot de la colonne de gauche. Indiquez à gauche votre réponse.

____ 1. l'ouverture   A. terminer
____ 2. plat   B. la vieillesse
____ 3. séparer   C. l'instabilité
____ 4. commencer   D. le fou
____ 5. majeur   E. la faiblesse
____ 6. la jeunesse   F. superficiellement
____ 7. l'avenir   G. regretter
____ 8. l'équilibre   H. montagneux
____ 9. profondément   I. adopter
____ 10. s'éloigner   J. la fermeture
____ 11. le sage   K. la terre
____ 12. la puissance   L. le passé
____ 13. rejeter   M. mineur
____ 14. souhaiter   N. unir
____ 15. le ciel   O. se rapprocher

C. **Géographie** Regardez la carte de l'Afrique et répondez aux questions suivantes.

1. Quels sont les états indépendants?
2. Quels sont les états qui ont été des colonies françaises? anglaises? espagnoles? portugaises? belges? italiennes?

La Francophonie

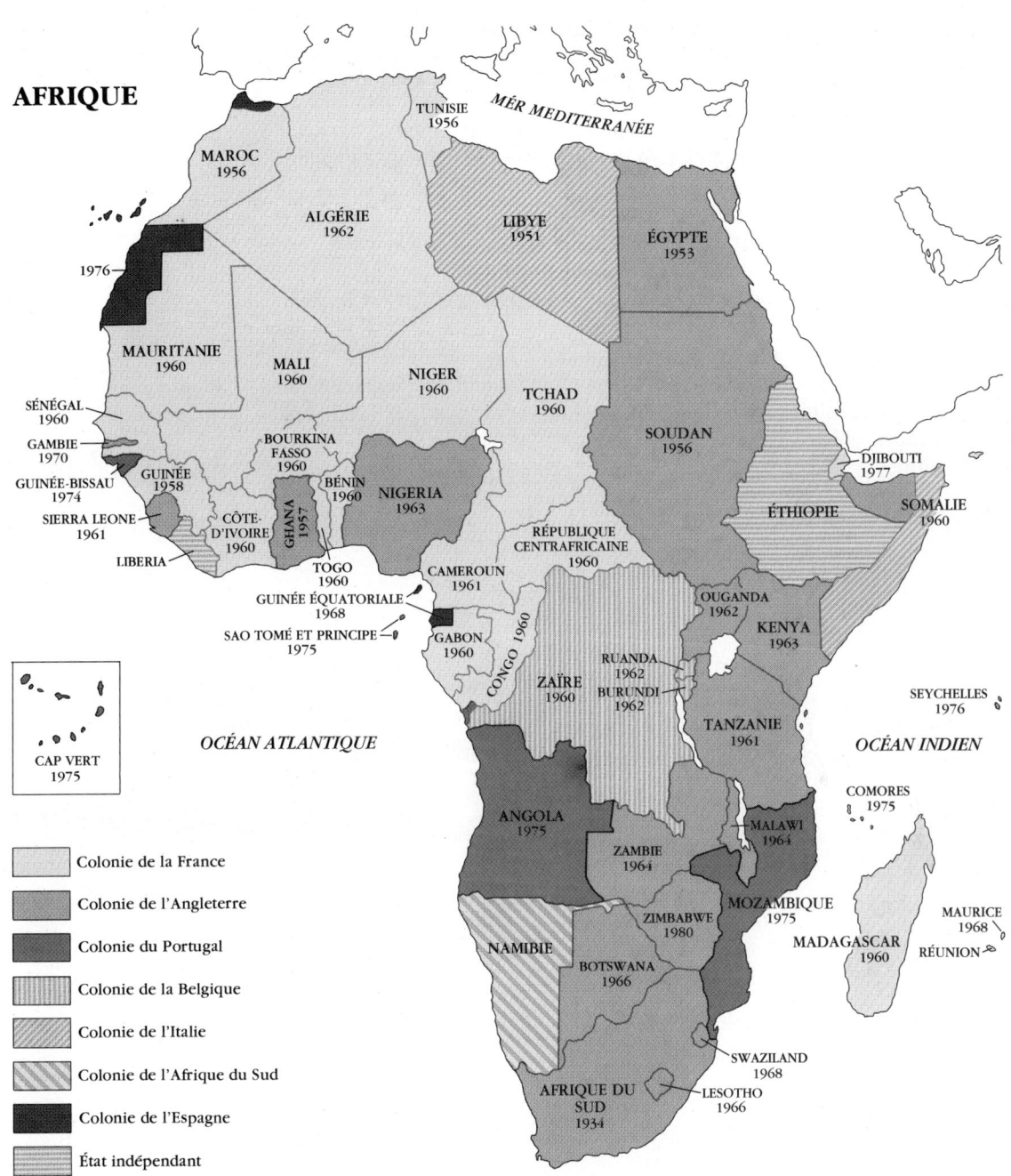

D. La Traite des Nègres a été très importante dans l'histoire ethnique de l'Europe et de l'Amérique du Nord. Beaucoup d'européens et d'américains noirs peuvent tracer leurs arbres généalogiques jusqu'aux racines africaines.

1. Faites votre arbre généalogique aussi complet que possible.
2. Essayez d'ajouter les professions ou les traits distinctifs de chaque personne.
3. Pourquoi y a-t-il des trous° inévitables?   holes
4. Pourquoi fait-on des arbres généalogiques?
5. Quelles influences peuvent-ils avoir sur notre vie?
6. Comparez les arbres généalogiques de la classe. Lequel est le plus long? Pourquoi?
7. Lequel est le plus intéressant? Pourquoi?
8. Croyez-vous que certains traits physiques et mentaux se transmettent à travers les générations? En est-il de même pour les idées, les attitudes, etc.?
9. Sommes-nous prédisposés à certaines professions et modes de vie par nos ancêtres?
10. Qu'est-ce que l'hérédité? Votre personnalité est-elle formée davantage par les gènes ou l'environnement?

Prière aux Masques

Masques! O Masques!
Masques noir masques rouge, vous masques blanc et noir
Masques aux quatre points d'où souffle l'Esprit
Je vous salue dans le silence!
Et pas toi le dernier, Ancêtre à tête de lion.
Vous gardez ce lieu forclos à tout rire de femme, à tout sourire qui se fane,
Vous distillez cet air d'éternité où je respire l'air de mes Pères.
Masques aux visages sans masque, dépouillés de toute fossette comme de toute ride
Qui avez composé ce portrait, ce visage mien penché sur l'autel de papier blanc
A votre image, écoutez-moi!...
Nous sommes les hommes de la Danse, dont les pieds reprennent vigueur en frappant le sol dur.

♦ Léopold Sédar Senghor
Chants d'Ombre (Editions du Seuil)

Questions sur le poème

1. Comment ce poème traduit-il la négritude?
2. Que signifient les masques?
3. Comment le rythme contribue-t-il à l'effet voulu?
4. Quelles images font penser à l'homme africain et à l'Afrique?
5. Que veut dire le dernier vers?

◆ *Comment quatre jeunes Français voient-ils les Etats-Unis?*

En 1982, une nouvelle université ouvrait ses portes aux Etats-Unis. En effet, l'European University of America établissait son premier campus à San Francisco. Son but: amener aux Etats-Unis des jeunes Français pour y faire des stages d'initiation à la vie et aux affaires° américaines. Parallèlement, l'E.U.A. offrait aux étudiants américains la même expérience en Europe.

business

En juin 1982, le premier groupe—une trentaine° de Français—a terminé son stage à l'E.U.A. Pendant neuf semaines, ils ont suivi des cours donnés par des professeurs américains, ils se sont attachés à° rencontrer les gens du pays, et ce qui est très important, ils ont travaillé à des projets individuels qui les ont mis en contact avec le monde des affaires et le monde académique.

about thirty

applied themselves

Le Journal Français d'Amérique a voulu connaître leurs impressions des Etats-Unis à la suite de leur séjour. Voilà quelques-unes de leurs réactions.

Les Études

Les professeurs américains semblent très efficaces. Et leurs rapports avec les étudiants sont plus ouverts et plus chaleureux que ceux qui existent en France. Les étudiants ont aussi plus de droits qu'en France, vis-à-vis des professeurs et de l'université.

Pourtant, pour les Français qui sont venus à l'E.U.A., les études avant le B.A. ne sont pas très sérieuses. «Tout le monde discute, il y a beaucoup de relations, mais personne ne fait grand-chose. Au niveau gradué, c'est très différent et les étudiants doivent trouver tout un changement.»

Le Comportement des Américains

Les Américains vivent mieux en société que les Français. Ils ont plus de formules de courtoisie°. En France, il n'est pas inhabituel° qu'un marchand soit désagréable avec ses clients. Les Américains, s'ils sont de mauvaise humeur, ne le montrent pas aux autres.

courtesy/unusual

En revanche, il semble y avoir des contradictions dans le comportement des Américains. Ils ont des formules de courtoisie mais mettront les pieds sur la table—ce qui choque les Français. Voilà un exemple spécifique de la différence de comportement entre les Français et les Américains. Une étudiante raconte qu'à une soirée, les gens sont arrivés en smoking°. Tous ces gens élégants se sont tout de suite mis à éplucher

formal attire

le maïs°. En France, dit-elle, on serait venu en jeans, mais personne n'aurait aidé à préparer la nourriture.   husk the corn

    Le calme de la circulation a également frappé les jeunes Français. Ils aiment raconter comment à Telegraph Hill, un site San Franciscain qui attire les touristes du monde entier, les automobilistes attendent patiemment leur tour pour se garer°. Personne ne klaxonne°, personne ne bouscule°. En France, disent-ils, on aurait klaxonné, puis au lieu d'attendre son tour, on se serait tout simplement garé en double file°, bloquant l'accès à toutes les voitures. La patience des gens qui attendent à la porte ou dans les banques les a aussi étonnés. Non seulement ils ne se pressent pas tous autour du guichet°, ils attendent même loin derrière, au-delà de la ligne tracée à cet effet.   park/honks / pushes / double parked / window

Comment les Américains voient-ils la France?

Les Français ont été un peu surpris de voir que l'image de la France que les Américains gardent est encore celle des années 50—la France touristique, les vélos, les baguettes et les bérets. Ils voudraient que les Américains reconnaissent que l'allure des villes françaises a changé, qu'il y a une architecture moderne à côté de l'ancienne et que les choses ont évolué.

    Une des étudiantes de l'E.U.A. cherchait à apprendre comment les Américains évaluaient les différents pays européens et leurs civilisations. Un peu à son étonnement, elle a appris que la France ne suscitait pas beaucoup d'intérêt chez les Américains. Pour sa civilisation, un peu, mais cela dépendait de l'origine de la personne interrogée. Les civilisations italienne ou britannique risquaient de l'emporter° sur la française. Du point de vue économique, la France se situe après l'Allemagne, souvent après la Grande Bretagne et la Belgique. «Je m'attendais quand même à° trouver la France en deuxième position», a dit une jeune Française.   prevail / expected

    Il y a eu, tout de même, un aspect très satisfaisant de cette enquête. Le pourcentage des réponses a été très élevé, beaucoup plus élevé que si le questionnaire avait été fait en France.

♦ Adapté du *Journal Français d'Amérique*

Le Coq gaulois

Questions sur la lecture

1. Quel est le but de l'European University of America?
2. En quoi a consisté le stage qui s'est terminé en juin 1982?
3. En quoi les rapports entre les étudiants et les professeurs sont-ils différents en France et en Amérique?
4. Quelle est l'opinion de ces Français vis-à-vis des études américaines?
5. Pourquoi ces Français considèrent-ils que les Américains vivent mieux en société?
6. Les formules de courtoisie américaines choquent-elles les Français?
7. Y a-t-il des différences de comportement entre les Français et les Américains?
8. Les Français conduisent-ils de la même manière que les Américains?
9. Quelle est l'image de la France que la plupart des Américains gardent?
10. La civilisation française intéresse-t-elle beaucoup les Américains?

Questions à débattre en classe

1. Pensez-vous que de tels échanges (des stages d'initiation à la vie et aux affaires des autres pays) soient utiles? Pourquoi?
2. Dans quel(s) pays aimeriez-vous faire un stage d'initiation? Pourquoi?
3. Quels sont les droits des étudiants américains (en général et à votre institution)?
4. Ces droits suffisent-ils ou aimeriez-vous en avoir encore d'autres?
5. Pensez-vous que les études avant le B.A. soient très sérieuses? Pourquoi?
6. Nommez quelques formules de courtoisie américaines. Les Français ont-ils raison à ce sujet?
7. Selon vous, quels sont les rapports entre les automobilistes américains? Trouvez-vous la circulation calme?
8. Quelle est votre image de la France aujourd'hui? (Pensez aux domaines politique, social, culturel, etc.).
9. Quelle civilisation européenne vous intéresse le plus? Pourquoi?
10. Selon vous, pourquoi les civilisations italienne ou britannique l'emporteraient-elles sur la civilisation française?

VIDEOFRANCE

Un choix incomparable de films français
sous-titrés ou version originale
VENTE — LOCATION

Pour tous renseignements et catalogue, contactez :
VIDEOFRANCE
1569 Westwood Blvd., A
Los Angeles, California 90024
(213) 473-4648

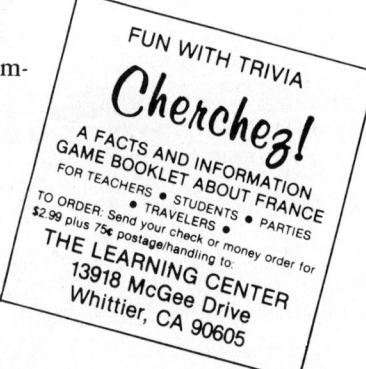

♦ Tiré du *Journal Français d'Amérique*

Activités

A. Choisissez l'expression qui complète le mieux chacune des phrases suivantes.

1. Le but de l'E.U.A. est d'amener aux Etats-Unis des jeunes Français pour y faire des ____ d'initiation à la vie et aux affaires américaines.
   a) campus   b) stages   c) impressions

2. Les étudiants ____ à rencontrer les gens du pays.
   a) se sont attachés   b) établissaient   c) ont mis

3. En France, il n'est pas ____ qu'un marchand soit désagréable avec ses clients.
   a) ouvert   b) inhabituel   c) étonné

4. Selon les étudiants français, les Américains ont plus de formules de ____.
   a) mauvaise humeur   b) changement   c) courtoisie

5. ____, il semble y avoir des contradictions dans le comportement des Américains.
   a) En revanche   b) En France   c) En juin

6. Les automobilistes attendent patiemment leur tour pour ____.
   a) klaxonner   b) se garer   c) attirer

7. Personne ne klaxonne, personne ne ____.
   a) reconnaît   b) bouscule   c) raconte

8. En France on se serait tout simplement garé ____.
   a) au guichet   b) au-delà de la ligne   c) en double file

9. Les civilisations italienne ou britannique risquaient de l'____ sur la française.
   a) élever   b) emporter   c) évoluer

10. L'étudiante française ____ trouver la France en deuxième position.
    a) s'attendait à   b) se mettait à   c) travaillait à

B. **Vrai ou faux?** Déterminez si chacune des phrases suivantes est vraie (**V**) ou fausse (**F**). Indiquez à gauche la bonne réponse pour chaque phrase. Si nécessaire, faites les corrections.

   ____ 1. Parallèlement au campus aux Etats-Unis, l'E.U.A. offre aux étudiants américains la même expérience en Afrique et en Amérique du Sud.

_____ 2. Le premier groupe d'étudiants ont suivi des cours donnés par des professeurs français.

_____ 3. Ces étudiants ont travaillé à des projets individuels qui les ont mis en contact avec le monde des affaires et le monde académique.

_____ 4. Les rapports entre les étudiants et les professeurs sont plus ouverts et plus chaleureux en France.

_____ 5. Ces étudiants français trouvent une grande différence entre les études avant le B.A. et celles au niveau gradué.

_____ 6. Ils ont trouvé des contradictions dans le comportement des Américains.

_____ 7. Une étudiante française était surprise que tout le monde soit arrivé à une soirée en smoking.

_____ 8. Les étudiants français croient que la circulation est calme en France.

_____ 9. Les Américains ont l'image d'une France très moderne.

_____ 10. Les Américains s'intéressent beaucoup à la civilisation française.

L'Amérique et l'Europe se regardent

En 1982, Audits & Surveys, Inc., a fait aux Etats-Unis un sondage qui sous le nom de *Merit Report,* révèle l'image que ses habitants et ceux de l'Europe occidentale ont de notre pays. Ce même rapport a été complété par des interviews menées à Paris et à Londres.

1. Depuis cinq ans, pensez-vous que la position des Etats-Unis, en tant que leader mondial...

	Etats-Unis	Angleterre	France
s'est agrandie	12%	13%	18%
s'est amoindrie	52%	48%	41%
est restée la même	31%	36%	32%

2. Le meilleur intérêt de l'Europe de l'ouest est-il d'avoir des liens avec les Etats-Unis...

	Etats-Unis	Angleterre	France
renforcés	56%	49%	20%
diminués	5%	14%	16%
tels qu'ils sont	28%	35%	56%

3. Etes-vous pour ou contre la demande du gouvernement américain aux nations européennes de réduire les quantités de denrées° et de crédits qu'elles accordent à l'URSS?   commodities

pour	56%	39%	28%
contre	28%	51%	56%

4. Etes-vous pour ou contre l'idée de voir les Etats-Unis faire le premier pas dans la réduction de son arsenal nucléaire pour voir si l'URSS suivra?

pour	40%	60%	69%
contre	50%	35%	21%

5. Quelle nation est la plus sincèrement désireuse de voir une paix mondiale de longue durée?

Les Etats-Unis	65%	40%	29%
L'URSS	1%	4%	6%
L'une et l'autre, également	29%	53%	40%

6. Considérez-vous la possibilité que l'URSS attaque l'Europe occidentale dans les 5 prochaines années soit...

très probable	20%	7%	6%
assez probable	34%	22%	19%
assez improbable	20%	33%	37%
très improbable	14%	35%	32%

7. En général, lequel des pays suivants considérez-vous comme le plus sûr allié du vôtre?

Etats-Unis	—	68%	22%
Grande-Bretagne	71%	—	11%
France	5%	6 %	—
Allemagne	14%	19%	55%

8. Pensez-vous que le plus grand problème pour votre pays soit actuellement...

l'inflation	33%	16%	27%
le chômage	31%	62%	56%
la criminalité	11%	12%	10%
le taux élevé de l'intérêt	16%	4%	1%
la pollution	1%	1%	1%
la crise du logement	1%	3%	2%

172 *Unité 7*

C. Lisez attentivement les résultats du sondage ci-dessus pour répondre aux questions suivantes.

1. Les Américains et les Français pensent-ils que la position des Etats-Unis en tant que leader mondial s'est détériorée dans les cinq dernières années? Et les Anglais?
2. Les Français veulent-ils voir les liens de l'Europe de l'ouest renforcés avec les Etats-Unis? Et les Américains?
3. Que pensent les Anglais de la demande du gouvernement américain aux nations européennes de réduire les quantités de denrées et de crédits accordés à l'URSS? Et les Français?
4. Les Américains veulent-ils voir les Etats-Unis faire le premier pas dans la réduction de son arsenal nucléaire? Pourquoi, selon vous?
5. Les Anglais et les Français sont-ils d'accord sur ce sujet?
6. Selon vous, pourquoi les Français ne croient-ils pas que les Etats-Unis soient sincèrement désireux de voir une paix mondiale de longue durée?
7. Croyez-vous que les Etats-Unis le soient? Pourquoi?
8. Quels pays se considèrent réciproquement les alliés les plus sûrs? Quelles en sont les raisons, d'après vous?
9. Quelle est votre réaction à la réponse des Français vis-à-vis de l'Amérique et vice versa?
10. Comment classeriez-vous les éléments du sondage numéro 8 pour les Etats-Unis actuellement?

◆ Tiré du *Journal Français d'Amérique*

◆ Tiré du *Journal Français d'Amérique*

CHERCHEZ-VOUS DES LIVRES FRANÇAIS ?
*Nouveautés, Histoire, Livres de poche, Textes scolaires
Nos Listes Se Modifient Tous Les 2 Mois
Nous Acceptons Les Commandes Spéciales*
D.F. IMPORTS, INC.
89 Swain Pl., West Orange NJ 07052

D. Interviewez les étudiants de votre classe et aussi les personnes qui n'étudient pas le français (membres de la famille, ami(e)s, voisins, etc.).

1. Les conclusions sont-elles les mêmes que celles de ce sondage?
2. Sont-elles les mêmes entre les deux groupes?
3. Que ressort-il de ces conclusions?

E. **Composition** Choisissez un des sujets suivants et écrivez une courte composition dont on discutera ensuite en classe.

1. Les conclusions (générales et spécifiques) du sondage à la *page 170*.
2. La position des Etats-Unis envers la francophonie.
3. L'évolution historique des rapports entre la France et les Etats-Unis.
4. Les rapports actuels entre la France et les Etats-Unis (que sont-ils? que devraient-ils être selon vous?).
5. La position des Etats-Unis en tant que leader mondial.

Le saviez-vous?

Les Étudiants français préfèrent l'anglais

En France 90,25% des étudiants au niveau de la 6e, apprennent une langue étrangère. C'est l'anglais qui a, de loin, le plus de succès, à raison de 81,5% des effectifs dans l'enseignement public et 91,3% dans l'enseignement privé. Viennent ensuite l'allemand (15,3% et 7,3%), l'espagnol (2,2% et 1,1%), et l'italien (0,4% et 0,1%).

◆ du *Journal Français d'Amérique*

La Récapitulation

Quelques mots de vocabulaire à retenir

les affaires *(f.)*
le comportement
la courtoisie
la denrée
l'écrivain *(m.)*
le guichet
la haine

le milliard
la racine
le réseau de diffusion
la trentaine
s'attacher (à une tâche)
s'attendre (à)
s'éloigner

emporter
(se) garer
soutenir
viser
inhabituel
plat

◆

Divisez la classe en plusieurs équipes

A. Chaque équipe à tour de rôle désignera un étudiant à qui le professeur indiquera le mot à interpréter devant les membres de son équipe. Il ne peut faire que des gestes. Aucun mot n'est permis. Il a une minute pour faire deviner son mot.

B. Continuez le jeu avec les autres mots de vocabulaire des chapitres précédents.

La meilleure équipe jugera les autres équipes dans l'activité suivante.

C. Choisissez des étudiants pour interpréter, chaque équipe à tour de rôle, l'histoire suivante: *Aller à la conquête de Hollywood.*

En essayant d'employer tous les mots de vocabulaire possibles des chapitres précédents (1 point pour chaque mot de vocabulaire employé), des étudiants vont interpréter l'histoire d'un écrivain français qui quitte sa petite ville pour aller à Hollywood. Là-bas, il va essayer de vendre son premier livre aux grands studios de cinéma.

◆

Les possibilités de discussion:

—qui est cet homme / cette femme?
—d'où vient-il (elle)?
—comment va-t-il (elle) à Hollywood?
—pourquoi désire-t-il (elle) voir un film tiré de son livre?

—le sujet du livre
—son accueil à Hollywood
—l'entrevue avec les producteurs
—leur réponse

◆

Variations

1. Imaginez que c'est le dixième livre que cet écrivain a écrit et que plusieurs studios de cinéma lui téléphonent pour venir discuter l'idée d'un film.
2. L'écrivain décide qu'il (elle) n'aime pas Hollywood du tout. Qu'est-ce qu'il (elle) va faire maintenant? Y a-t-il d'autres possibilités?

Vocabulaire thématique ◆ *La Francophonie*

Les substantifs

les affaires *(f.)* business
l'arachide *(f.)* peanut
le baobab baobab tree
la CEE (la Communauté Economique Européenne) European Economic Community
le comportement behavior
la courtoisie courtesy
la denrée commodity
l'écrivain *(m.)* author, writer
le guichet position (window) in a bank or post office
la haine hatred
le maïs corn
le milliard billion
l'O.N.U. *(f.)* **(l'Organisation des Nations Unies)** United Nations
les pays *(m.)* **en voie de développement** Third World Countries
le pêcheur fisherman
la percée breakthrough
la racine root
le réseau de diffusion broadcasting network
le sage wise man
le stage d'initiation period of instruction
la Traite des Nègres slave trade
la trentaine (about) thirty
le trou hole

Les verbes

s'attacher (à une tâche) to apply oneself (to a task)
s'attendre (à) to expect
bousculer to push
s'éloigner to move away from
emporter to prevail, to surpass
éplucher to husk, to peel
(se) garer to park
garer en double file to double park
jouir (de) to enjoy
klaxonner to honk
recouvrir to encompass
ressortir to emerge, to be the result of
soutenir to support
viser to aim at

Les autres expressions

côtier coastal
en gros roughly
en smoking in formal attire
envahissant encroaching
inhabituel unusual
plat flat
riverain riverside
savoir + *infinitif* to manage to
toucher des pots de vins to accept a bribe

Unité

8

Les Sports

- *Si le football m'était conté*
- *Des Origines du jeu de boules à nos jours*
- *Pour suivre le Tour de France*

◆ Si le football° m'était conté

soccer

L'Angleterre est à l'origine du football moderne. Le terme lui-même, *football* ou *futeball,* y apparaît au XVème siècle. Pour désigner, il est vrai, un jeu de balle au pied, désordonné°, brutal et populaire, commun à tout le Moyen Age européen.

disorderly

On a joué à la balle dans l'Egypte des pharaons, dans la Chine d'avant Confucius, et chez les ancêtres des Incas. On y a sans doute joué très longtemps avant, même si les traces ne nous en sont pas toujours parvenues°. A Thèbes (en Egypte) en tout cas, des tombeaux renferment° des balles en son° recouvertes de peau°. On a joué à la balle pour le plaisir, c'est sûr, mais le jeu a toujours eu une signification sociale, généralement rituelle, religieuse ou guerrière°. Les Grecs ont été les premiers à imposer une certaine codification. Ils ont transmis leurs jeux aux Romains, qui les ont adoptés et modifiés. Les Romains ont inventé le ballon rempli° d'air, et ils ont répandu° leurs jeux de balle en Europe au rythme de leurs conquêtes.

reached/contain
bran/covered with leather

war-like

filled/spread

C'est ainsi qu'au Moyen Age la balle et le ballon s'enracinent° dans les campagnes et les bourgs°. Les jeux se caractérisent par le nombre élevé° et changeant de participants, la pauvreté des règles, l'usage fréquent des mains et un engagement physique qui était souvent très dangereux.

take root
small towns
high

Comme ses frères du Continent et d'autres jeux pratiqués en Angleterre, le football fait partie de la culture populaire des masses, au Moyen Age et jusqu'à la fin du XVIIIème siècle. Les classes supérieures pratiquent ce jeu avec modération et c'est surtout, pour les ducs ainsi que pour les rois, un moyen de donner libre expression à des émotions très fortes. Mais les pouvoirs, les rois, l'Eglise, les autorités locales tentent à plusieurs reprises° de l'interdire et le condamnent au nom de l'ordre public. Vers 1790, le football n'est plus autorisé dans les rues: il doit être pratiqué dans des lieux clos°. Ainsi meurt le jeu de balle ancien.

repeatedly

enclosed

Les élites ont repris le football et il est introduit alors dans les *public schools.* Après la scission° de 1823, qui allait donner naissance au rugby, il entre dans l'ère moderne. Il est rapidement structuré et institutionalisé par ... l'université de Cambridge qui édite le premier règlement en octobre 1848. On y trouve l'essentiel des règles que nous respectons actuellement[1]. Quinze ans plus tard, les anciens élèves des écoles britanniques créent

split

---

[1]Ces règles ont été complétées et révisées en 1882, 1891 et 1899.

la *Football Association*. En 1871, la Coupe, ou *Cup Competition,* voit le jour. Le professionnalisme est légalisé en 1885. Le championnat commence en 1888, suivi de la création de l'*International Board,* chargé d'unifier les règlements du *Football Association.*

    Le football est né en tant que° sport, avec ses règles, ses institutions de base, ses compétitions. Il ne changera pratiquement plus pour l'essentiel. Il est donc bien anglais, et il reflète la société qui l'a créé. A l'instar° de l'usine (une création de la révolution industrielle), la division des tâches commence. Il y a des joueurs, des entraîneurs°, des soigneurs°, des arbitres, des dirigeants° et des spectateurs. Chacun a un rôle bien défini et la hiérarchie doit être respectée. Les joueurs peuvent même devenir des vedettes: c'est la prime° à l'effort et à l'habileté°, la possibilité de la réussite° individuelle dans le travail collectif.

    La propagation du football (et du sport en général) est une entreprise anglaise, liée à la domination de cette nation dans l'économie mondiale. Les premiers pays à s'enthousiasmer pour ce sport sont l'Argentine et l'Uruguay, et plus tard, le Brésil, pays alors aux économies prospères qui accueillaient° de nombreux immigrants européens. Entre-temps°, marins, étudiants, employés et hommes d'affaires anglais ont introduit le football dans tout l'Europe. Si son essor° a été plus lent qu'en Amérique latine, c'est dû en partie à la concurrence du cyclisme et de l'athlétisme°. Le premier club français est né au Havre en 1870 et le premier championnat est créé en 1895.

    Quant à l'Amérique du Nord de la fin du XIXème siècle, le football anglais n'y trouve qu'un écho limité. Faut-il y voir un reflet de la rivalité naissante entre la vieille Angleterre et les Etats-Unis qui allaient la remplacer sur la scène mondiale? Le football américain, cousin très éloigné° du rugby, a en tout cas la préférence. D'autres sports sont nés aux Etats-Unis pour se répandre dans le monde: seul le basket a réalisé une véritable percée, mais sans jamais détrôner le sport roi.

♦ adapté de Jeune Afrique

Questions sur la lecture

1. Dans quel pays est né le football?
2. Comment sait-on que les Egyptiens jouaient à la balle?
3. Jouaient-ils uniquement pour le plaisir?
4. Qui a inventé le ballon rempli d'air?
5. Comment les jeux de balle sont-ils parvenus en Europe?
6. Qu'est-ce qui caractérise les jeux du Moyen-Age?
7. A quel moment le football a-t-il été joué dans des lieux clos?
8. Qui a édité le premier règlement en octobre 1848?
9. Quel mouvement amène la division des tâches?
10. Comment le football s'est-il propagé à travers le monde?
11. A quel moment le football est-il entré en France?
12. Pourquoi le football a-t-il trouvé un écho limité en Amérique du Nord?

Bicyclette

Escalade

Golf

Tennis

Questions à débattre en classe

1. Quelle est la place du football européen en Amérique aujourd'hui?
2. D'après vous, quel est son avenir?
3. Pourquoi le football acquiert-il un public de plus en plus grand en Amérique?
4. Pourquoi les Etats-Unis ont-ils désiré avoir la Coupe Mondiale en 1984?
5. D'après vous, le football européen, remplacera-t-il un jour le football américain?
6. Du football européen et américain, lequel considérez-vous meilleur pour la santé? Pourquoi?
7. Expliquez quelques différences entre les deux types de football.
8. Le football américain, a-t-il «une signification sociale, généralement rituelle, religieuse ou guerrière»?
9. Quelle est la place des sports dans les écoles et les universités aujourd'hui? Que devrait-elle être?
10. La participation féminine dans les sports, va-t-elle amener certains changements?

Equitation

Le saviez-vous?

Ce qu'il faut savoir à propos du football
Football français
Terrain Longueur, 90 à 120 m; largeur, 45 à 90 m; surface de réparation, 16,50 m.
But Hauteur, 2,44 m; largeur, 7,32 m.
Ballon Circonférence, 68 à 71 cm; poids, 396 à 452 g.
Joueurs Deux équipes de 11 joueurs, ayant chacune un gardien de but.
Partie Deux mi-temps de 45 mn (40 mn pour les juniors) séparées par un arrêt de 15 mn au plus. Deux joueurs de touche assistent le directeur de jeu; ils aident l'arbitre en lui signalant, à l'aide d'un drapeau, les sorties en touche, l'équipe à laquelle revient le droit de tirer un corner, les hors-jeu.

Ne pas confondre
Football américain
Né à Harvard en 1872. Très violent. Dérivé du rugby traditionnel.
Terrain De 91 × 45 m, divisé en tranches de 4,50 m.
Ballon Oval (long. 28 cm, circonf. 55 cm) ne se joue jamais au pied, sous peine de pénalisation (cession du ballon à l'adversaire).
Joueurs 11 joueurs casqués et protégés par un équipement spécial.
Partie Partie de quatre fois 15 mn. L'équipe à l'attaque doit progresser de 2 tranches en 4 mises en jeu, sinon la balle passe à l'équipe adverse. On marque 6 points quand la balle est portée au-delà de la ligne de but adverse, 3 points quand elle franchit la barre transversale du but, le coup de pied n'étant autorisé qu'à ce moment. N'importe quel joueur peut plaquer n'importe quel adversaire, même s'il n'a pas le ballon.

Football australien
Codifié en 1868.
Terrain De forme ovale.
Ballon Analogue à celui du rugby.
Joueurs Deux équipes de 18 joueurs, plus 2 remplaçants.
Partie 15 joueurs occupent sur le terrain des positions définies et marquent directement un adversaire. Les 3 autres (un *rover* et 2 *followers*) représentent les éléments mobiles. Lorsque le ballon passe dans le *goal post,* il y a *behind* (1 point). Si l'équipe attaquante réussit à faire passer la balle entre les 2 poteaux verticaux (sans barre transversale) il y a *goal*.

Football gaélique
Réglementé en 1884.
Terrain De 170 × 90 m.
Equipes De 15 joueurs.
Partie Deux mi-temps de 30 mn. Tous les coups sont permis. On marque des points en faisant pénétrer le ballon dans un but de 6,40m de haut ou en le faisant passer au-dessus de la barre transversale.

Activités

A. Consultez la liste ci-dessous et choisissez l'expression qui convient pour compléter chaque phrase.

renferment	désordonné	en tant que
signification	s'enracinent	parvenues
répandu	engagement	reprises
élevé	clos	rempli

1. Au début du jeu, le football a été _____, brutal et populaire.

2. On a joué à la balle depuis longtemps, mais les traces ne nous en sont pas toujours _____ .

3. On a trouvé des tombeaux à Thèbes qui _____ des balles en son recouvertes de peau.

4. Le jeu a toujours eu une _____ sociale.

5. Les Romains ont inventé le ballon _____ d'air.

6. Ils ont _____ leurs jeux de balle en Europe au rythme de leurs conquêtes.

7. Au Moyen-Age, la balle et le ballon _____ dans les campagnes et les bourgs.

8. Les jeux se caractérisent par le nombre _____ et changeant de participants.

9. A ce moment-là, l'_____ physique était souvent très dangereux.

10. A plusieurs _____, les pouvoirs tentent à interdire le jeu de balle.

11. Vers 1790, le football doit être pratiqué dans les lieux _____ .

12. Le football est né _____ sport, avec ses règles, ses institutions de base, ses compétitions.

B. **Vrai ou faux?** Déterminez si chacune des phrases suivantes est vraie (**V**) ou fausse (**F**). Indiquez à gauche la bonne réponse pour chaque phrase. Si nécessaire, faites les corrections.

_____ 1. La Chine est à l'origine du football moderne.

_____ 2. On a joué à la balle en Egypte uniquement pour le plaisir.

_____ 3. Les Grecs ont été les premiers à imposer une certaine codification.

_____ 4. Les Incas ont inventé le ballon rempli d'air.

_____ 5. L'usage fréquent des mains était une caractéristique du football au Moyen-Age.

_____ 6. Le football fait partie de la culture populaire des masses jusqu'au XVIIIème siècle.

_____ 7. Jusqu'en 1790, le football est autorisé dans les rues.

_____ 8. Les masses ont repris le football qui est introduit alors dans les *public schools*.

_____ 9. Le professionnalisme est légalisé en octobre 1848.

_____ 10. La propagation du football est liée à la domination de la France dans la politique mondiale.

C. Trouvez dans la colonne de droite le mot qui a (approximativement) le même sens que le mot dans la colonne de gauche. Indiquez à gauche la bonne réponse.

_____ 1. renfermé   A. la victoire
_____ 2. la codification   B. populaire
_____ 3. répandre   C. précis
_____ 4. la conquête   D. clos
_____ 5. le bourg   E. l'industrie
_____ 6. commun   F. l'autorité
_____ 7. modifier   G. propager
_____ 8. le pouvoir   H. le règlement
_____ 9. le championnat   I. distant
_____ 10. l'usine   J. la ville
_____ 11. défini   K. la compétition
_____ 12. éloigné   L. changer

D. Divisez la classe en équipes. Demandez à chaque équipe de rechercher les idées suivantes.

1. L'histoire d'un sport.
2. La biographie d'un des «grands» du football (Franz Beckenbauer, Bobby Charlton, Johannes Cruijff, Alfredo di Stefano, Eusebio, Garrincha, Raymond Kopa, Sandro Mazzola, Pelé, Fererez Puskas, Lev Yachine) ou d'un des «grands» du sport de leur choix.

3. Des renseignements sur les grands championnats (Wimbledon ou Roland-Garros (French Open), Davis Cup, America Cup, Coupe Mondiale, Superbowl, etc.).

E. **Composition** Choisissez un des sujets suivants et écrivez une courte composition dont on discutera ensuite en classe.

1. En 1980, les Etats-Unis ont boycotté les Jeux Olympiques à Moscou. Etiez-vous d'accord?
2. Selon vous, quel est le rapport entre les sports et la politique?
3. Quels sont les inconvénients des sports (professionnels, à un très jeune âge, mondiaux, à l'école, etc.)?
4. Pensez-vous que les professionnels méritent d'être si bien payés?

La Fédération internationale de football association (FIFA) est née en Europe. Elle a été créée à Paris le 21 mai 1904, à la suite d'un congrès réunissant la France, la Belgique, le Danemark, les Pays-Bas, l'Espagne, la Suède et la Suisse.

La Coupe du Monde

La Coupe du Monde a été créée en 1928, disputée pour la 1ère fois en 1930.

Date	Lieu	Equipes	Score
1930	à Montevideo	Uruguay-Argentine	(4-2)
1934	à Rome	Italie-Tchécoslovaquie	(2-1)
1938	à Paris	Italie-Hongrie	(4-2)
	interruption à cause de la 2ème Guerre Mondiale		
1950	à Rio	Uruguay-Brésil	(2-1)
1954	à Berne	Allemagne-Hongrie	(3-2)
1958	à Stockholm	Brésil-Suède	(5-2)
1962	à Santiago	Brésil-Tchécoslovaquie	(3-1)
1966	à Wembly	Grande Bretagne-Allemagne	(4-2)
1970	à Mexico	Brésil-Italie	(4-1)
1974	à Munich	Allemagne Fédérale-Pays Bas	(2-1)
1978	à Buenos Aires	Argentine-Pays Bas	(3-1)
1982	à Madrid	Italie-Allemagne Fédérale	(3-1)

Questions sur «la Coupe du Monde»

1. Y a-t-il un rapport entre le lieu de la Coupe Mondiale et l'équipe gagnante?
2. Y a-t-il des équipes dominantes?
3. Pourquoi ces équipes sont-elles si fortes?
4. Historiquement, quel continent est le plus fort?
5. Quelles autres tendances pouvez-vous discerner?

◆ Des Origines du jeu de boules à nos jours

Il faut remonter° très loin dans le temps pour retrouver les origines du jeu de boules. Les Grecs semblent être les premiers à l'avoir pratiqué, mais le jeu consistait simplement à envoyer le plus loin possible des boules de tailles° différentes. Avec les Romains apparaît la notion d'adresse°, les boules devant° arriver près d'un but désigné. On pense que ce sont les légions romaines, qui lors° de la conquête des Gaules, ont introduit le jeu de boules en France. Au XIVème siècle, ce jeu est mentionné dans les chroniques du temps, notamment sous le règne de Charles V le Sage. Des anecdotes racontent la passion des soldats pour le jeu de boules et il y a même des poèmes et des tableaux sur le sujet. Balzac décrit une partie° de boules dans la *Comédie Humaine* et même Marcel Pagnol (dans *Topaze*) réserve une place de choix dans ses écrits à la pétanque.

Au palais de l'Escurial près de Madrid se trouve une tapisserie° du XVIème siècle, représentant des courtisans de la Cour d'Espagne jouant aux boules. Au XVIIème siècle, en Grande-Bretagne, le jeu de boules se pratiquait sur des emplacements de gazon tondu°, les Boulingrins (de l'Anglais *Bowling-greens*). A la fin du XIXème siècle et au début du XXème siècle, c'est en Provence que les boules sont à l'honneur, avec le Jeu Provençal. Chaque quartier dans les villes importantes, chaque village, avait sa place ombragée°, où les joueurs locaux de tous les âges pouvaient s'affronter.

En 1910, M. Ernest Pitiot organise le premier concours° de pétanque à La Ciotat dans le sud de la France. La pétanque a connu un tel succès que ce jeu s'est installé peu à peu dans tout le Midi méditerranéen. D'où vient son nom? D'une expression provençale «pes tanques» (pieds joints°) qui a par contraction donné pétanque.

La pétanque doit sa popularité au fait que des personnes de tous âges et de toutes conditions peuvent la pratiquer, avec les mêmes chances de succès. Elle permet aussi de libérer temporairement quelqu'un des problèmes quotidiens qui l'assaillent et qui sont dûs en grande partie au rythme accéléré de la vie moderne.

La pétanque pratiquée régulièrement est un véritable sport qui nécessite un entraînement° quasi-permanent, une excellente condition physique, et une concentration vigoureuse de tous les instants. Elle demande de plus, adresse, souplesse°, sens du jeu et technique. Un joueur qui aspire à devenir un champion doit posséder toutes ces qualités.

La pétanque peut se jouer n'importe où° mais pas n'importe comment°. Le règlement° existe, il est abondant et précis. Il spécifie tout, de la tenue

correcte° à la distance entre le cercle du lancement et le but (entre 6 et 10 mètres), du poids des boules (entre 620 et 800 grammes) au temps maximum pour jouer (2 minutes).

    La Fédération Française de Pétanque et Jeu Provençal a été créée en 1945. En 1982 elle regroupait 22 Ligues, 101 Comités Départementaux, dont 5 d'Outre-Mer (Guadeloupe, Guyane, Martinique, Réunion, et Polynésie) plus 7000 sociétés, 456.839 licenciés° (dont 30.000 femmes et 68.600 juniors).

    En 1983 la F.F.P.J.P. compte 25 nations affiliées. Trente-neuf équipes représentant 20 d'entre elles, ont participé au Championnat du Monde de Pétanque. Monaco a triomphé de Madagascar en finale et la France se classait 7ème et 10ème.

    La progression constante de ce jeu est actuellement de l'ordre de 7 à 8% par an. La pétanque se situe au 4ème rang des Fédérations sportives, derrière le football, le ski, et le tennis. Le but de la F.F.P.J.P. peut se résumer ainsi: pratiquer, faire connaître et apprécier la Pétanque et le Jeu Provençal, grands moyens d'union et d'amitié.

proper dress

license holders

♦ Adapté du *Point* et *Des Origines du jeu de boules à nos jours*

Questions sur la lecture

1. Quelle est l'origine du jeu de boules?
2. Quels changements les Romains ont-ils introduit dans le jeu?
3. Comment savons-nous que ce jeu a été populaire au XVIIIème siècle et au XIXème siècle en France et en Espagne?
4. D'où vient le nom de pétanque?
5. Pourquoi la pétanque est-elle si populaire?
6. La concentration suffit-elle pour bien jouer à la pétanque?
7. La pétanque peut-elle se jouer n'importe où et n'importe comment?
8. Les femmes et les enfants jouent-ils aussi à ce jeu?
9. La pétanque est-elle le sport le plus populaire en France?
10. La popularité de la pétanque, est-elle limitée à la France?

Questions à débattre en classe

1. Quels sports peut-on pratiquer n'importe où aux Etats-Unis?
2. Ces sports américains se jouent-ils aussi «n'importe comment»?
3. Quels sont les sports les plus populaires aux Etats-Unis? Intéressent-ils tous les gens et à tout âge?
4. Le matériel et la tenue correcte sont-ils importants pour pratiquer les sports américains?
5. Dans quelle mesure contribuent-ils au succès du jeu?
6. Quel est le jeu dérivé du jeu de boules pratiqué en Grande-Bretagne?
7. Il y a des terrains de pétanque partout en France, mais c'est surtout un jeu méditerranéen. Pourquoi?
8. Y a-t-il des sports plus ou moins régionaux aux Etats-Unis? Pourquoi?
9. Quel est le rôle social des sports en Amérique?
10. Les sports créent-ils aussi certains problèmes? Lesquels?

Activités

A. Consultez la liste ci-dessous et choisissez l'expression qui convient pour compléter chaque phrase.

partie	lors	règlement
concours	remonter	pieds joints
adresse	tenue	entraînement
s'affronter		

1. Il faut _____ très loin dans le temps pour retrouver les origines du jeu de boules.
2. Les Romains apportent la notion d'_____.
3. _____ de la conquête des Gaules, les légions romaines ont introduit ce jeu en France.
4. Balzac décrit une _____ de boules dans la *Comédie Humaine*.
5. Chaque ville et chaque village a sa place ombragée où les joueurs peuvent _____.
6. Le premier _____ de pétanque a eu lieu à La Ciotat en 1910.
7. La pétanque vient de l'expression qui veut dire _____.
8. La pétanque nécessite un _____ quasi-permanent.
9. Le _____ existe, il est abondant et précis.
10. Il spécifie même la _____ correcte.

B. Voilà des mots associés à la pétanque, mais dont les lettres sont en désordre. Retrouvez ces mots. (Les équivalents anglais se trouvent dans la colonne de droite, mais essayez d'abord de déchiffrer les mots sans être aidé de l'anglais.)

1. euuroj — player
2. èeetmglrn — rules
3. euosbl — balls
4. utb — goal
5. eapitr — game
6. soorccun — competition
7. îemtnnneetra — training
8. suepsloes — flexibility
9. oroacntnceitn — concentration
10. eqectuinh — technique

C. Complétez les phrases suivantes. Utilisez votre imagination! (Les expressions en italique sont tirées directement de la lecture.)

1. *L'adresse* est très importante pour...
2. J'aime beaucoup faire une *partie* de...
3. Le *règlement* des institutions scolaires...
4. La *tenue correcte* est importante quand...
5. Les *concours* sportifs...
6. Les personnes de tous âges peuvent *pratiquer*...
7. Mes problèmes *quotidiens*...
8. *J'aspire* à devenir...
9. J'aimerais *faire connaître*...
10. *L'amitié* est...

D. Quel est l'infinitif qui correspond à chaque verbe en italique?

1. Le jeu *consistait* à envoyer les boules le plus loin possible.
2. Avec les Romains *apparaît* la notion d'adresse.
3. ... les boules *devant* arriver près d'un but désigné.
4. On pense que les légions romaines l'ont *introduit* en France.
5. Balzac *décrit* une partie de boules.
6. Les joueurs locaux de tous les âges *pouvaient* s'affronter.
7. La pétanque a *connu* un grand succès.
8. D'où *vient* son nom?
9. La pétanque *doit* sa popularité au fait que tous peuvent la pratiquer.
10. Les problèmes quotidiens sont *dûs* au rythme accéléré de la vie moderne.

Ouvrages à consulter

1. *Les Fadas de la pétanque*   Francis Huger, dessins de Dubout, Editions Pastourelly, Monte-Carlo.
2. *Pétanque*   Charles Marty, Collection «Sports pour tous», Editions Robert Laffont, Paris.
3. *Plein soleil sur la pétanque*   Otello, l'Ordre du jour, Editions de la Table Ronde, Paris.
4. *Pétanque et jeu provençal*   Yvan Androuard, photographies de Hans Silvester, Editions de Chêne, Paris.

Où vous adresser

- *La Fédération Française de la Pétanque et du Jeu Provençal*   12 cours Joseph-Thierry, 13001 Marseille.
- *Ligue de l'Ile-de-France*   9 rue Duperré, 75009 Paris.

◆ *Pour suivre le Tour de France*

Disputée pour la première fois en juillet 1903, cette épreuve° cycliste nommée *Tour de France* a connu le plus grand des succès. Elle dure encore. Ce n'est pas un exploit négligeable. Soixante-quinze ans après ses débuts, elle fait, chaque juillet, participer au long d'une route d'environ 4.000 km., une centaine de coureurs° professionnels, escortés de 555 véhicules «suiveurs°» et précédés—d'une heure environ—d'une caravane publicitaire de quelque 250 autos et motos. En tout, c'est une sorte de carnaval d'un millier de personnes qui voyagent ensemble, pendant une vingtaine de jours, à travers la France.

    Cette course a également rayonné hors des frontières de l'Hexagone. Dans le monde, il en existe vingt-cinq copies mais aucune ne peut éclipser l'original. Surtout, le Tour de France s'est incrusté dans la société française, au point d'y constituer «une sorte d'institution» plurifonctionnelle. Il est impossible de connaître la civilisation française sans «suivre» le Tour. Et, à cet effet, il faut comprendre que le Tour de France, c'est une atmosphère. Oui, c'est essentiellement une «représentation» dramatique. Dans son numéro spécial de juillet, le journal *Le Matin de Paris* a évoqué le Tour avec ce titre tout simple: «La Grande Kermesse° du XXème siècle».

    D'abord, il y a les organisateurs. Ce Tour a été inventé pour vendre des exemplaires° d'un quotidien sportif, *L'Auto*. C'était bien joué. Le succès fut instantané. *Le Figaro* du 10/7/1903 observait que «le Tour de France a démontré une fois de plus, l'extraordinaire popularité de la bicyclette, l'admirable moyen de locomotion qu'elle constitue et prouvé qu'il n'est pas sur terre de machine plus robuste, plus endurante que la machine humaine.»

    Puis, il y a les mille et une voix, les journalistes et les autres médias qui transforment les coups de pédales en exploits et les coureurs en «géants de la route». Ce sont les paroles qui «font» le Tour, qui transforment cette course en «épopée°».

    Il y a aussi la foule° et elle est immense. Environ 12.000.000 d'hommes (45,7%), de femmes (26,7%), et d'enfants (27,6%) attendent le Tour. Mais n'oubliez pas le public, qui lui, est constitué de lecteurs°. En particulier, *L'Equipe* qui organise l'épreuve, publie tous les jours 600.000 exemplaires. Surtout, le Tour c'est plus de 50.000.000 de téléspectateurs Eurovision (transmis dans tout l'Europe) dont environ 12.000.000 en France.

event
racers
followers

village fair

copies

epic poem
crowd
readers

Le profil des étapes de montagne
Dix jours difficiles

Depuis hier et jusqu'à la 20ᵉ étape (Morzine-Dijon disputée le 22 juillet), les coureurs ne vont pas quitter la montagne : dix étapes difficiles à l'issue desquelles on devrait connaître le vainqueur du Tour.

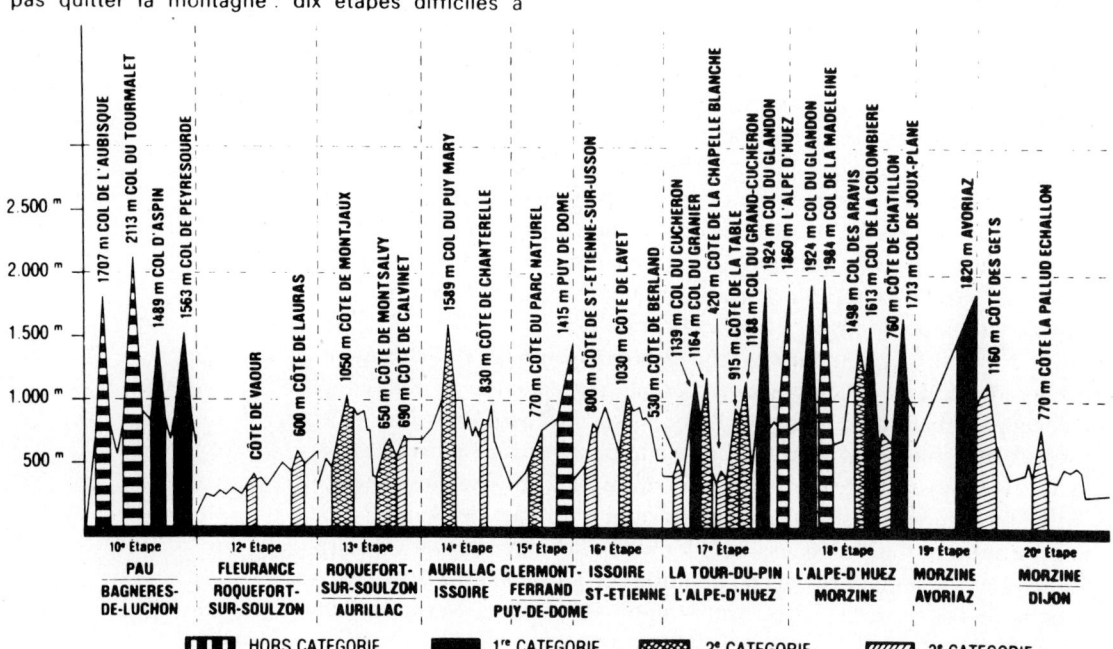

Enfin, il y a les coureurs. Sont-ils des hommes? Non, évidemment! Les coureurs sont des dieux de l'Olympe français. «Si le coureur cycliste croit à l'invincibilité de l'adversaire, s'il n'est pas convaincu d'avoir à forcer le destin, s'il n'espère pas dans le pouvoir moral, s'il n'est pas décidé à supporter la souffrance de l'effort total, alors la course sur route à bicyclette perd toute signification, sa raison d'être.» (Jacques Goddet 16/7/74.)

Le Tour est comme la tragédie grecque, l'exorcisme de quelques tensions fondamentales qui tracassent° les cœurs. Il y a le «drame moral»,   plague
qui s'exprime ici par la lutte du «Veau d'Or°» et de la «pureté sportive».   "golden calf"
Il y a le «drame cosmique» qui perce à travers la dure lutte du coureur contre la Nature. Enfin, il y a le «drame politique», c'est-à-dire la lutte de l'homme contre l'homme, comme dans tous les jeux dont la compétition est le ressort° fondamental. Le Tour, c'est le drame de la vie.   motive

♦ Adapté du *Français dans le monde*

Questions sur la lecture

1. En quelle année s'est passé le premier Tour de France?
2. Combien de coureurs environ y participent chaque année?
3. Y a-t-il des copies de ce Tour hors de l'Hexagone?
4. Pourquoi le premier Tour de France a-t-il été organisé?
5. Qui est responsable de la réputation «épique» du Tour?
6. Combien de personnes attendent le long de la route le passage du Tour?
7. Le public est-il limité à ces spectateurs?
8. En quoi le coureur est-il différent de l'homme ordinaire?
9. A quel moment de l'année, le Tour de France a-t-il lieu?
10. Pourquoi dit-on que le Tour de France est «le drame de la vie»?

Questions à débattre en classe

1. Si le Tour de France aide à connaître la civilisation française, quel(s) sport(s) aide(nt) à connaître la civilisation américaine?
2. Quelles sont les différences entre les sports dits amateurs et ceux dits professionnels?
3. Les sports américains, seraient-ils aussi populaires sans les média? Aussi lucratifs?
4. Pourquoi assistez-vous aux grands matchs?
5. Y a-t-il des sports en Amérique qui prouvent «qu'il n'est pas sur terre de machine plus robuste, plus endurante que la machine humaine». Lesquels?
6. La bicyclette est-elle populaire aux Etats-Unis? Pourquoi?
7. Pourquoi les grandes vedettes sportives deviennent-elles des «dieux»?
8. Un journaliste américain expliquerait-il un sport américain à la manière de René Pucheu, l'auteur de cet article? Pourquoi?
9. Les sports ont-ils leur propre moralité? Qu'en pensez-vous?
10. Quelle est la place historique des sports? Quelle a pu en être l'origine?

Activités

A. Choisissez l'expression qui complète le mieux chacune des phrases suivantes.

1. Le Tour de France est une grande _____ cycliste.
   a) exploit   b) épreuve   c) caravane

2. Une centaine de _____ professionnels y participent chaque année.
   a) coureurs   b) véhicules   c) autos

3. Le Tour de France dure une _____ de jours.
   a) dizaine   b) quinzaine   c) vingtaine

4. Aucune copie du Tour de France ne peut _____ l'original.
   a) rayonner   b) éclipser   c) constituer

5. Il est impossible de connaître la civilisation française sans _____ le Tour.
   a) suivre   b) voyager   c) prouver

6. *Le Matin de Paris* a appelé le Tour de France «la Grande _____ du XXème siècle».
   a) atmosphère   b) représentation   c) Kermesse

7. Les paroles transforment la course en _____ .
   a) épopée   b) machine humaine   c) exemplaire

8. Il y a 12.000.000 d'hommes, de femmes et d'enfants dans la _____ .
   a) coureurs   b) course   c) foule

9. Les _____ suivent le Tour dans les journaux.
   a) téléspectateurs   b) lecteurs   c) dieux

10. *L'Equipe* _____ tous les jours 600.000 exemplaires pendant le Tour.
    a) publie   b) perd   c) organise

B. Dans le contexte de la lecture entourez le mot qui n'appartient pas à la suite logique de chaque groupe de mots.

1. épreuve / exploit / succès / négligeable

2. coureurs / frontière / suiveurs / journalistes

3. popularité / succès / exemplaire / kermesse

4. robuste / le numéro / endurante / machine humaine

5. la locomotion / les paroles / l'épopée / les média

6. la foule / les lecteurs / les tensions / les téléspectateurs

7. le pouvoir / le quotidien / l'invincibilité / la raison d'être

8. le drame / la lutte / la compétition / l'original

C. **Le Poids des mots**

1. Relisez la lecture et faites une liste des verbes et des substantifs employés dans cette description du Tour de France.
2. Comment le choix des mots lui-même contribue-t-il à mettre en évidence les sentiments de la grande course?
3. Employez-en quelques-uns pour décrire votre sport favori.

D. Regardez la photo et répondez aux questions suivantes.

1. Quelle est votre première impression sur le groupe?
2. Après réflexion, qu'est-ce qui est insolite°? unusual
3. A votre avis, ces gens sur la photo semblent-ils s'intéresser au Tour?
4. Cette photo donne-t-elle des informations sur le Tour ou les coureurs?
5. A quelles fins cette photo a-t-elle été prise?
6. La popularité du Tour sert-elle aussi des fins extra-sportives?

La Récapitulation

Quelques mots de vocabulaire à retenir

le concours	la partie	répandre
le dirigeant	la pauvreté	élevé
l'épreuve *(f.)*	la peau	en tant que
l'exemplaire *(m.)*	la réussite	lors
le football	accueillir	n'importe comment
la foule	devoir	n'importe où
le lecteur	remplir	

———— ◆ ————

Divisez la classe en plusieurs équipes

    A. Chaque équipe à tour de rôle désignera un étudiant à qui le professeur indiquera le mot à interpréter devant les membres de son équipe. Il ne peut faire que des gestes. Aucun mot n'est permis. Il a une minute pour faire deviner son mot.

    B. Continuez le jeu avec les autres mots de vocabulaire des chapitres précédents.

La meilleure équipe jugera les autres équipes dans l'activité suivante.

    C. Choisissez des étudiants pour interpréter, chaque équipe à tour de rôle, l'histoire suivante: *Une journée aux Jeux Olympiques.*

En essayant d'employer tous les mots de vocabulaire possibles des chapitres précédents (1 point pour chaque mot de vocabulaire employé), des étudiants vont interpréter l'histoire d'un groupe d'athlètes qui participent aux Jeux Olympiques de 1992.

———— ◆ ————

Les possibilités de discussion

—quels sports pratiquent-ils?
—de quels pays viennent-ils?
—comment arrivent-ils aux Jeux Olympiques?
—la description des jeux (le stade, la foule, le temps, etc.)
—leurs impressions personnelles
—leurs espoirs et leurs craintes collectifs

———— ◆ ————

Variations

1. Imaginez qu'un grand nombre de pays participants décident de boycotter les Jeux Olympiques. Comment cette décision influence-t-elle cette équipe? Quelles en sont les conséquences?
2. Imaginez qu'il s'agit d'un championnat national plutôt qu'international. Quelle serait la différence d'attitude?

Vocabulaire thématique ♦ Les Sports

Les substantifs

l'adresse *(f.)* skill
l'athlétisme *(m.)* track and field
le bourg small town
le concours competition, contest
le coureur racer
le dirigeant director
l'entraînement *(m.)* training
l'entraîneur *(m.)* coach
l'épopée *(f.)* epic poem
l'épreuve *(f.)* event
l'essor *(m.)* rise
l'exemplaire *(m.)* copy
le football soccer
la foule crowd
le gazon lawn
l'habileté *(f.)* skill
la kermesse village fair
le lecteur reader
le licencié license holder
la partie game
la peau leather, skin
la prime reward
le règlement rules
le ressort motive
la réussite success
la scission split
le soigneur trainer
le son bran
la souplesse flexibility
le suiveur follower
la taille size
la tapisserie tapestry
la tenue dress, attire
le Veau d'Or the Golden Calf

Les verbes

accueillir welcome
devoir *(part. prés.* **devant)** must, to have to
s'enraciner to take root, to become established
joindre *(p.p.* **joint)** to join, to bind
parvenir to reach
recouvrir to cover with
remonter to go back
remplir to fill
renfermer to contain
se répandre to spread
tondre *(p.p.* **tondu)** to mow
tracasser to plague, to worry

Les autres expressions

clos enclosed
désordonné disorderly
élevé high
éloigné removed
en tant que as
entre-temps meanwhile
guerrier war-like
à l'instar de after the fashion
insolite unusual, extraordinary
lors at the time of
n'importe comment just any way
n'importe où just anywhere
ombragé shaded
à plusieurs reprises repeatedly

La Santé

Unité 9

- *La Vogue du corps*
- *Les Stations-service de la santé*
- *Stress: comment se défendre*

La Vogue du corps

«Le plus bel objet de consommation aujourd'hui, c'est votre corps», affirme le sociologue Jean Baudrillard. Jamais le corps n'a fait l'objet de tant d'attentions. Il y a des livres qui traitent de ses pouvoirs et des mille façons de les cultiver. Le corps a été camouflé pendant un siècle, même nié°, mais le voilà redevenu° la préoccupation première de millions de gens soufflants° et suants°.

    Dans la recherche ardente de la forme, le gadget électronique, le yoga, le zen, les arts martiaux, l'institut de beauté, tout compte. «Vivre son corps», «habiter son corps», «être bien dans sa peau°», «se réaliser», ce sont les formules qui enveloppent la réelle aspiration de beaucoup de Français. Combien sont-ils? Selon un sondage récent, 2.500.000 pratiquent le jogging. Les adeptes du tennis sont passés de 900.000 à 2.400.000 en cinq ans, et le vélo, qui comptait 580.000 adeptes, en a aujourd'hui 880.000. La vente des trainings° est passée en France de 5.941.000 paires à 14.210.000 en 3 ans.

    Ce phénomène n'existe pas seulement dans les classes aisées ni seulement à Paris; il touche toutes les villes et aussi la campagne. Les Français consomment de plus en plus «sain». Restaurants végétariens, magasins «bio°» poussent comme des champignons sous la pluie.

    Aux Etats-Unis, on parle de «body power». C'est que, considéré naguère° comme un combat entre individus, le sport est devenu une source de bien-être, d'épanouissement° personnel et de combat entre soi et soi. Des pratiques nouvelles comme la planche à voile°, le deltaplane°, le squash, le patin à roulettes° sont de grands succès, tandis que d'autres, plus anciennes, tennis, ski, vélo, golf, course à pied, reviennent à la mode. Quant aux sports d'ensemble, qui impliquent discipline, entraînement régulier ou esprit d'équipe°, ils stagnent. C'est le cas du football, de l'athlétisme. Ils ne correspondent pas à la mentalité actuelle. On cherche plutôt des sensations inconnues, on cherche ses limites. Le tonus, le muscle et l'harmonie, voilà le credo.

    D'autres préfèrent «écouter» leur corps avec des activités plus calmes: le yoga, ou l'anti-gymnastique. Autre technique de relaxation: les massages. Il y en a de toutes sortes: le californien, l'africain, l'automassage, et surtout le «shiatsu», qui vient du Japon («shi», les doigts, et «atsu», la pression°) et qui suit les points traditionnels de l'acupuncture. Mais toutes les thérapies corporelles risquent d'être révolutionnées par un nouveau super-gadget, le «bio-feed-back». «Le bio-feed-back montre instantané-

Yannick Noah

ment la liaison qui existe entre le corps et l'esprit», annonce Christian Godefroy.

Mais, après tout, c'est une révolution qui dit quelque chose de profond: «Quand on est bien avec soi, on a envie d'être bien avec les autres.» Et, aujourd'hui, il semble que des millions de Français le souhaitent°.   wish

♦ Adapté du *Point*

Questions sur la lecture

1. Quelle est la préoccupation première de millions de citoyens français?
2. Quelles sont les formules qui enveloppent la réelle aspiration de beaucoup de Français?
3. Combien de personnes pratiquaient le tennis il y a cinq ans?
4. Ce phénomène existe-t-il uniquement dans les classes aisées et à Paris?
5. A quoi reconnaît-on que les Français consomment de plus en plus «sain»?
6. Le sport est-il toujours considéré comme un combat entre individus?
7. Qu'arrive-t-il aux sports d'ensemble?
8. Que recherche-t-on aujourd'hui en faisant du sport?
9. Quelles sont les activités qui aident les gens à «écouter» leurs corps?
10. Cette révolution contient-elle un message?

Questions à débattre en classe

1. Pratiquez-vous des sports? Lesquels?
2. Selon vous, certains sports sont-ils meilleurs pour la santé en général que d'autres? Lesquels?
3. Ce grand intérêt pour notre corps existe-t-il aussi aux Etats-Unis? Dans quels milieux?
4. Pensez-vous que les sports d'ensemble (d'équipe) stagnent aux Etats-Unis? Pourquoi?
5. «Le corps a été camouflé pendant un siècle, même nié.» En Amérique, notre «éthique puritaine» a-t-elle changé? Comment?
6. Quelle est l'importance du matériel pour pratiquer un sport?
7. Les sports, sont-ils le meilleur moyen de «vivre son corps, d'être bien dans sa peau», selon vous?
8. Avec les merveilles de la médecine moderne, pourquoi sommes-nous si préoccupés de notre santé?
9. La vogue du corps, est-elle un phénomène égoïste? Un phénomène dangereux?
10. Quelles sont les raisons diverses qui expliquent la vogue du corps aux Etats-Unis?

Activités

A. Consultez la liste ci-dessous et choisissez l'expression qui convient pour compléter chaque phrase.

compte	nié	redevenu
consomment	adeptes	entraînement
épanouissement	a envie	risquent
être bien dans sa peau		

1. Le corps a été camouflé pendant un siècle, même _____ .
2. Il est _____ la préoccupation première de millions de citoyens.
3. Dans la recherche ardente de la forme, tout _____ .
4. _____ est une formule de cette vogue du corps.
5. Les _____ du tennis sont 2.400.000 actuellement.
6. Les Français _____ de plus en plus «sain».
7. Le sport est devenu une source d' _____ personnel.
8. Des sports d'ensemble impliquent de la discipline et un _____ régulier.
9. Toutes les thérapies corporelles _____ d'être révolutionnées par le «bio-feed-back».
10. Quand on est bien avec soi, on _____ d'être bien avec les autres.

B. Souvent les verbes sont à la base des substantifs et des adjectifs:

Des verbes	**Des substantifs**	**Des dérivés**
consommer	la consommation	consommable
façonner	la façon	façonné
préoccuper	la préoccupation	préoccupant
aspirer	l'aspiration	aspirant
vendre	la vente	vendable
s'épanouir	l'épanouissement	épanoui
pratiquer	la pratique	praticable
entraîner	l'entraînement	entraînant
souffler	le souffle	soufflant
suer	la sueur	suant
connaître	la connaissance	(in)connu
réaliser	la réalisation	réalisé

Exercices linguistiques

1. Faites une liste comme celle de l'*exercice B* à partir de la lecture intitulée *Si le football m'était conté*.
2. Inventez une phrase avec cinq des verbes ci-dessus.
3. A partir de quatre ou cinq verbes anglais trouvez les substantifs et les adjectifs correspondants.
4. Quel est le verbe qui correspond aux substantifs suivants? (Attention: Il y en a un qui change d'orthographe°.)   spelling

   le camouflage   l'implication
   la recherche   la stagnation
   les formules   la limite
   le compte   le souhait

C. Trouvez dans la colonne de droite l'antonyme de chaque mot de la colonne de gauche. Indiquez à gauche votre réponse.

____ 1. aisé   A. les autres
____ 2. la ville   B. peu
____ 3. l'individu   C. la campagne
____ 4. nouveau   D. le chaos
____ 5. l'harmonie   E. aller
____ 6. la relaxation   F. mental
____ 7. venir   G. superficiel
____ 8. corporel   H. ancien
____ 9. profond   I. l'excitation
____ 10. le soi   J. pauvre
____ 11. réel   K. imaginaire
____ 12. beaucoup   L. l'équipe

D. Divisez-vous en groupes et faites le petit sondage suivant. Comparez vos résultats avec les autres groupes.

1. Quel est le meilleur sport pour la santé? (une réponse)
2. Quel sport pratiquez-vous?
3. Quelle est la meilleure activité pour la santé?
4. Avez-vous quelquefois pratiqué une activité plus calme: le yoga, le zen, le shiatsu, etc.?

5. Croyez-vous que ces activités soient bonnes pour la santé?
6. Croyez-vous qu'une bonne nourriture contribue à une bonne santé?
7. Les restaurants végétariens sont-ils meilleurs pour la santé que les restaurants traditionnels?
8. Les activités individuelles sont-elles meilleures pour la santé que les activités d'équipe?

Les Stations-service de la santé

L'eau thermale est un médicament° naturel capable de soigner° des affections° précises. La France compte actuellement une centaine de stations thermales où les eaux ont la composition chimique nécessaire pour le traitement efficace° de ces affections. Quelques sources ont acquis une réputation considérable à travers une propagande commerciale extrêmement dynamique: Vittel, Contrexéville, Evian, tout particulièrement. D'autres sont au contraire à peu près méconnues°: Maizière à l'est, Vernet-les-Bains dans le sud-ouest, et Divonne-les-Bains dans le sud-est, peuvent être citées parmi plusieurs autres. En tout, le chiffre d'affaires° du thermalisme a atteint deux milliards de francs en 1980, et a assuré, en emplois permanents ou saisonniers, la subsistance de deux cent cinquante mille travailleurs.

    On a maintenant étudié l'efficacité du thermalisme, et on a des preuves irréfutables. Les conclusions actuelles sont encourageantes: le thermalisme peut soulager° le malade et revenir beaucoup moins cher° que certains autres traitements.

    Certaines stations thermales sont magnifiquement équipées pour un séjour de vacances. Veut-on un «passeport pour la forme»? Le Club Méditerrannée, associé à Vittel le procure. A quelques kilomètres de là, Contrexéville, plus modeste, travaille dans le même sens en proposant une reconquête de la «ligne°».

    Le site merveilleux d'Aix-les-Bains (son lac, la montagne toute proche) permet d'unir le thermalisme et les vacances. Non loin de l'Atlantique, Dax, station réputée pour le traitement du rhumatisme, a une réelle vocation° touristique.

    Dans le département voisin des Pyrénées Atlantiques, la beauté des sites comme Eaux-Bonnes et Eaux-Chaudes contribue sans nul doute au repos des curistes°. Dans le Massif Central, il y a La Bourboule et ses eaux arsenicales radioactives, dans un cadre° de demi-montagne (huit cent cinquante mètres d'altitude); Le Mont Dore, cure de demi-altitude (mille cinquante mètres) dont les eaux sont bénéfiques aux traitements des maladies respiratoires. Châtel-Guyon où l'on s'occupe de «santé et beauté de la femme»; Saint-Nectaire, bon pour les reins° (et n'oublions pas le fromage excellent); Royal, Chaudes-Aigues, Bourbon-L'Archambault, etc....

    Mais attention, il ne faut pas oublier les stations les plus modestes. Quatre-vingt-cinq pour cent des curistes se retrouvent dans une trentaine de stations; les quinze pour cent restant dans les soixante autres.

medicine/take care of
ailments

effective

unrecognized

annual sales

relieve/amounts to much less

figure

calling

patients taking the cure
surroundings

kidneys

ANATOMIE DES STATIONS THERMALES FRANÇAISES
les stations de cure et leurs indications médicales

Troubles de croissance

- 63 LA BOURBOULE
- 39 LONS-LE-SAUNIER
- 64 SALIES-DE-BEARN*
- 31 SALIES-DU-SALAT
- 39 SALINS-LES-BAINS

Voies respiratoires

- 73 AIX-MARLIOZ
- 38 ALLEVARD-LES-BAINS
- 66 AMÉLIE-LES-BAINS*
- 65 ARGELÈS-GAZOST
- 09 AX-LES-THERMES*
- 65 BAGNÈRES-DE-BIGORRE
- 48 BAGNOLS-LES-BAINS
- 65 BARZUN
- 52 BOURBONNE-LES-BAINS
- 63 LA BOURBOULE
- 64 CAMBO-LES-BAINS*
- 13 CAMOINS-LES-BAINS
- 65 CAUTERETS*
- 73 CHALLES-LES-EAUX
- 04 DIGNE
- 64 LES EAUX-BONNES
- 64 LES EAUX-CHAUDES*
- 95 ENGHIEN-LES-BAINS*
- 30 LES FUMADES
- 04 GRÉOUX-LES-BAINS*
- 31 LUCHON
- 66 MOLITG-LES-BAINS
- 63 LE MONT-DORE
- 40 PRÉCHACQ-LES-BAINS
- 59 SAINT-AMAND-LES-EAUX
- 971 SAINT-CLAUDE*
- 74 SAINT-GERVAIS
- 58 SAINT-HONORÉ-LES-BAINS
- 40 TERCIS-LES-BAINS*
- 38 URIAGE
- 66 VERNET-LES-BAINS*
- 20 ZIGLIARA

Dermatologie - stomatologie

- 34 AVÈNE-LES-BAINS
- 63 LA BOURBOULE
- 32 CASTERA-VERDUZAN
- 30 LES FUMADES
- 66 MOLITG-LES-BAINS
- 07 NEYRAC-LES-BAINS
- 17 ROCHEFORT-SUR-MER*
- 86 LA ROCHE-POSAY*
- 42 SAIL-LES-BAINS
- 64 SAINT-CHRISTAU
- 971 SAINT-CLAUDE*
- 74 SAINT-GERVAIS
- 40 TERCIS-LES-BAINS*
- 38 URIAGE

Gynécologie

- 13 AIX-EN-PROVENCE*
- 61 BAGNOLES-DE-L'ORNE
- 03 BOURBON-L'ARCHAMBAULT*
- 73 CHALLES-LES-EAUX
- 63 CHÂTEL-GUYON
- 40 DAX*
- 23 EVAUX-LES-BAINS
- 73 LA LECHERE-LES-BAINS*
- 70 LUXEUIL-LES-BAINS
- 65 SAINT-SAUVEUR-LES-BAINS
- 64 SALIES-DE-BEARN*
- 31 SALIES-DU-SALAT
- 39 SALINS-LES-BAINS
- 09 USSAT-LES-BAINS*

Affections psycho-somatiques

- 65 BAGNÈRES-DE-BIGORRE
- 01 DIVONNE-LES-BAINS*
- 21 MAIZIÈRES*
- 03 NÉRIS-LES-BAINS
- 17 SAUJON*
- 09 USSAT-LES-BAINS*

Maladies cardio-artérielles

- 88 BAINS-LES-BAINS
- 71 BOURBON-LANCY
- 63 ROYAT

Voies digestives

- 11 ALET-LES-BAINS
- 31 BARBAZAN
- 66 LE BOULOU
- 73 BRIDES-LES-BAINS
- 65 CAPVERN-LES-BAINS
- 32 CASTERA-VERDUZAN
- 63 CHÂTEL-GUYON
- 88 CONTREXEVILLE
- 74 EVIAN-LES-BAINS*
- 42 MONTROND
- 88 PLOMBIÈRES
- 26 PROPIAC*
- 63 SAINT-NECTAIRE
- 21 SANTENAY-LES-BAINS*
- 74 THONON-LES-BAINS*
- 07 VALS-LES-BAINS*
- 03 VICHY*
- 88 VITTEL*

Neurologie

- 69 CHARBONNIÈRES-LES-BAINS*
- 34 LAMALOU-LES-BAINS*
- 03 NÉRIS-LES-BAINS
- 09 USSAT-LES-BAINS*

Voies urinaires

- 65 CAPVERN-LES-BAINS
- 63 CHÂTEL-GUYON
- 88 CONTREXEVILLE
- 40 EUGENIE-LES-BAINS
- 74 EVIAN-LES-BAINS*
- 66 LA PRESTE-LES-BAINS
- 63 SAINT-NECTAIRE
- 74 THONON-LES-BAINS*
- 88 VITTEL*

Phlébologie

- 13 AIX-EN-PROVENCE*
- 65 ARGELÈS-GAZOST
- 61 BAGNOLES-DE-L'ORNE
- 32 BARBOTAN
- 23 EVAUX-LES-BAINS
- 73 LA LECHERE-LES-BAINS*
- 70 LUXEUIL-LES-BAINS
- 17 ROCHEFORT-SUR-MER*
- 40 SAINT-PAUL-LES-DAX
- 65 SAINT-SAUVEUR-LES-BAINS

Rhumatismes

- 73 AIX-LES-BAINS*
- 13 AIX-EN-PROVENCE*
- 66 AMÉLIE-LES-BAINS*
- 32 AURENSAN
- 09 AX-LES-THERMES*
- 65 BAGNÈRES-DE-BIGORRE
- 61 BAGNOLES-DE-L'ORNE
- 48 BAGNOLS-LES-BAINS
- 34 BALARUC
- 32 BARBOTAN
- 65 BARÈGES
- 65 BEAUCENS
- 71 BOURBON-LANCY
- 03 BOURBON-L'ARCHAMBAULT*
- 52 BOURBONNE-LES-BAINS
- 73 BRIDES-LES-BAINS
- 64 CAMBO-LES-BAINS*
- 13 CAMOINS-LES-BAINS
- 65 CAPVERN-LES-BAINS
- 65 CAUTERETS*
- 69 CHARBONNIÈRES-LES-BAINS*
- 63 CHÂTEAUNEUF-LES-BAINS
- 15 CHAUDES-AIGUES
- 12 CRANSAC
- 40 DAX*
- 04 DIGNE
- 64 LES EAUX-CHAUDES*
- 95 ENGHIEN-LES-BAINS*
- 40 EUGENIE-LES-BAINS
- 23 EVAUX-LES-BAINS
- 74 EVIAN-LES-BAINS*
- 04 GRÉOUX-LES-BAINS*
- 20 GUAGNO-LES-BAINS
- 34 LAMALOU-LES-BAINS*
- 73 LA LECHERE-LES-BAINS*
- 39 LONS-LE-SAUNIER
- 31 LUCHON
- 21 MAIZIÈRES*
- 63 LE MONT-DORE
- 67 MORSBRONN-LES-BAINS
- 03 NÉRIS-LES-BAINS
- 67 NIEDERBRONN-LES-BAINS*
- 57 PECHELBRONN
- 20 PIETRAPOLA
- 88 PLOMBIÈRES
- 40 PRÉCHACQ-LES-BAINS
- 11 RENNES-LES-BAINS
- 17 ROCHEFORT-SUR-MER*
- 63 ROYAT
- 59 SAINT-AMAND-LES-EAUX
- 971 SAINT-CLAUDE*
- 40 SAINT-PAUL-LES-DAX
- 64 SALIES-DE-BEARN*
- 31 SALIES-DU-SALAT
- 39 SALINS-LES-BAINS
- 21 SANTENAY-LES-BAINS*
- 40 SAUBUSSE*
- 40 TERCIS-LES-BAINS*
- 74 THONON-LES-BAINS*
- 38 URIAGE
- 66 VERNET-LES-BAINS*
- 03 VICHY*
- 88 VITTEL*

* station ouverte toute l'année
le chiffre précédent la station correspond au département

établie par le
CENTRE D'INFORMATION DU THERMALISME
(SNET) 10, rue Clément-Marot 75008 Paris - (1) 720.45.25.

Après le traitement, qui va des douches-massages aux séances d'inhalation au gargarisme°, il reste de nombreuses heures de loisirs au curiste, qui peut se promener au bord du lac, ou aller visiter les villes voisines, ou profiter des nombreux spectacles proposés. Sans oublier, le soir surtout, le casino, si la station en a un. Est-il gastronome? Il trouvera sur place° ou dans les environs d'excellentes tables. Est-il mélomane? Il y a de nombreux concerts donnés dans quelques cités thermales ou dans les environs. Bref, les stations-service de la santé savent être aussi des stations de vacances enchanteresses.

 gargling

 on the spot

♦ Adapté de *France-Amérique*

Questions sur la lecture

1. Qu'est-ce que l'eau thermale?
2. Combien de stations thermales y a-t-il en France?
3. Quelles sont les stations thermales les plus connues? Pourquoi?
4. En quoi le thermalisme est-il bon pour l'économie?
5. Pourquoi le Club Méditerrannée est-il associé à Vittel?
6. Quelles sont les autres stations mentionnées dans le texte qui sont équipées pour un séjour de vacances?
7. Quel pourcentage de touristes se retrouvent dans les trente stations les plus connues?
8. En quoi consistent les traitements?
9. Quels sont les loisirs possibles?
10. Quelle est l'attraction principale le soir?

Questions à débattre en classe

1. Les cures thermales sont-elles populaires aux Etats-Unis? (Pensez aux stations thermales mais également aux *jacuzzis*).
2. Pourquoi y a-t-il si peu de stations thermales dans le nord et le nord-ouest de la France?
3. Quelle place tiennent les eaux thermales françaises (Vittel, Evian, Contrexéville) dans la nourriture américaine?
4. Cela vous plairait-il de passer un séjour de vacances dans une station thermale? Pourquoi?
5. Y a-t-il aux Etats-Unis des endroits bénéfiques pour le santé?
6. Certains sont-ils consacrés entièrement à la «santé et la beauté de la femme»? Quelles sont leurs spécialités?
7. Que pensez-vous de la médecine sociale?
8. Avez-vous confiance dans la médecine moderne?
9. Préférez-vous des traitements et des médicaments naturels? Pourquoi?
10. Quels grands changements les progrès technologiques peuvent-ils apporter à la médecine? Dans quels domaines surtout?

Activités

A. Choisissez l'expression qui complète le mieux chacune des phrases suivantes.

1. L'eau thermale est un ―― naturel.
   a) chimique   b) médicament   c) propagande

2. Cette eau est capable de ―― des affections précises.
   a) soigner   b) compter   c) acquérir

3. Les eaux thermales ont la composition chimique nécessaire pour le traitement ―― de ces affections.
   a) considérable   b) dynamique   c) efficace

4. Les petites stations thermales sont à peu près ―― .
   a) méconnues   b) saisonnières   c) précises

5. Le thermalisme ―― la subsistance de deux cent cinquante mille travailleurs.
   a) étudie   b) assure   c) compte

6. Le thermalisme peut soulager le malade et ―― beaucoup moins cher que certains autres traitements.
   a) acquérir   b) associer   c) revenir

7. Certaines stations sont équipées pour un ―― de vacances.
   a) reconquête   b) séjour   c) site

8. A Contrexéville, on propose une reconquête de la ―― .
   a) preuve   b) vacances   c) ligne

9. La beauté des sites dans les Pyrénées contribue au repos des ―― .
   a) curistes   b) travailleurs   c) maladies

10. Les curistes peuvent ―― des nombreux spectacles proposés.
    a) oublier   b) profiter   c) se promener

B. Dans le contexte de la lecture entourez le mot qui n'appartient pas à la suite logique de chaque groupe de mots.

1. les eaux / thermales / les stations / le fromage

2. Vittel / Evian / Marseille / Contrexéville

3. les chiffres d'affaires / les concerts / les francs / les emplois

4. soulager / le site / l'affection / le malade

5. les preuves / la montagne / le lac / la ville voisine

6. le rhumatisme / les maladies respiratoires / les reins / les spectacles

7. les douches-massages / le cadre / les séances d'inhalation / le gargarisme
8. les concerts / les promenades / les eaux / les spectacles
9. la ligne / les conclusions / la forme / la santé
10. merveilleux / enchanteresse / irréfutable / excellente

C. Construisez des phrases complètes à partir des éléments donnés. Ajoutez la ponctuation.

1. soigner / les curistes / stations thermales / leurs affections / pour / vont / les / dans
2. cent cinquante mille travailleurs / le thermalisme / permanents / assure / ou / les emplois / saisonniers / de
3. irréfutables / l'efficacité / des preuves / on / du thermalisme / a / de
4. les montagnes / avec / il y a / les lacs / toutes proches / merveilleux / des sites / et
5. trouvera / d'excellentes tables / le gastronome / dans les environs / sur place / ou

D. Regardez la carte des stations thermales françaises à la *page 211*.

1. Trouvez les stations citées dans la lecture *p. 206*.
2. Quel site préféreriez-vous visiter? Pourquoi?
3. Recherchez dans une encyclopédie l'histoire du thermalisme qui remonte au moins à 2.000 ans (Rome, les Romains en France, Bath, England, etc.).

E. **Composition** Choisissez un des sujets suivants et écrivez une courte composition dont on discutera ensuite en classe.

1. L'importance relative de la santé dans ma vie.
2. Le prix de la santé aujourd'hui.
3. L'idée de l'équilibre total entre le corps et l'esprit pour une santé parfaite.

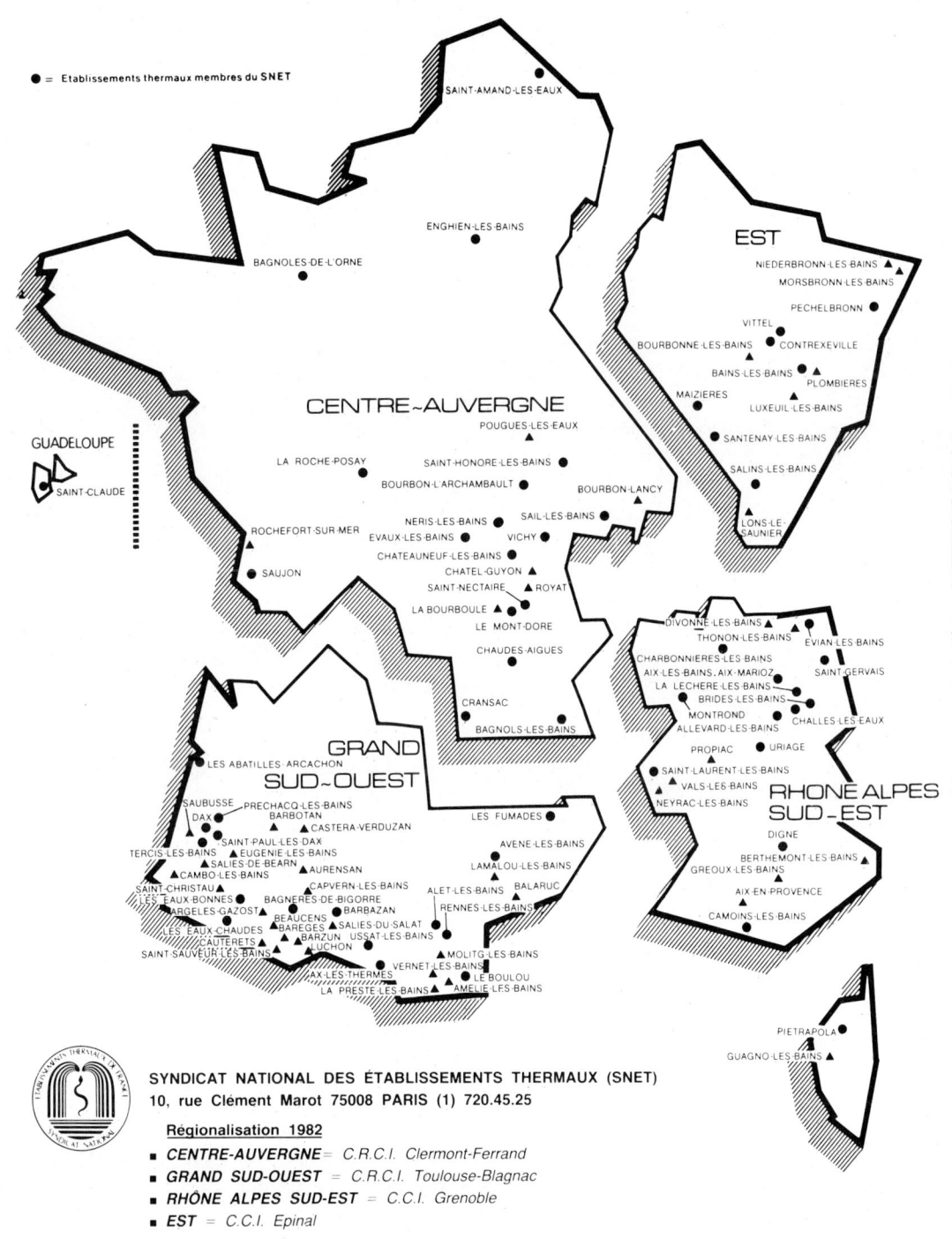

◆ Stress: comment se défendre

Chaque jour, cinq cent mille Français consultent les médecins pour des «troubles» qui ne sont pas de vraies maladies. L'état est indéfinissable° mais la souffrance est bien réelle. Pour répondre à l'angoisse des patients, les médecins parlaient naguère de fatigue, d'asthénie°. Ils disposent° maintenant d'un terme plus commode: le stress.

    Au sens strict, stress signifie effort, tension, contrainte. Les ingénieurs anglo-saxons ont forgé ce mot au début du siècle pour évaluer la résistance des matériaux. Ce concept de stress est né dans les douleurs°. Dès 1865, le père de la médecine moderne, Claude Bernard, attire° l'attention de ses collègues sur l'importance d'un bon équilibre de l'organisme pour affronter les agressions de l'environnement. Cet équilibre est indispensable à la vie. Un homme peut affronter la chaleur ou le froid sans que sa température interne soit modifiée, mais il court un danger mortel quand sa faculté d'autorégulation est perturbée.

    En 1877, Eduard Pflüger, un physiologiste allemand, exhume l'idée de Claude Bernard. Puis en 1930, un neurophysiologiste américain, Walter Bradford Cannon, reprend l'idée. Mais c'est un médecin originaire d'Europe centrale, Hans Selye, qui, en 1936, lance le concept de stress et emprunte° le premier le mot aux mécaniciens. Parce qu'il osait° mélanger dans ses travaux la philosophie et la science, il était le chercheur médical le plus attaqué de son temps.

    Enfin, au Congrès mondial sur la fatigue, à Kyoto, en 1969, on confirme que le stress est associé à un excès d'excitation. Tout devient stress, ou presque. Une intervention chirurgicale° et le choc opératoire qui s'ensuit°, la fatigue, les infections, les toxiques dans l'air, le bruit, le travail industriel et le bureau, le pilotage des avions, la conduite automobile qui, dans les moments critiques, peut faire galoper le cœur jusqu'à deux cents pulsations à la minute, et même le manque de politesse dans les rapports humains.

    Mal de l'époque, supposé responsable de certaines des maladies qui nous déciment, le stress peut-il être contrôlé par la médecine? Pour le domestiquer, comme pour combattre la fatigue ou l'asthénie, la science a un vaste assortiment de recettes adaptées à chaque cas: le repos, les vitamines, les tranquillisants, la psychothérapie, les acides aminés, les antidépresseurs, le régime alimentaire, les hypnotiques, les extraits° d'organes, le phosphore, les toniques, les hormones, les placebos. La liste est infinie. Il y a aussi la relaxation, la gymnastique de pause préconisée° au Danemark ou même la méditation transcendentale. Toutes ces méthodes

indefinable

depression/have at their disposal

pain
attracts

borrow/dared

surgical
results

extracts

recommended break

visent à relâcher la tension et la contracture musculaire, à apaiser°, à détendre° et à reposer le sujet frappé°.

    Hans Selye, à l'âge de 72 ans, préconise plutôt de transformer chaque stress négatif en stress positif. Cela implique que la volonté° de chacun soit prise en compte°, que chacun connaisse aussi bien que possible les capacités de son organisme. La nature n'accorde° aux hommes qu'un capital limité. Il leur incombe°, et à eux seuls, de ne pas le gâcher°.

to calm
to relax/stricken

will
be taken into consideration
grants
behooves/squander

♦ Adapté de *L'Express*

Questions sur la lecture

1. Pourquoi cinq cent mille Français consultent-ils les médecins chaque jour?
2. Quelle est l'origine du mot «stress»?
3. Qui a attiré le premier l'attention des médecins sur l'importance d'un bon équilibre de l'organisme?
4. Pourquoi Hans Selye a-t-il été le chercheur médical le plus attaqué de son temps?
5. Qu'est-ce qui devient stress?
6. Est-il possible de contrôler le stress par la médecine? Comment?
7. Que préconise Hans Selye pour lutter contre le stress?
8. Qu'est-ce que cela implique?

Questions à débattre en classe

1. Quelles sont les sources principales de stress dans votre vie?
2. Que faites-vous pour vous détendre?
3. Le stress se manifeste-t-il de la même manière chez tout le monde?
4. Selon vous, le stress existe-t-il à tous les âges? En quoi le stress diffère-t-il chez un bébé, un(e) adolescent(e), un(e) étudiant(e) à l'université, un(e) jeune marié(e), un père/une mère, un(e) professionnel(le), et une personne âgée?
5. Le stress est-il un mal du XXème siècle ou a-t-il toujours existé?
6. Dans notre société moderne, quels sont les facteurs qui augmentent la possibilité de souffrir du stress? (Considérez des changements sociaux, familiaux, religieux, politiques, etc.).
7. Le régime alimentaire affecte-t-il le niveau de stress? Pourquoi? Est-ce vrai pour vous?
8. Le stress peut-il avoir un aspect positif?

Activités

A. Choisissez l'expression qui complète le mieux chacune des phrases suivantes.

1. Cinq cent mille Français consultent les médecins pour des «troubles» qui ne sont pas de vraies _____ .
    a) matériaux   b) maladies   c) états
2. Le père de la médecine moderne, Claude Bernard, _____ l'attention sur le stress.
    a) signifie   b) dispose   c) attire

3. Il est important pour l'organisme d'avoir un bon _____ pour affronter les agressions de l'environnement.
   a) contrainte b) équilibre c) température

4. C'est Hans Selye qui en 1936, lance le concept de stress et _____ le premier le mot aux mécaniciens.
   a) ose b) confirme c) emprunte

5. Il ose _____ dans ses travaux la philosophie et la science.
   a) mélanger b) reprendre c) exhumer

6. Le manque de (d') _____ dans les rapports humains peut provoquer le stress.
   a) excès b) politesse c) acides aminés

7. Le stress est supposé responsable de certaines maladies qui nous _____ .
   a) adaptent b) visent c) déciment

8. Toutes les méthodes _____ à relâcher la tension et la contracture musculaire.
   a) apaisent b) visent c) détendent

9. Hans Selye _____ plutôt de transformer chaque stress négatif en stress positif.
   a) implique b) accorde c) préconise

10. Il _____ aux hommes de ne pas gâcher le capital limité que la nature leur a accordé.
    a) incombe b) repos c) s'ensuit

B. **Vrai ou faux?** Déterminez si chacune des phrases suivantes est vraie (**V**) ou fausse (**F**). Indiquez à gauche la bonne réponse pour chaque phrase. Si nécessaire, faites les corrections.

_____ 1. Les médecins disposent maintenant d'un terme plus commode: le stress.

_____ 2. Les chimistes français ont forgé ce mot pour évaluer la résistance de matériaux.

_____ 3. L'équilibre d'un organisme n'est pas indispensable à la vie.

_____ 4. L'homme court un danger mortel quand sa faculté d'autorégulation est perturbée.

_____ 5. Claude Bernard est le premier à emprunter le mot stress aux mécaniciens.

_____ 6. En 1969, on confirme que le stress est lié à un excès d'excitation.

_____ 7. La fatigue, les infections, les toxiques dans l'air sont quelques causes de stress.

_____ 8. Dans les moments critiques, la conduite automobile n'est pas une cause de stress.

_____ 9. Hans Selye préconise le repos pour contrôler le stress.

_____ 10. La volonté de chacun compte énormément dans le contrôle du stress.

Treize Conseils contre le stress

1. Aimez ce que vous faites. Vous le ferez mieux. Fixez-vous un but et essayez de l'atteindre en fonction de vos capacités d'adaptation.
2. Faites l'inventaire de vos facteurs de stress (à la *page 218*) et essayez d'éliminer ceux qui sont responsables de contraintes et de frustrations inutiles.
3. Ne cherchez pas à plaire° à tout le monde, vous n'y arriverez pas.   please
4. Soyez d'abord vous-même. Ne vous forcez pas à vivre dans un monde qui n'est pas le vôtre.
5. Faites-vous plaisir et pensez à vous.
6. Sachez, s'il le faut, vous soustraire° à votre entourage, interrompre   withdraw from
une réunion, une communication téléphonique. Une fuite° est   flight
préférable à un combat inutile.
7. Dites ce que vous pensez, ce que vous sentez, ne le gardez pas pour vous.
8. Résolvez vos problèmes, ne les fuyez pas et ne les remettez pas au lendemain°.   procrastinate
9. Préparez vos changements professionnels, familiaux, affectifs, et évitez des changements importants et rapprochés. Trop de changements à la fois, c'est trop de stress.
10. Introduisez des «blancs»° dans votre emploi du temps°, et dans vos   blanks/schedule
activités quotidiennes des «zones de stabilité» qui n'exigent aucun effort d'adaptation.
11. Isolez-vous et observez deux pauses quotidiennes (quinze minutes) de relaxation.
12. Faites du sport. Trois demi-heures par semaine, mais pas n'importe quel sport.
13. Apprenez à abandonner votre voiture et à marcher. Diminuez votre temps de travail et ne sacrifiez pas votre temps pour les loisirs.

Questions sur «les conseils contre le stress»

1. Comment chaque conseil est-il important pour contrôler le stress?
2. Pouvez-vous penser à d'autres conseils importants?
3. Ces conseils sont-ils universels (pour les gens du monde entier et de tous les âges)? Pourquoi?
4. Expliquez les «blancs» du conseil numéro 10.
5. Le conseil numéro 12 suggère le sport, mais «pas n'importe quel sport». Quels sports, selon vous, contribuent à la réduction du stress?
6. La voiture est peut-être le symbole par excellence de notre société moderne. Y a-t-il d'autres machines qui facilitent nos tâches quotidiennes mais qui provoquent le stress?

Le Barème des agressions

Voici, selon les psychiatres américains, R.A. et H.E. Holmes, le tableau complet de «doses» de stress endurées par l'homme occidental à l'occasion des différents bouleversements° et chocs qui peuvent arriver dans sa vie. A partir de 300 «points» accumulés coup sur coup°, il paraît qu'on craque. Bien entendu, il s'agit° là d'une moyenne et non d'une réponse automatique de chaque individu donné.

upheavals
one on top of the other
it's a question of

Situation critique	Points	
Mort d'un conjoint	100	
Divorce	73	
Séparation d'avec sa femme ou son mari	65	
Temps passé en prison	63	
Mort d'un parent° proche	63	relative
Blessure ou maladie	53	
Mariage	50	
Licenciement°	47	being laid off
Réconciliation (avec sa femme ou son mari)	45	
Retraite°	45	retirement
Ennui de santé d'un parent proche	44	
Grossesse°	40	pregnancy
Problèmes sexuels	39	
Arrivée d'un nouveau membre dans la famille	39	
Problèmes d'affaires	39	
Modification de situation financière	38	
Mort d'un ami intime	37	
Changement de situation	36	
Multiplication des disputes conjugales	35	
Hypothèque° ou dette de plus de 50.000 F	31	mortgage
Saisie d'une hypothèque ou échéance° d'un emprunt	30	date of payment
Changement de responsabilités professionnelles	29	
Fils (ou fille) quittant la maison	29	
Problèmes avec les beaux-parents°	29	in-laws
Exploit personnel marquant°	28	outstanding
Epoux (épouse) se mettant à travailler ou s'arrêtant	26	
Début ou fin de scolarité	26	
Changement de conditions de vie	25	
Modification d'habitudes personnelles	24	
Difficultés avec un patron	23	
Changements d'horaires ou de conditions de travail	20	

Déménagement°	20	moving house
Changement d'école	20	
Changement de loisirs	19	
Changement religieux	19	
Changement d'activités sociales	18	
Hypothèque ou emprunt de moins de 50.000 F	17	
Changement de rythme des réunions de famille	15	
Changement des habitudes alimentaires	15	
Vacances	13	
Noël	12	
Amendes ou contraventions	11	

Questions sur «le barème des agressions»

1. Calculez le nombre de points pour des chocs qui vous agressent quotidiennement.
2. Etes-vous d'accord avec l'importance relative de chaque choc (par exemple, pensez-vous que des difficultés avec un patron soient plus stressantes qu'un changement d'école?).
3. Quelles sont les agressions les plus importantes pour les étudiants de votre âge?

C. Classez en ordre décroissant les professions suivantes selon le stress qu'elles impliquent.

chauffeur de taxi	artisan
artiste	fonctionnaire
vedette	pilote de grandes lignes
médecin	travail posté de 21 heures à 5 heures
ministre au gouvernement	
chef d'entreprise	secrétaire
chômeur	journaliste
cadre	ingénieur
agriculteur	étudiant(e)

La Récapitulation

Quelques mots de vocabulaire à retenir

le bouleversement
le déménagement
la douleur
l'emploi du temps *(m.)*
l'esprit d'équipe *(m.)*
l'horaire *(m.)*
le lendemain

le médicament
le parent
la pression
la volonté
attirer
détendre
emprunter

oser
plaire (à)
remettre
souhaiter
être bien dans sa peau
il s'agit de

Divisez la classe en plusieurs équipes

A. Chaque équipe à tour de rôle désignera un étudiant à qui le professeur indiquera le mot à interpréter devant les membres de son équipe. Il ne peut faire que des gestes. Aucun mot n'est permis. Il a une minute pour faire deviner son mot.

B. Continuez le jeu avec les autres mots de vocabulaire des chapitres précédents.

La meilleure équipe jugera les autres équipes dans l'activité suivante.

C. Choisissez des étudiants pour interpréter, chaque équipe à tour de rôle, l'histoire suivante: *La Décision—le déménagement*.

En essayant d'employer tous les mots de vocabulaire possibles des chapitres précédents (1 point pour chaque mot de vocabulaire employé), des étudiants vont interpréter l'histoire de deux familles voisines et amies. Une des familles vient de recevoir une offre d'emploi fantastique, mais qui exige que la famille parte très loin.

Les possibilités de discussion

—l'offre elle-même
—la situation actuelle
—les avantages de la nouvelle situation
—les inconvénients de l'offre
—les attitudes de chacun des membres des deux familles
—comment prendre une décision
—la décision elle-même
—un an après

Variations

1. Un des parents refuse catégoriquement de déménager tandis que le reste de la famille veut le faire. Que va-t-on faire?
2. L'offre exige que la famille déménage au Japon. Comment le fait de vivre hors des Etats-Unis influence-t-il la décision?

Vocabulaire thématique ♦ La Santé

Les substantifs

les affections *(f.)* ailments
l'asthénie *(f.)* depression
les beaux-parents *(m.)* in-laws
le blanc blank
le bouleversement upheaval
le cadre surroundings
le chiffre d'affaires turnover (annual sales)
le curiste patient taking the cure
le deltaplane hang gliding (also, hang glider)
le déménagement moving to a new house
la douleur pain
l'échéance *(f.)* date (of payment)
l'emploi du temps *(m.)* schedule
l'épanouissement *(m.)* blossoming, opening up
l'esprit d'équipe *(m.)* team spirit
l'extrait *(m.)* extract
la fuite flight
le gargarisme gargling
la grossesse pregnancy
l'horaire *(m.)* schedule
l'hypothèque *(f.)* mortgage
le lendemain the next day
le licenciement layoff
la ligne figure
les magasins «bio» health food stores
le médicament medicine
l'orthographe *(f.)* spelling
le parent relative
le patin à roulettes roller skating (also, roller skates)
la pause break
la planche à voile wind surfing (also, wind surfboard)
la pression pressure
les reins *(m.)* kidneys
la retraite retirement
les trainings *(m.)* sports shoes
la vocation calling, intended purpose
la volonté will

Les verbes

accorder to grant, to award
apaiser to calm
attirer to attract
détendre to relax
disposer to have at one's disposal
emprunter to borrow
s'ensuivre to result (in)
gâcher to squander
incomber to behoove someone to
méconnaître *(p.p.* **méconnu**) to fail to recognize or appreciate
nier to deny
oser to dare
plaire to please
préconiser to recommend
prendre en compte to take into consideration
redevenir to become again
remettre au lendemain to procrastinate, to postpone
soigner to take care of
souffler *(pres. part.* **soufflant)** to pant, to blow
souhaiter to wish
soulager to relieve
soustraire to withdraw from
suer *(pres. part.* **suant)** to sweat

Les autres expressions

chirurgical surgical
coup sur coup one on top of the other
efficace effective
être bien dans sa peau to feel good about oneself
frappé stricken
il s'agit de it's a question of
indéfinissable indefinable
marquant outstanding
naguère not long ago
revenir moins cher to amount to less, to be cheaper
sur place on the spot

Le Langage

Unité 10

- La Chasse au «franglais»
- Le Français tel qu'on le parle
- La France des langues et des patois

◆ La Chasse au «franglais»

Il n'y a plus de frein°, semble-t-il, à l'invasion de mots américains. Ils sont partout. Ce ne serait rien si, devant eux, le français ne battait en retraite°. Cette abdication leur a permis de pénétrer en masse dans le vocabulaire usuel, dans la publicité, dans la presse et dans les techniques les plus avancées comme la médecine, l'aéronautique, le commerce, et l'informatique°. Le sport, le cinéma et le spectacle sont aussi pris par l'irrésistible attraction du *show business.* Tout se passe° comme si les Lillois, les Parisiens et les Marseillais se désintéressaient de leur langue et ne voyaient pas la nécessité de la défendre.

    Cette passivité et les dommages° qu'elle entraîne° commencent à inquiéter° sérieusement. D'où° la réunion d'experts français, belges, québécois et suisses que le Haut Comité de la langue française a décidé d'organiser à Paris. Leur but est de confronter les législations linguistiques existantes dans les quatre pays représentés et de comparer leurs applications. Paradoxalement, ce n'est pas la France qui semble la mieux armée dans cette bataille—la troisième de son histoire.

    Tout d'abord, il était nécessaire de supplanter le latin (édit de Villers-Cotterêts, en 1539); puis de soumettre° les parlers° régionaux (loi de Thermidor, an II[1]). A présent, il est nécessaire de résister aux assauts étrangers. En 1975, une loi° a été votée à cet effet. Cette loi impose l'usage du français, d'une part° dans les contrats de travail et les offres d'emploi, et d'autre part° dans la désignation, la présentation et les conditions de garantie d'un bien ou d'un service. Donc, elle protège le consommateur. Mais elle est limitée et dans ses buts et dans son champ d'action. Elle n'a aucune influence ni sur les marques de fabrique° ni sur les raisons sociales.° C'est pourquoi il y a cette abondance de *jeans store, garden center* et *quick burger* qui ont transformé le paysage des villes.

    La question est de savoir si cela vaut la peine° de renforcer° la langue française face à la langue américaine. Il existe au moins deux arguments pour justifier cet effort. Le premier, c'est qu'il est important de faciliter le multilinguisme; le second tient à la force des mots—chargés de l'idéologie qu'ils transportent—qui finit par former les esprits. C'est ainsi que la Seita (Société d'exploitation industrielle des tabacs et allumettes) a choisi d'américaniser, sous le nom de *Blue Way,* un produit pourtant

---

[1]Thermidor était le onzième mois (de 20 juillet au 18 août) du calendrier français républicain (1793).

considéré comme une spécialité française, la cigarette brune, pour séduire son public.

Seulement 3% des habitants de la planète ont aujourd'hui le français comme langue maternelle ou véhiculaire: il ne faut jamais perdre de vue cette donnée essentielle lorsqu'on se préoccupe de préserver la langue française. On espérerait qu'une belle langue, une langue simple, claire, vivante, n'a pas besoin de gendarmes pour la défendre. Elle a surtout besoin d'écrivains et d'enseignants capables de la nourrir°, de la faire vivre, de la transmettre, de l'adapter aux besoins de ce temps.   nourish

Mais si les vertus traditionnelles de la langue française, la clarté, la mélodie, la précision, la richesse, la rigueur ne dissuadent pas les agressions extérieures, le Haut Comité possède une force de frappe°, l'Agulf (Association générale des usagers de la langue française). Son arme: le procès°. L'Agulf en a engagé une dizaine pour violation de la loi de 1975, dont un contre la Seita, coupable° d'avoir lancé une marque de cigarettes blondes dénommée *News*. Malgré ses protestations, la Seita a été condamnée. Non pas à cause de sa marque légalement inattaquable, mais pour n'avoir pas traduit en français le descriptif du paquet.   striking force / legal action / guilty

♦ Adapté du *Point*

Questions sur la lecture

1. Dans quels domaines les mots américains ont-ils pénétré?
2. Quelle est la réaction des Français, selon cet article?
3. Quel est le rôle du Haut Comité de la langue française?
4. Cette bataille est-elle la première dans l'histoire de la langue française?
5. Quel est le but de la loi de 1975?
6. Quelles sont les limitations de cette loi?
7. Quels sont les deux arguments justifiant l'effort de renforcer la langue française face à la langue américaine?
8. Pourquoi la Seita a-t-elle américanisé sa cigarette brune sous le nom de *Blue Way*?
9. Quelles sont les vertus traditionnelles du français?
10. Pourquoi la Seita a-t-elle été condamnée?

Questions à débattre en classe

1. Y a-t-il une invasion de mots français dans notre langue? Dans quels domaines (la cuisine, la mode, les sports, etc.)?
2. Pourquoi ces mots dominent-ils seulement dans certains domaines?
3. Utilise-t-on en anglais d'autres mots étrangers (espagnols, allemands, etc.)? Pourquoi?
4. Donnez quelques exemples d'utilisation de mots français dans la publicité. Quels en sont les avantages?
5. Pensez-vous que les mots étrangers enrichissent ou appauvrissent la langue anglaise?
6. La langue anglaise a-t-elle besoin d'être renforcée face aux autres langues? Pourquoi?
7. Le multilinguisme est-il important aux Etats-Unis? Pourquoi? Etes-vous d'accord?
8. Pensez-vous que l'anglais est moins difficile que le français? Pourquoi?

Activités

A. Choisissez l'expression qui complète le mieux chacune des phrases suivantes.

1. L'invasion de mots américains ne serait rien si le français ne _____ .
   a) pénètre
   b) battait en retraite
   c) est aussi pris

2. Tout _____ comme si les Lillois, les Parisiens et les Marseillais se désintéressaient de leur langue.
   a) se passe
   b) commence
   c) confronte

3. Cette passivité et les _____ qu'elle entraîne commencent à inquiéter sérieusement.
   a) freins   b) attractions   c) dommages
4. Il était nécessaire de _____ les parlers régionaux (la loi de Thermidor, an II).
   a) protéger   b) soumettre   c) comparer
5. La question est de savoir si cela _____ de renforcer la langue française face à la langue américaine.
   a) protège   b) existe   c) vaut la peine
6. La Seita a américanisé le nom des cigarettes brunes pour _____ son public.
   a) séduire   b) supplanter   c) résister
7. Une belle langue a surtout besoin d'écrivains et d'enseignants capables de la _____.
   a) pénétrer   b) nourrir   c) dissuader
8. Le Haut Comité possède une _____, l'Agulf.
   a) abdication   b) passivité   c) force de frappe
9. L'arme de l'Agulf est _____.
   a) le procès   b) la réunion   c) la présentation
10. La Seita est _____ d'avoir lancé une marque de cigarettes blondes dénommée *News*.
    a) coupable   b) armée   c) engagée

B. Complétez les phrases suivantes. Utilisez votre imagination! (Les expressions en italique sont tirées directement de la lecture.)

1. J'accepte de *battre en retraite* quand...
2. Il n'y a plus de *frein* à...
3. Je me considère bien *armé(e)* pour...
4. A mon avis, on devrait *supplanter*...
5. Je *me désintéresse* de plus en plus de...
6. Je voterais pour *une loi* qui...
7. Aujourd'hui le *consommateur* a besoin de...
8. *D'une part* les langues étrangères sont..., *d'autre part*, elles sont...
9. *Le multilinguisme* est...
10. *Les vertus* de l'anglais sont...

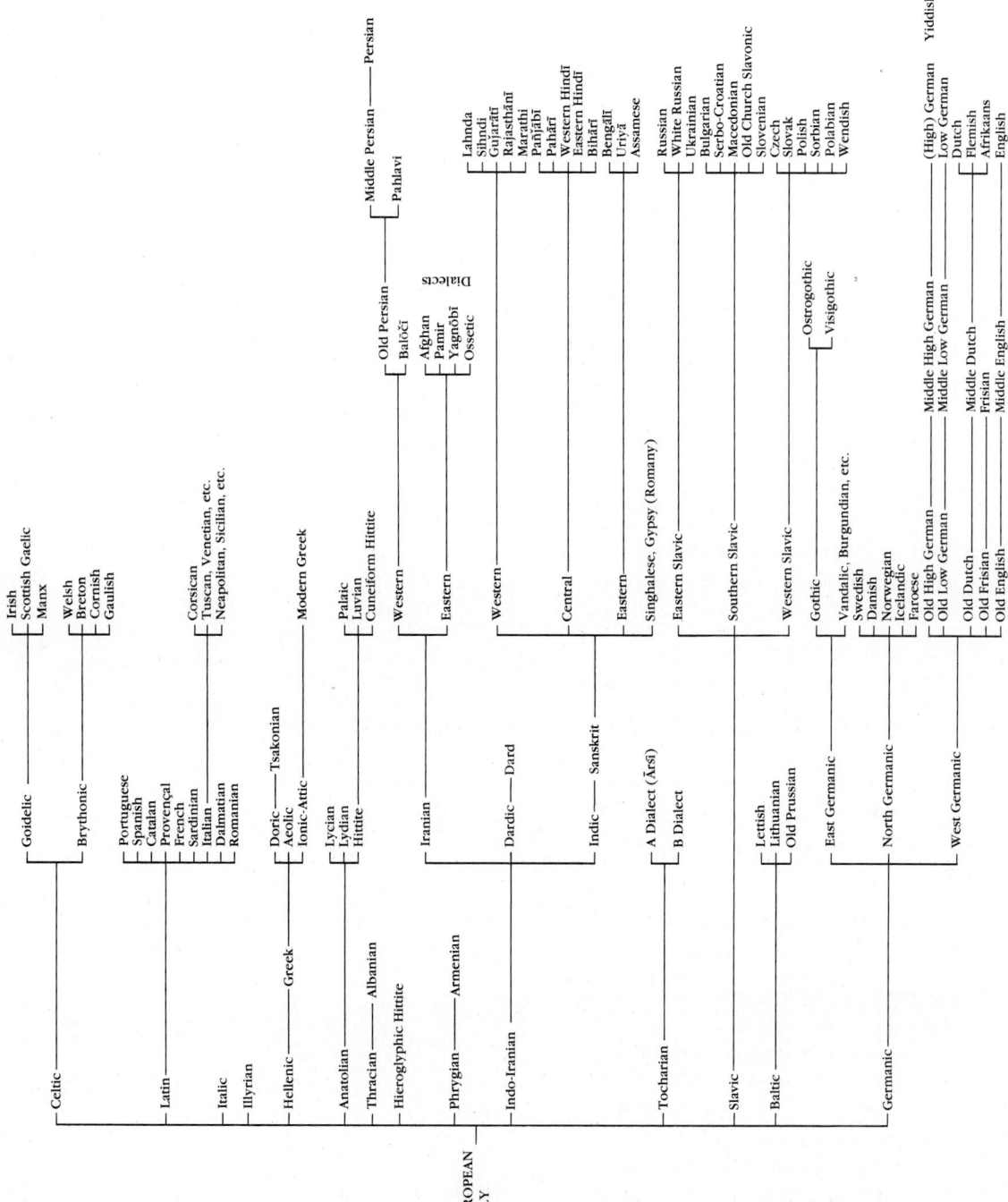

C. Trouvez dans la colonne de droite l'antonyme de chaque mot de la colonne de gauche. Indiquez à gauche votre réponse.

_____ 1. la précision   A. rassurer

_____ 2. partout   B. empêcher

_____ 3. l'attraction   C. obscur

_____ 4. se désintéresser (de)   D. l'ambiguïté

_____ 5. défendre   E. l'activité

_____ 6. la passivité   F. succomber

_____ 7. faciliter   G. le vice

_____ 8. inquiéter   H. innocent

_____ 9. vivant   I. nulle part

_____ 10. clair   J. la pénurie

_____ 11. la vertu   K. mort

_____ 12. coupable   L. la répulsion

_____ 13. résister   M. attaquer

_____ 14. l'abondance   N. se préoccuper (de)

D. Divisez la classe en groupes pour répondre aux questions suivantes. Comparez les résultats.

1. Dans la langue anglaise, il y a beaucoup de mots d'origine française. Faites-en une liste aussi longue que possible.
2. Divisez les mots en catégories (économie, histoire, culture, etc.).
3. Quelles sont les catégories de mots qui ont la meilleure chance d'être adoptées dans une autre langue? Pourquoi?
4. Faites une liste de 10 mots anglais qui sont passés dans la langue française.
5. L'anglais exerce-t-il la même influence sur le français que le français sur l'anglais? Pourquoi?
6. Pourquoi est-ce que toutes les langues adoptent des mots étrangers?
7. Est-ce toujours une bonne idée d'adopter des mots étrangers? Quels en sont les avantages et les inconvénients?
8. Quel est le point de grammaire le plus important à apprendre (les substantifs, les verbes, les pronoms, les prépositions, les adjectifs, etc.)? Pourquoi? Si vous avez du mal à décider, imaginez que vous devez communiquer avec un extraterrestre. Vous vous êtes perdu depuis 24 heures. Puisqu'il ne comprend pas l'anglais, vous allez employer un minimum de mots afin de lui faire comprendre vos besoins et vos désirs.

Quelques Grandes Dates dans l'histoire de la langue française

La langue française a subi un développement très soigné: du latin on voit l'évolution de l'ancien français, au français classique du XVIIe siècle, et finalement au XXe siècle, le français devient la langue diplomatique internationale. En consultant le tableau suivant, tracez le progrès de la langue française à travers des œuvres écrites et des événements historiques.

Manifestation de l'évolution de la langue française

EPOQUE OU SIECLE	OUVRAGES	TENDANCES

Le Moyen Age	Les *Serments de Strasbourg* (842) Document qui fait un accord entre Charles le Chauve et Louis le Germanique contre leur frère Lothaire. Il y avait deux copies du texte l'un écrit dans un français roman, l'autre en germanique.
	
	La Passion dite de Clermont et *la Vie de St. Léger* textes en ancien français, presque tous de caractère religieux
	
	La *Chanson de Roland* (XIIe siècle) Récit d'une épopée nationale
		Apparition de beaucoup de dialectes
		
		Désir de simplifier la langue
		  Une seule déclinaison
		  Disparition des cas
		  Le **s** final ne signifie plus que le pluriel

XVe Siècle (La Renaissance)		L'emploi du français en littérature A l'exemple de l'Italie où la langue nationale est illustrée par les chefs-d'œuvre de Pétrarque et de Dante, le français devient de plus en plus répandu en littérature.
XVIe Siècle	La *Grande Ordonnance sur les faits de justice* (1539) Document dit de Villers-Cotterêts, où François Ier décrète que tout doit se prononcer en «langage maternel français et non autrement».	

EPOQUE OU SIECLE	EVENEMENTS	TENDANCES

	La Défense et illustration de la langue française (1549)
	  Ouvrage de Joachim Du Bellay, manifeste de la Pléiade (école de Pierre Ronsard) pour le renouvellement de la langue et des genres poétiques
	
	Gargantua, Pantagruel
	  Livres de François Rabelais écrits dans un français vernaculaire	

XVIIe Siècle	*Consolation à Dupérier* Par François de Malherbe—Malherbe enlève au français tous les termes inutiles. Le *Dictionnaire Richelet* (1680) Le *Dictionnaire de Furetière* (1690) Le *Dictionnaire de l'Académie française* (1694)	Les Salons Les Précieux Formation de l'Académie française par le cardinal de Richelieu (1635)

XVIIIe Siècle	Le *Traité de Rastadt* (1714)
	  Document qui marque la langue française comme langue internationale diplomatique
	
	Discours sur l'universalité de la langue française (1784)
	  Ouvrage pour lequel Antoine Rivarol obtient le Prix de l'Académie de Berlin
		Le progrès dans les sciences apporte un grand nombre de mots techniques en français.

XIXe Siècle	*Atala* (1801), *René* (1802)—par Chateaubriand *Les Misérables* (1862)—par Victor Hugo *La Mare au diable* (1846)—par George Sand	Enrichissement de la langue par des influences littéraires, scientifiques, politiques et populaires Développement et diversification du lexique Rôle des journaux Termes archaïques, exotiques, mots patois (George Sand) et même des mots d'argot (Hugo, Balzac)

EPOQUE OU SIECLE	EVENEMENTS	TENDANCES
XXe Siècle	*Le Traité de Versailles* (1919) Ce traité laisse porter un premier coup au prestige en acceptant que ce traité soit bilingue. *Le Traité de San Francisco* (1951) Ce traité, rétablissant l'état de paix avec le Japon, ne connaît qu'un texte officiel, en anglais. *Le Haut Comité pour la défense et l'expansion de la langue française* (1966) Ce comité est créé et placé auprès du Premier ministre et présidé par lui. Sa mission est de susciter toutes initiatives relatives à la défense, à l'expansion de la langue française et au développement des relations entre pays francophones. *Le Conseil international de la langue française* (1967) Ce conseil est chargé de maintenir l'unité de la langue et de contribuer à la mise à jour de la terminologie scientifique et technique. *Le français choisi comme langue officielle* (1967) Le français est la seule langue officielle de l'Union postale universelle et de l'Académie diplomatique internationale.	Entre les deux guerres, l'enseignement du français devient obligatoire dans les lycées et les collèges de Pologne, de Tchécoslovaquie, de Hongrie, de Roumanie. Le français a des privilèges uniques en Suède et il règne en Egypte, Syrie et Perse. En Italie, Mussolini proteste officiellement auprès du roi contre le maintien du français comme langue de la Cour. Après 1945, le français, l'anglais, l'espagnol, le chinois, et le russe ont été acceptés comme langues officielles à de nombreuses conférences, mais seuls l'anglais et le français sont admis comme «langues de travail» à l'ONU (l'Organisation des Nations Unies).

♦ Adapté du *QUID*

◆ *Le Français tel qu'on le parle*

On dit que le français «est usé° comme un vieux livre de cuisine». Le recteur Gérald Antoine, professeur à Paris III et président du Centre d'information et de documentation jeunesse nous parle de la langue française. «Le français ne serait usé que le jour où le peuple français lui-même serait usé jusqu'à la corde. Il ne faut jamais désespérer d'une langue tant qu'il y a des hommes et des femmes pour la parler. Depuis le XVIème siècle, chaque génération s'est lamentée: «Le français est maltraité, le français va mourir.» Il y a, je reconnais, des portions de la langue plus menacées que d'autres.»

worn

«Le français me semble plus menacé de l'intérieur par les Français eux-mêmes que de l'extérieur par l'invasion du vocabulaire anglais. Le vocabulaire lui-même m'apparaît moins menacé que la morphologie[1] et la syntaxe, par exemple. Le passé simple est mort, privant° notre langue de l'opposition sémantique entre passé simple et passé composé. Et un autre phénomène me frappe°: l'inversion est en train de disparaître. Dans le métro, on vous demande: «Vous descendez?» ou même «Descendez?» On ne dit plus «Pourquoi as-tu fait ça?» mais «Pourquoi tu as fait ça?»

depriving

strikes

«Parler comme un livre était autrefois le symbole de la perfection. Aujourd'hui on écrirait plutôt comme on parle. L'écrit est un état de langue en voie° d'extinction. Nos pères écrivaient tous leurs rapports, toutes leurs lettres. Puis le téléphone a étendu° son empire, puis le dictaphone et la cadence des obligations s'est accélérée. On n'écrit plus rien. On dicte. Parmi les conséquences, il y a un effacement des nuances. Au train où° nous allons, nous n'aurons bientôt plus le loisir de formuler des phrases pensées, nuancées, fines, travaillées: le temps est réduit, alors c'est l'à-peu-près° qui gagne.»

on the road to

spread

at the rate

approximation

«L'essentiel demeure: savoir lire, écrire, compter. Mais l'écriture est submergée par l'image. Incapable de dire, d'écrire, on se console en prenant une photo, par exemple. Le mot désigne, explique ou suggère, mais l'image, elle, frappe le regard: «Le poids des mots,» comme dit un autre slogan, «mais le choc des photos...»

«Il faut communiquer, mais aujourd'hui les jeunes n'ont absolument plus conscience des niveaux de langage. Il y a des conditions d'emploi du langage, selon les circonstances: on ne s'exprime pas de la même façon en famille, dans l'exercice de sa profession, en public ou lors-

---

[1] **Morphologie** Study of word formations and their varying forms in sentences.

qu' on écrit. Nos contemporains vivent sur des clichés. Et le cliché nous ramène à l'image. La machine est là de tous les côtés pour l'encourager. La société se mécanise et se classifie et pour chaque catégorie il y a un langage, avec son jargon, ses tics, ses métaphores technocratiques, militaires, sportives, médicales ou autres. C'est un paradoxe que l'ère de la communication est aussi celle de l'incommunication. Tous les habitants des grandes villes le savent: si vous multipliez trop les véhicules de circulation, vous finissez par bloquer la circulation. Eh bien, de même, si on multiplie les véhicules de communication langagière, on bloque cette communication!»

«Il n'y a pas de pensée hors des mots qui l'expriment. Si nous maintenons nos enfants dans le seul monde des images, hors du monde de l'écriture et de la lecture, nous les privons non seulement des mots, mais de la capacité de penser.»

«Malgré tout ce que je vous ai dit, je suis optimiste. Je crois que nous avons touché le fond°. Il y a une prise de conscience° de la gravité de la situation. L'enseignement est en train de changer. On va revenir aux trois bonnes règles: apprendre à lire, à écrire, à compter.»

bottom/sudden awareness

♦ Adapté de *L'Express*

Questions sur la lecture

1. A quel moment peut on désespérer d'une langue?
2. Pourquoi «l'écrit» est-il «un état de langue en voie d'extinction»?
3. Que signifie «l'à-peu-près» dans le langage?
4. Quels sont les différents niveaux de langage?
5. Pourquoi l'ère de la communication est-elle aussi celle de l'incommunication?
6. D'après le recteur Antoine, quel est l'effet de «maintenir les enfants dans le seul monde des images, hors du monde de l'écriture et de la lecture»?
7. Quel est ce «monde des images» dont il parle?
8. Comparez l'effet de l'image et celui du mot.
9. Qu'est-ce qui efface les nuances de langage?
10. Quelles sont les trois bonnes règles de l'éducation?

Questions à débattre en classe

1. Selon vous l'anglais est-il une langue usée? Pourquoi?
2. L'américain peut-il être considéré comme une langue différente de l'anglais?
3. Y a-t-il des menaces à la morphologie américaine? (Pensez aux contractions, à l'emploi de l'auxiliaire, etc.)
4. Notre langue écrite est-elle très différente de notre langue orale? Comment?

5. Les conséquences de ces différences (l'effacement des nuances, la simplification, l'acceptation de l'à-peu-près) sont-elles les mêmes pour le français et l'américain? Sont-elles les mêmes également pour les autres langues?
6. Pourquoi tant de mots étrangers passent-ils si facilement dans notre langage?
7. Les Américains auraient-ils besoin d'une institution comme l'Académie Française pour protéger leur langue? Pourquoi?
8. Selon vous, quel serait l'effet d'un monde qui ne parlerait que l'anglais?
9. Quel est le rôle de l'image dans notre civilisation moderne? L'image menace-t-elle le langage selon vous? Comment?
10. Nommez quelques «véhicules de communication langagière» actuels. L'avenir en promet-il encore d'autres?

Activités

A. Consultez la liste ci-dessous et choisissez l'expression qui convient pour compléter chaque phrase.

à peu près	usé	poids
niveaux	étendu	frappe
voie	fond	au train où
s'exprime		

1. Certains disent que «le français est _____ comme un vieux livre de cuisine».

2. Le recteur Antoine a dit: «il y a un autre phénomène qui me _____: l'inversion est en train de disparaître.»

3. L'écrit est un état de langue en _____ d'extinction.

4. Une raison, c'est que le téléphone a _____ son empire.

5. _____ nous allons, nous n'aurons bientôt plus le loisir de formuler des phrases pensées, nuancées, fines, travaillées.

6. Puisque le temps est réduit, c'est l'_____ qui gagne.

7. On parle du «_____ des mots» mais aussi du «choc des photos».

8. Les jeunes n'ont absolument plus conscience des _____ de langage.

9. On ne _____ pas de la même façon en famille et dans l'exercice de sa profession.

10. Le recteur Antoine croit qu'on a touché le _____ et que la situation est en train de changer.

B. Construisez des phrases complètes à partir des éléments donnés. Ajoutez la ponctuation.

1. usé / lui-même / ne / que / le jour où / serait / la corde / le peuple français / jusqu'à / le français / usé / serait

2. une langue / il / ne / jamais / faut / des hommes / parler / des femmes / et / tant qu' / pour / il y a / désespérer d' / la

3. va / maltraité / mourir / le français / est / le français

4. frappe / un autre / et / me / en train de / l'inversion / disparaître / est / phénomène

5. un livre / la perfection / autrefois / parler / le symbole / comme / était / de

6. un effacement / parmi / il y a / des nuances / les conséquences

7. l'à-peu-près / réduit / le temps / qui / alors / est / gagne / c'est

8. par exemple / une photo / d'écrire, incapable / on / de dire / en prenant / se console

9. la communication / l'ère / celle / un paradoxe / l'incommunication / c'est / est / que / aussi / de / de

10. de circulation / par bloquer / vous / trop / finissez / la circulation / les véhicules / si / multipliez / vous

C. Trouvez dans la colonne de droite le mot qui a (approximativement) le même sens que le mot dans la colonne de gauche. Indiquez à gauche la bonne réponse

_____ 1. usé   A. la disparition

_____ 2. désespérer   B. répandre

_____ 3. la capacité   C. se réconforter

_____ 4. le cliché   D. détérioré

_____ 5. l'extinction   E. garder

_____ 6. étendre   F. l'aptitude

_____ 7. demeurer   G. décourager

_____ 8. se consoler   H. parler

_____ 9. s'exprimer   I. la banalité

_____ 10. maintenir   J. rester

D. Dans le contexte de la lecture entourez le mot qui n'appartient pas à la suite logique de chaque groupe de mots.

1. usé / la photo / vieux / maltraité
2. le vocabulaire / la morphologie / l'intérieur / la syntaxe
3. le poids / le téléphone / le dictaphone / parler
4. désigner / expliquer / accélérer / suggérer
5. en famille / en public / dans l'exercice de sa profession / les véhicules
6. le langage / le fond / le tic / le jargon
7. les véhicules / bloquer / le cliché / la circulation
8. la ville / les mots / la lecture / l'écriture
9. nuancées / le passé simple / fines / travaillées
10. lire / écrire / menacer / compter

E. **Composition** Choisissez un des sujets suivants et écrivez une courte composition dont on discutera ensuite en classe.

1. Dans votre vie, est-ce la parole écrite ou orale qui est la plus importante? Pourquoi?
2. Pourquoi la communication est-elle si importante aujourd'hui? A-t-elle changé depuis 50 ans? Depuis 25 ans? 10? 5?
3. En quoi votre langage est-il différent de celui de vos parents? Voyez-vous certaines différences qui commencent à disparaître?

Le saviez-vous?

L'Avenir du français: un point de vue
En l'an 2000 «il y aura un Français sur cent, c'est-à-dire qu'une personne parlera français et quatre-vingt-dix-neuf ne parleront pas français.»

♦ Valéry Giscard d'Estaing

◆ *La France des langues et des patois*°   provincial dialects

La France compte sept langues régionales possédant chacune leur identité, leur syntaxe, leur phonétique. Il y a un effort organisé aujourd'hui pour les sauver. On recueille° des légendes et des récits, des chanteurs   collects
créent des chansons dans leur langue, et même la littérature et le théâtre sortent de leur léthargie. De la cuisine à la politique et de l'environnement à la publicité, tout est prétexte à «patoiser». Selon les estimations, 5 millions de Français parlent quotidiennement une langue régionale, 10 millions en parlent une de temps en temps ou comprennent une langue ou un patois. La fierté renaît°.   Pride is reborn.

L'occitan, d'origine romane, est parlé dans 31 départements au sud de la Loire, 2 millions de personnes pratiquent une des langues d'oc[1] (limousin, auvergnat, gascon, languedocien ou provençal) et 8 millions en comprennent une. Mais il s'agit là d'estimations, probablement optimistes.

Le breton, langue celtique, est encore parlé aujourd'hui par 700.000 personnes. On peut même choisir l'option breton au baccalauréat (ce que 1200 élèves ont fait cette année contre 15 en 1971). Alain Lavanant, 19 ans, a obtenu son bac avec 17 sur 20 à l'épreuve° de breton. Il s'ap-   exam
plique à lire la revue *Evid ar brezhoneg (Pour le breton)* et juge que «le breton m'est plus utile que l'anglais, à moins de quitter ma région, ce que je ne veux pas.» Et le Crédit mutuel de Bretagne (une banque) se prépare à sortir un chéquier° bilingue français-breton, sur lequel les   checkbook
«lurioù» doublent les francs, «à la demande des clients», explique la direction.

1,5 million (90%) d'Alsaciens parlent deux langues ou dialectes. L'Alémanique au sud, le francique au nord et en Lorraine font partie de l'aire° linguistique du haut allemand. Ce bilinguisme est presque une   surface
obligation car 30.000 personnes passent chaque jour la frontière pour travailler en Allemagne ou en Suisse.

Le corse est une langue d'origine italique, proche du toscan. Les 150.000 Corses qui vivent dans l'île et une partie de ceux qui ont émigré l'emploient régulièrement. Dans les familles corses, si on ne parle pas le corse, on le comprend.

On s'interroge toujours sur les origines de l'euskara, la langue basque. Seule certitude: c'est une langue pré-indo-européenne déjà parlée en

---

[1] **Langue d'oc** southern French.

Europe occidentale il y a dix mille ou trente mille ans! Aujourd'hui, 100.000 Basques l'utilisent régulièrement. Le catalan, langue d'origine ibéro-romane, est parlé dans la majeure partie des Pyrénées-Orientales (environ 200.000 personnes).

En Flandre française (arrondissement de Dunkerque mais aussi Hazebrouck, Bailleul, Cassel) 80.000 personnes parlent ou comprennent le flamand, dialecte du néerlandais.

Mais le débat et la diffusion de la bonne parole, même en chansons, ne suffisent pas, il faut enseigner. La première «ikastola» (école) fonctionne en basque depuis 1969 à Arcangues, près de Biarritz. Il y a quinze maternelles° où le breton est la langue pratiquée. Il y a aussi des universités d'été, la médiathèque de Beaubourg², des grammaires et des lexiques, et des cours du soir: on peut apprendre le bigourdan, le provençal ou l'alémanique. On peut apprendre même le normand à l'université populaire du Cotentin à Cherbourg ou le picard avec le manuel *Chi t'é d'ichi, parle comme ichi*.

Vingt-deux projets de loi sur l'enseignement des langues régionales ont été déposés° à l'Assemblée Nationale°. L'enseignement officiel ne concerne que le breton, le basque, le catalan, les langues d'oc et le corse. Le flamand et l'alsacien—comme le corse avant 1974—ne sont pas considérés comme des langues régionales, mais comme des variétés de langues étrangères.

72% des Français, selon un sondage récent, sont favorables au maintien° des dialectes. Mais quels dialectes? Il y en a quatre en breton: le vannetais, le cournouaillais, le trégorrois et le léonard. Quelle part faire au gallo, ce dialecte d'oïl³ que 500.000 Bretons de l'Est parlent encore?

Il serait illusoire de croire que cette tendance touche l'ensemble du pays. Simplement, cette nostalgie du passé (mettons l'Alsace à part) apparue ces dernières années donne à nouveau une chance—la dernière aux dialectes. Une chance que ceux qui les parlent ou les comprennent encore veulent saisir, avec l'approbation° de la majorité de leurs concitoyens.

♦ Adapté du *Point*

Le saviez-vous?

Un Autre Langage d'ordinateur

Parce que Pierre Lavanant, bretonnant distingué, l'a voulu, un ordinateur pourra bientôt parler en breton, résultat d'une rencontre entre phonétique et informatique. Il a sollicité et obtenu la collaboration de sept professeurs de langue bretonne. Ils ont programmé dans la mémoire de l'ordinateur non seulement des mots, mais une analyse de chacun de ces mots.

♦ Adapté de *Nice-Matin*

La langue d'oc comprend 120.000 mots alors que le français moderne n'en contient que 32.000 selon Larousse.

---

[2]**Médiathèque de Beaubourg**   multimedia library at the Centre Georges Pompidou in Paris.

---

[3]**Dialecte d'oïl**   northern French.

Questions sur la lecture

1. Combien de Français parlent quotidiennement une langue régionale?
2. Où parle-t-on l'occitan?
3. Pourquoi le Crédit mutuel de Bretagne se prépare-t-il à sortir un chéquier français-breton?
4. Pourquoi le bilinguisme est-il presqu'une obligation en Alsace?
5. Le flamand est un dialecte de quelle langue?
6. Le gouvernement français permet-il l'enseignement de ces dialectes?
7. Pourquoi l'enseignement officiel ne concerne-t-il pas le flamand et l'alsacien?
8. Les Français sont-ils défavorables au maintien des dialectes?
9. Quels problèmes l'enseignement des dialectes pose-t-il?

Le saviez-vous?

Payer en platt

Un contribuable de la région de Thionville (Moselle) vient d'adresser un chèque en «platt» au Trésor public, qui l'a accepté. Le «platt» est un dialecte parlé par les habitants de la région de Thionville. Une association regroupe ces Mosellans au sein de la «Wei laang nach», qui signifie «Combien de temps encore?»

♦ Adapté de *Nice-Matin*

Questions à débattre en classe

1. Pourquoi existe-t-il tant de dialectes en France?
2. L'édit de Villers-Cotterêts en 1539 a été destiné à imposer le français comme langue nationale. Pourquoi voulait-on une langue nationale?
3. Quel effet les média modernes ont-ils eu sur les dialectes?
4. Selon vous, pourquoi voudrait-on conserver un dialecte?
5. «Cette nostalgie du passé», implique-t-elle d'autres problèmes?
6. Y a-t-il des dialectes encore parlés aux Etats-Unis? Lesquels?
7. Le gouvernement américain permet-il l'enseignement de ces dialectes? Pourquoi?
8. Y a-t-il des différences régionales dans l'anglais parlé aux Etats-Unis? Décrivez ces différences.
9. En quoi ces différences régionales influencent-elles votre jugement concernant une personne que vous rencontrez pour la première fois?
10. On dit que le français le plus pur se parle dans la vallée de la Loire près de Tours. Y a-t-il un tel endroit aux Etats-Unis en ce qui concerne l'anglais?

Activités

A. Vrai ou faux? Déterminez si chacune des phrases suivantes est vraie **(V)** ou fausse **(F)**. Indiquez à gauche la bonne réponse pour chaque phrase. Si nécessaire, faites les corrections.

_____ 1. La France compte neuf langues régionales possédant chacune leur identité, leur vocabulaire, leur phonétique.

_____ 2. 10 millions de Français parlent une langue régionale de temps en temps ou comprennent une langue ou un patois.

_____ 3. L'occitan, d'origine romane, est parlé dans 31 départements au sud de la Seine.

_____ 4. 2 millions de personnes pratiquent le limousin, l'auvergnat, le gascon, le languedocien ou le provençal.

_____ 5. On peut choisir l'option breton au baccalauréat (ce que 1500 élèves ont fait cette année).

_____ 6. *Evid ar brezhoneg* est le nom d'une nouvelle banque en Bretagne.

_____ 7. L'alémanique et le francique sont deux dialectes parlés en Alsace.

_____ 8. Dans les familles corses, si on ne parle pas le corse, on parle italien.

_____ 9. L'euskara est une langue relativement nouvelle en Europe.

_____ 10. Le flamand et l'alsacien ne sont pas considérés comme des langues régionales, mais comme des variétés de langues étrangères.

B. Regardez la carte des provinces de France et répondez aux questions suivantes.

1. A partir des dialectes mentionnés dans la lecture, identifiez chaque province.
2. Quelles provinces étaient les plus sujettes aux influences étrangères?
3. Expliquez en quoi la topographie de la France a contribué au maintien ou à la disparition des dialectes.
4. Pourquoi la langue d'oc a-t-elle mieux résisté aux influences étrangères que la langue d'oïl?
5. Quel est le rôle historique de Paris dans le développement de la langue française?
6. Que savez-vous sur l'évolution de la langue française?
7. Quels sont les pays qui ont exercé les plus grandes influences?
8. Pourquoi le français de l'Hexagone est-il différent du français parlé à l'extérieur (comme à la Martinique, à la Guadeloupe, en Afrique, etc.)?

PROVINCES FRANÇAISES
(avant 1789)

C. Consultez la liste ci-dessous et choisissez le mot qui convient pour compléter chaque phrase.

l'épreuve	bilinguisme	maintien
s'interroge	recueille	la fierté
quotidiennement	déposés	utile
maternelles		

1. On _____ des légendes et des récits pour faire des livres.

2. Tout est prétexte à patoiser. _____ renaît.

3. Selon les estimations, 5 millions de Français parlent _____ une langue régionale.

4. Alain Lavanant a obtenu son bac avec 17 sur 20 à _____ de breton.

5. Il juge que le breton est plus _____ que l'anglais.

6. Ce _____ est presque une obligation en Alsace, car 30.000 personnes passent chaque jour la frontière pour travailler en Allemagne ou en Suisse.

7. On _____ toujours sur les origines de l'euskara, la langue basque.

8. Il y a quinze _____ où le breton est la langue pratiquée.

9. Vingt-deux projets de loi sur l'enseignement des langues régionales ont été _____ à l'Assemblée Nationale.

10. 72% des Français sont favorables au _____ des dialectes.

D. **Composition** Choisissez un des sujets suivants et écrivez une courte composition dont on discutera ensuite en classe.

1. Je pense que le maintien des dialectes en France est ...
2. Le gouvernement joue (ne joue pas) un rôle important dans cette question parce que ...
3. Une seule langue nationale est importante parce que ...
4. Le bilinguisme aux Etats-Unis ...

Prospectus d'un courant traditionaliste breton

Bretons libellez vos chèques en langue bretonne. Ceci est légal. Vous mettrez ainsi en pratique la charte culturelle et le droit à la différence.

1 F = *Ul lur*	28 F =	*Eizh lur warn ugent*
2 F = *Daou lur*	30 F =	*Tregont lur*
3 F = *Tri lur*	31 F =	*Ul lur ha tregont*
4 F = *Pevar lur*	33 F =	*Tri lur ha tregont*
5 F = *Pemp lur*	40 F =	*Daou-ugent lur*
6 F = *C'hwec'h lur*	41 F =	*Ul lur ha daou-ugent*
7 F = *Seizh lur*	42 F =	*Daou lur ha daou-ugent*
8 F = *Eizh lur*		
9 F = *Nav lur*	50 F =	*Hanter-kant lur*
10 F = *Dek lur*	51 F =	*Ul lur hag hanter-kant*
11 F = *Unnek lur*	52 F =	*Daou lur hag hanter-kant*
12 F = *Daouzek lur*		
13 F = *Trizek lur*	60 F =	*Tri-ugent lur*
14 F = *Pevarzek lur*		
15 F = *Pemzek lur*		
16 F = *C'hwezek lur*		
17 F = *Seitez lur*		
18 F = *Triwec'h lur*		
19 F = *Naontek lur*		
20 F = *Ugent lur*		
21 F = *Ul lur warn ugent*		
22 F = *Daou lur warn ugent*		

La Récapitulation

Quelques mots de vocabulaire à retenir

l'Assemblée Nationale	le maintien	se passer (de)
le chéquier	le procès	renforcer
le dommage	entraîner	cela vaut la peine
la fierté	s'exprimer	coupable
le frein	frapper	d'où
l'informatique (f.)	inquiéter	d'une part ... d'autre part
la loi	nourrir	

Divisez la classe en plusieurs équipes

A. Le professeur écrira la phrase suivante au tableau noir:
La nouvelle loi va être votée demain à l'Assemblée Nationale.
Chaque équipe a cinq minutes pour essayer de trouver autant de mots français que possible avec les lettres de cette phrase.

B. Chaque équipe a cinq minutes pour former autant de phrases que possible avec ces vingt mots de vocabulaire.

La meilleure équipe jugera les autres équipes dans l'activité suivante.

C. Choisissez des étudiants pour interpréter, chaque équipe à tour de rôle, l'histoire suivante: *Le Comité de Surveillance*.

En essayant d'employer tous les mots de vocabulaire possibles des chapitres précédents (1 point pour chaque mot de vocabulaire employé), des étudiants vont interpréter l'histoire d'un groupe de voisins qui se réunissent pour former un comité de surveillance local.

Les possibilités de discussion

- l'histoire récente du voisinage (des cambriolages°, d'autres crimes)   burglaries
- pourquoi désirent-ils former ce comité?
- comment ce comité fonctionnera-t-il?
- les responsabilités
- les dangers
- l'emploi de l'informatique

Variations

1. Les voisins se réunissent encore après la première, deuxième, et troisième semaine pour juger de l'efficacité du comité. Quelles sont leurs conclusions?
2. Un voisin qui a déjà cambriolé plusieurs maisons fait partie du comité, mais les autres ne le savent pas. Quelles conséquences peut-il y avoir?

Vocabulaire thématique ◆ Le Langage

Les substantifs

l'aire *(f.)* surface
l'à-peu-près *(m.)* approximation
l'approbation *(f.)* approval
l'Assemblée Nationale *(f.)* the French equivalent to the House of Representatives
le cambriolage burglary
le chéquier checkbook
les dommages *(m.)* damage
l'épreuve *(f.)* exam
la fierté pride
le fond bottom
la force de frappe striking force
le frein brake
l'informatique *(f.)* data processing, computer science
la langue d'oc southern French
la langue d'oïl northern French
la loi law
le maintien maintenance
la marque de fabrique brand name
la maternelle nursery school
la médiathèque multimedia library
la morphologie study of word formations and their varying forms in sentences
le parler (way of) speaking, language
le patois provincial dialect
la prise de conscience sudden awareness
le procès legal action
la raison sociale corporate names

Les verbes

battre en retraite to beat a retreat
déposer to file, to register
entraîner to entail
étendre to spread
frapper to strike
inquiéter to disturb, to worry
nourrir to nourish
se passer to happen, to take place
priver to deprive
recueillir to collect
renaître to be born again
renforcer to reinforce
soumettre *(p.p.* **soumis)** to subject

Les autres expressions

au train où at the rate of
cela vaut la peine it's worth it
coupable guilty
en voie on the road to
d'où from, whence
d'une part ... d'autre part on the one hand ... on the other hand
privant depriving
usé worn

SUR TOUS LES CONTINENTS

La Terre comprend quelque 160 pays dont 70 environ, près de la moitié, ont reconnu comme principale langue de communication l'une des deux langues officielles du Canada :

le français et l'anglais

quand ça n'est pas les deux.

Ces deux langues sont présentes sur cinq continents et jouent un rôle majeur dans les organismes internationaux. Le français est la ou l'une des langues officielles de quelque 30 pays, l'anglais de 45.

Unité 11

La France touristique

- *La France touristique vous attend*
- *Qu'est-ce qu'on attend pour faire la fête?*
- *Comment sera Paris en l'an 2000?*

◆ La France touristique vous attend

Le tourisme est une des premières industries françaises. L'année dernière, la France a accueilli plus de vingt-huit millions d'étrangers dont plus de vingt-cinq millions sont passés par les aéroports de Paris (Roissy-Charles de Gaulle, Orly et le Bourget). La France offre sur tout son territoire plus de neuf cent mille chambres d'hôtels dont le coût, pour un tiers d'entre elles, se situe entre quinze et quarante dollars par nuit.

Les musées français possèdent plus de quatre millions d'œuvres d'art qui ont la faveur chaque année de plus de dix-sept millions de visiteurs tandis que trente-et-un mille monuments historiques attirent onze millions de connaisseurs.

Pour le voyage, Air France exploite° des Boeing 747 à destination de Paris et d'autres villes françaises au départ de quelques grands centres américains: New York, Chicago, Los Angeles et Houston. Les vols° Concorde relient° Washington, D.C. et New York à la capitale française dans un temps record. Il y a des tarifs spéciaux tels le Vol Vacances et Apex. Arrivés en France, vous pouvez bénéficier pour vos déplacements° intérieurs aériens de *France-Pass* qui offre la possibilité de voyager pendant sept jours sur les avions de la compagnie sur une distance illimitée.

Mais l'avion n'est heureusement pas le seul moyen de circuler en France et les chemins de fer ont une réputation d'exactitude et de confort. Il y a aussi des tarifs spéciaux pour la S.N.C.F. (Société Nationale des Chemins de Fer) comme le France-Vacances qui offre des voyages illimités pendant une semaine et dont le prix comprend aussi le transfert des aéroports, des billets de bus et de métro (pour Paris) et une entrée gratuite au musée Georges Pompidou.

Le Cévénol, train qui relie Paris à Marseille en passant par les Cévennes (Clermont-Ferrand et Nîmes) présente plusieurs services inédits° tels un commentaire effectué par une hôtesse sur les lieux d'intérêt traversés par le train, un concours de photos, des programmes vidéo et même... une disco.

Et pour ceux qui préfèrent errer° selon leur fantaisie, l'automobile reste le moyen de transport le plus demandé et le plus apprécié. Si vous passez trois semaines ou plus en France, le plan de location-vente à longue durée° est des plus attrayants°, comparativement aux prix exorbitants des locations° normales. Un tarif, fixé à l'avance comprend l'utilisation d'un modèle neuf avec kilométrage illimité, l'assurance tous risques sans franchise° et aucune taxe à payer.

operates

flights
connect

travels

unprecedented

wander

long-term leasing/attractive/
rentals

zero deductible

Quant à l'hébergement, l'Office du Tourisme français enverra aux personnes qui en feront la demande une liste d'hôtels à tous les prix. De nombreuses possibilités d'accueil des jeunes existent également et la plupart d'entre elles sont réunies dans une brochure éditée par l'Accueil des Jeunes en France. Les Maisons internationales de la Jeunesse et des Etudiants mettent également à la disposition des personnes qui en font la demande, des listes d'hôtels et des centres d'hébergement réservés aux jeunes.

Comment visiter la France? Peut-être que vous voudriez voir le Béarn à pied avec un poney ou peut-être voudriez-vous faire du ski de fond° en Alsace? Vous pouvez admirer les châteaux de la vallée de la Loire du ciel en ballon ou vous pouvez faire une croisière en péniche° à travers la Bourgogne, le Bordelais, la Champagne et la Côte d'Azur. Vous obtiendrez les renseignements les plus complets sur toutes les régions de France en vous adressant à France-Information Loisirs qui édite les guides jaunes des différentes régions. Alors, n'hésitez plus. Faites vos projets dès aujourd'hui et venez découvrir vous-mêmes pourquoi on nomme ce pays «la belle France».

cross-country

canalboat cruise

♦ Adapté du *Journal Français d'Amérique*

Questions sur la lecture

1. La France, est-elle bien équipée pour recevoir des visiteurs?
2. Qu'est-ce que le *France-Pass*?
3. Faut-il voir la France en avion?
4. Quels sont les services inédits du Cévénol?
5. Quel est le moyen de transport le plus demandé?
6. Comment peut-on savoir à l'avance les possibilités d'hébergement en France?
7. Quels avantages ont les jeunes?
8. Comment peut-on visiter la France?

Questions à débattre en classe

1. Voudriez-vous visiter la France? Pourquoi?
2. Selon vous, qu'est-ce qui attire des millions de visiteurs chaque année en France?
3. Quels sont les avantages et les inconvénients de chaque moyen de transport mentionné dans la lecture? Quel moyen préférez-vous?
4. Si vous pouviez errer en France pendant trois semaines selon votre fantaisie, où iriez-vous? Pourquoi?
5. Comment vous prépareriez-vous pour un tel voyage?
6. Quelles régions sont les plus connues en France? Pourquoi?
7. Selon vous, quels sont les monuments de la région Parisienne les plus visités? Pourquoi?
8. Quels sont les avantages et les inconvénients de voyager en tant qu'étudiant? L'avez-vous fait? Aimeriez-vous le faire?
9. Citez quelques problèmes créés par l'industrie du tourisme.
10. L'industrie du tourisme est-elle importante aux Etats-Unis?

Activités

A. Trouvez dans la lecture le synonyme des mots en italique.

1. Pour le voyage, Air France *utilise méthodiquement* des Boeing 747 à destination de Paris et d'autres villes françaises au départ de quelques grands centres américains.
2. Les *voyages en avion* Concorde sont également possibles.
3. Le Concorde *rattache* Washington D.C. et New York à Paris dans un temps record.
4. En France, on peut bénéficier pour des *voyages* intérieurs aériens de *France-Pass*.
5. Le Cévénol présente plusieurs services *originaux*.
6. Pour ceux qui préfèrent *partir à l'aventure* selon leur fantaisie, l'automobile reste le moyen de transport le plus demandé.
7. Le plan de location-vente à longue durée est des plus *attirants*.
8. Quant au *logement*, l'Office du Tourisme français enverra aux personnes qui en feront la demande une liste d'hôtels à tous les prix.
9. De nombreuses possibilités *de réception* des jeunes existent.
10. Vous obtiendrez *des informations* sur les régions de France en vous adressant à France-Information Loisirs.

B. Dans le contexte de la lecture entourez le mot qui n'appartient pas à la suite logique de chaque groupe de mots.

1. le tourisme / les hôtels / la franchise / les visiteurs
2. l'œuvre d'art / l'avion / le train / l'automobile
3. les monuments / les musées / les touristes / le temps record
4. les vols / la disco / le Concorde / aérien
5. l'exactitude / le confort / le train / le ski de fond
6. voyages illimités / billets de bus / le concours de photos / entrée gratuite au musée Pompidou
7. l'hébergement / la fantaisie / l'accueil / les hôtels
8. le poney / le ballon / la péniche / des billets de bus et de métro
9. Paris / la Bourgogne / la Champagne / le Béarn
10. les renseignements / l'industrie / les guides jaunes / France-Information Loisirs

C. **Les mots apparentés** Encerclez les mots dans les phrases suivantes qui sont identiques ou presque identiques à l'anglais.

1. La France offre sur tout son territoire plus de neuf cent mille chambres d'hôtel.
2. Les musées français possèdent plus de quatre millions d'œuvres d'art qui ont la faveur chaque année de plus de dix-sept millions de visiteurs.
3. Pour le voyage, Air France exploite des Boeing 747 à destination de Paris et d'autres villes françaises au départ de quelques grands centres américains.
4. Les billets *France-Pass* offrent la possibilité de voyager pendant sept jours sur les avions de la compagnie sur une distance illimitée.
5. Les chemins de fer ont une réputation d'exactitude et de confort.
6. Le Cévénol présente un concours de photos, des programmes vidéo et même... une disco.
7. L'automobile reste le moyen de transport le plus demandé et le plus apprécié.
8. L'Office du Tourisme français enverra aux personnes qui en feront la demande une liste d'hôtels à tous les prix.

D. **Géographie** Répondez aux questions suivantes.

1. Combien de provinces françaises pouvez-vous nommer?
2. Combien d'entre elles pouvez-vous situer sur la carte de France?
3. Etudiez la carte reproduite dans l'*Unité 10* et puis essayez de répondre aux questions numéro 1 et numéro 2 de mémoire.
4. Nommez autant de villes de France que possible.
5. De mémoire, situez-les sur la carte.

La France touristique **257**

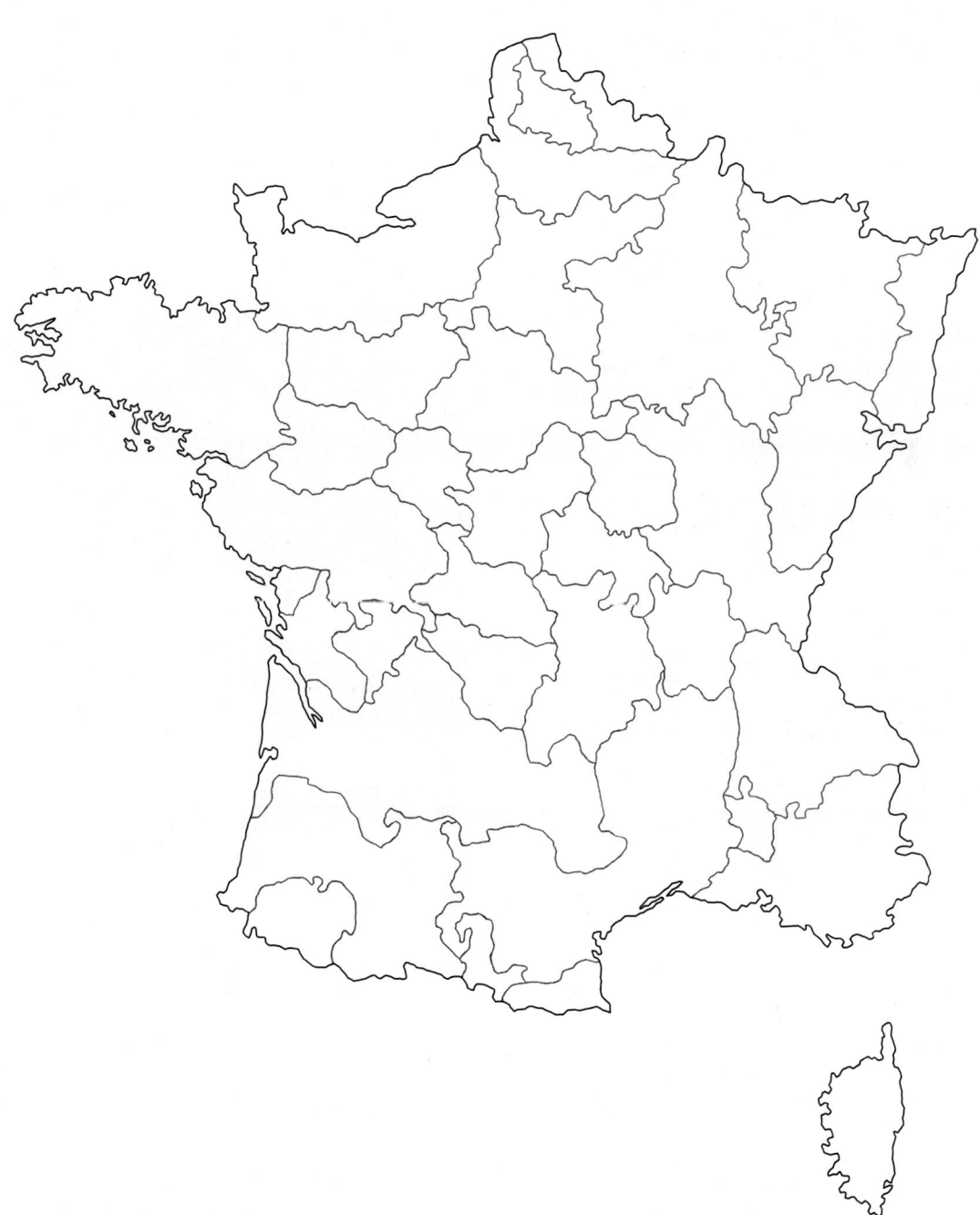

E. **Composition** Choisissez un des sujets suivants et écrivez une courte composition dont on discutera ensuite en classe.

1. J'aimerais visiter la France parce que...
2. Les Français font exceptionnellement bien...
3. Ce que j'aimerais apprendre en France, c'est...
4. Le meilleur moyen de transport pour voir la France est...

Où vous adresser

Parmi les agences spécialisées

- *Auto Europe*
  21 East 40th St.
  New York, N.Y. 10016

- *Car Plan Headquarters*
  (France Auto Vacances)
  420 Lexington Avenue
  New York, N.Y. 10017

- *Europe by Car*
  630 Fifth Avenue
  New York, N.Y. 10020

- *French Government Tourist Office*
  610 Fifth Avenue
  New York, N.Y. 10020

- *L'Office du Tourisme français*
  127, Avenue des Champs Elysées
  75008 Paris   Tél: 720.12.80

- *l'Accueil des Jeunes en France*
  12 rue des Barrès
  75004 Paris (pour les groupes)
  119 rue Saint-Martin
  75010 Paris (pour les personnes seules)

- *Les Maisons internationales de la Jeunesse et des Etudiants*
  11 rue du Fauconnier
  75004 Paris

- *France-Information Loisirs*
  8, avenue de l'Opéra
  75001 Paris

♦ *Qu'est-ce qu'on attend pour faire la fête...?*

Qui oserait prétendre que les Français sont moroses, apathiques, démoralisés? L'ennui, c'était hier. Et hier est déjà loin. Alors, qu'est-ce qu'on attend pour faire la fête? Inutile d'attendre jusqu'aux prochaines élections ou jusqu'au 14 juillet pour danser et chanter dans la rue. Du 1ᵉʳ janvier au 31 décembre et du Pays basque aux Flandres, on processionne, cavalcade, danse, mange et boit dans les grandes villes et dans les petits villages. Il y a des fêtes religieuses, des pardons bretons°, des passions[1] provençales, des pèlerinages° normands, des processions corses et catalanes et encore des fêtes florales, gastronomiques, artisanales, historiques, régionales, folles... *local festival in Brittany / pilgrimages*

Pas de surprise, les fêtes traditionnelles sont bel et bien° des reproductions caricaturales—gaies ou solonnelles—de la vie. Chacun, selon ses goûts et ses humeurs, peut y trouver son bonheur. L'amateur de bière se rendra° à la fête du houblon° de Haguenau (Bas-Rhin, premier dimanche de septembre). Celui qui préfère le vin rouge aimera le Marché médiéval de Chinon (Indre-et-Loire, premier week-end d'août). A Pont-Aven (Finistère, premier dimanche d'août), on peut assister en simple spectateur au couronnement° de la reine des fleurs. Si on a réussi à capturer l'élue° de son cœur, c'est un vrai baiser qu'il pourra lui voler à la fête du pré de la Fadaise, à Bourg-Saint-Bernard (Haute-Garonne, le lundi de Pentecôte). *entirely / will make his way/hops / coronation / the chosen one*

Pour faire pénitence, après tous ces excès, ce ne sont pas les pardons, grands ou petits, qui manquent°. Un grand pardon, est d'abord, celui de Notre-Dame-de-Bon-Secours à Guingcamp (Côtes-du-Nord, le samedi précédant le premier dimanche de juillet) qui se termine par un grand feu de joie° au centre de la ville. Il y a aussi la piété provençale, avec la messe de minuit des Saintes-Maries-de-la-Mer (Bouches-du-Rhône, le 24 décembre), au milieu des bergers°, des gardians à cheval° (les cowboys de Camargue) des pêcheurs et des jeunes femmes qui portent les treize desserts de Provence. Les treize desserts symbolisent le Christ et les douze apôtres et signifient la prospérité pour l'année à venir. *are lacking / bonfire / shepherds/cowboys*

Passion, cris et larmes en Corse avec la procession de Catenacciu, à Sartène (Corse-du-Sud, la nuit du vendredi saint): un pénitent—un bandit repenti, dit-on—vêtu° d'une longue robe rouge, pieds nus, la tête cachée sous une cagoule°, les pieds liés par la «catena» (la chaîne, en corse), court pendant trois heures, chargé d'une lourde croix, les rues *clothed / penitent's hood*

---

[1] **Passions** plays depicting the Easter Passion.

Fête de village basque près de Biarritz

tortueuses de la vieille ville. Depuis le Moyen Age, la coutume veut que la population se déchaîne° contre le Catenacciu et cherche à le faire tomber pour reconnaître son visage. Injures et ordures pleuvent sur son passage. Tel est le prix du repentir.   *break out*

Il y a aussi les festivals connus partout dans le monde. Tel est le Festival International du Jazz qui a lieu en juillet à Antibes-Juan-les-Pins et qui attire les plus grands noms de jazz et les plus enthousiastes des publics, sans oublier le grand Festival International du Film qui se déroule° à Cannes en mai. Depuis 1983 ce festival a lieu dans un nouveau palais de 2.250 places, équipé des technologies les plus avancées. Tous les plus grands acteurs et les plus grandes actrices viennent du monde entier pour y participer. Le Festival du Film est toujours un des événements° les plus populaires de l'année.   *takes place* ... *events*

Pour le touriste cultivé ou qui veut l'être, pour celui qui cherche à s'amuser ou à s'évader, il y a des fêtes de toutes sortes tous les mois partout en France. Vous n'avez qu'à faire votre choix!

♦ Adapté du *Nouvel Observateur*

Questions sur la lecture

1. A quelle époque de l'année les fêtes ont-elles lieu?
2. Quelles sortes de fêtes existe-t-il en France?
3. Les amateurs de bière et de vin iront-ils au même festival?
4. La fête de Bourg-Saint-Bernard est-elle une fête religieuse?
5. Pourquoi les pardons ont-ils lieu?
6. Où le Catenacciu se déroule-t-il?
7. Comment les habitants de la ville y participent-ils?
8. En quoi le Festival International du Film a-t-il changé depuis 1983?

Questions à débattre en classe

1. Selon vous, quelles peuvent être les origines des fêtes populaires?
2. Que symbolise la fête?
3. Y a-t-il des fêtes populaires en Amérique? Où? Comment se déroulent-elles?
4. Quels sont les grands jours de fête aux Etats-Unis?
5. Y a-t-il des fêtes aussi originales que le Catenacciu?
6. *Moveable Feast,* le célèbre livre d'Ernest Hemingway est traduit ainsi en français: *Paris est une fête*. Comment une ville peut-elle être une fête? Est-ce la vôtre?
7. Y a-t-il une (ou des) fête(s) tout à fait particulière(s) à votre école?
8. Pensez à quelques événements que vous jugez dignes d'être célébrés localement; nationalement. Y en aurait-il d'autres qui devraient être supprimés?

Activités

A. Consultez la liste ci-dessous et choisissez le mot qui convient pour compléter chaque phrase.

bel et bien	événement	pèlerinages
manque	se déroulent	se rendront
s'est déchaînée	ennui	vêtus
couronnement		

1. Quand il n'y a absolument rien qui vous intéresse et rien à faire, vous souffrez d'_____ .
2. Depuis des siècles, on fait des _____ à la grotte de Lourdes.
3. Le 4 juillet est une fête _____ américaine.
4. Ceux et celles qui désirent voir la Tour Eiffel _____ à Paris.

5. Le _____ d'un roi et d'une reine est une occasion splendide et rare.

6. Quand on est étudiant et que l'on veut voyager, ce n'est pas le temps mais l'argent qui _____ souvent.

7. Le 31 octobre en Amérique, tous les enfants circulent dans le voisinage, _____ de costumes bizarres.

8. Lors de la Révolution de 1789, la population française _____ contre la noblesse.

9. On veut que toutes les élections nationales _____ dans les meilleures conditions.

10. Si le Président se rendait à notre ville, son séjour serait un véritable _____ .

B. Construisez des phrases complètes à partir des éléments donnés. Ajoutez la ponctuation.

1. attend / la fête / qu' / on / alors / est / ce qu' / faire / pour

2. bel / des reproductions / la vie / les fêtes / de / sont / et / caricaturales / bien / traditionnelles

3. et / y / bonheur / chacun / humeurs / peut / goûts / selon / ses / trouver / son / ses

4. préfère / le Marché / le vin / médiéval / de / celui / rouge / qui / aimera / Chinon

5. peut / spectateur / la reine / à / en / Pont-Aven / assister / au / des fleurs / on / simple / couronnement / de

6. faire / après / ce / les pardons / ces excès / pour / grands / manquent / petits / qui / ou / pénitence / tous / ne / pas / sont

7. Saintes-Maries-de-la-Mer / la piété / il y a / avec / provençale / aussi / minuit / de / la messe / des

8. du repentir / est / tel / le prix

9. partout / le monde / festivals / aussi / il y a / connus / dans / les

10. se déroule / oublier / en mai / le grand / sans / Festival / à / qui / Cannes / du Film / International

11. faire / à / vous / n' / qu' / avez / choix / votre

C. Voici une liste de quelques fêtes célébrées en France. Mettez les lettres dans le bon ordre pour retrouver la fête. Essayez de déchiffrer les mots avant de consulter les aides-mémoires dans la colonne de droite.

1. zazj ud etafilsv   Antibes-Juan-les-Pins
2. adopnr oretbn   local pilgrimages
3. siaeèprnleg   normand
4. el uaeactcinc   Corse
5. iasfvetl ud ifml   Cannes
6. sapinso rvçpnaoel   Easter Passion
7. el 41 itjleul   French Independence Day
8. el éahmcr léémivda   Chinon

D. Choisissez la réponse (ou les réponses) qui exprime (expriment) le mieux vos idées personnelles ou bien proposez-en une vous-même. Expliquez votre choix.

1. Je préfère les fêtes _____.
   a) nationales   c) religieuses
   b) locales   d) _____

2. Je m'amuse le plus quand je suis _____.
   a) parmi quelques ami(e)s intimes   c) dans une foule
   b) dans un large groupe d'amis et de connaissances   d) _____

3. Pour moi le meilleur aspect des fêtes est _____.
   a) le divertissement   c) l'interruption des cours
   b) le temps libre   d) _____

4. Les fêtes qui commémorent les individus sont _____.
   a) exagérées   c) trop rares
   b) une bonne idée   d) _____

5. Les fêtes auxquelles j'attache le plus de signification sont les fêtes _____.
   a) nationales   c) religieuses
   b) locales   d) _____

6. Les fêtes les plus originales sont les fêtes _____.
   a) nationales   c) religieuses
   b) locales   d) _____

7. J'aime énormément les fêtes où l'on ____ .
   a) danse
   b) mange
   c) se déguise
   d) ____

8. Les fêtes locales devraient être payées par ____ .
   a) les assistants
   b) les organisateurs
   c) la ville
   d) ____

9. A mon avis, les Américains célèbrent les fêtes ____ .
   a) trop souvent
   b) pas assez souvent
   c) juste comme il faut
   d) ____

Le saviez-vous?

Un Tour de France

Cette année encore Osenbach a été le site d'une grande course avec la participation des escargots comme coureurs.

En effet, dans cette localité de Haut-Rhin chaque premier mai a lieu une course un peu spéciale qui fait l'objet de nombreux paris et d'un entraînement ardu pour les coureurs.

Et quels coureurs! Des escargots que des propriétaires spécialistes entraînent selon une technique axée sur la sensibilité de ces mollusques à certains bruits, à la lumière et à l'eau.

Malheureusement, le vainqueur et les vaincus sont tous bons à être mis dans la même marmite. Les propriétaires-entraîneurs alors, selon une technique axée non pas sur la sensibilité et sur l'eau mais sur les glandes salivaires, la bière et le petit blanc, sans aucun remords, participent à la dégustation générale.

♦ Adapté de *France-Amérique*

Le saviez-vous?

La Fête de melon

Un Agenais de 26 ans, Jean-François Galindo, a été sacré dimanche champion du monde des cracheurs de pépins de melons. Avec un jet à 7,49 m., il a détrôné le champion de l'année précédente qui ne pouvait atteindre que 6,78 m. Ce concours «international» se déroule tous les ans dans la petite commune de Fréchou, dans le Lot-et-Garonne, à l'occasion de la traditionnelle fête du melon.

♦ Adapté de *Nice-Matin*

◆ *Comment sera Paris en l'an 2000?*

Paris, comme toutes les capitales du monde, se transforme: des immeubles sont démolis, d'autres les remplacent, des quartiers comme Les Halles voient leur physionomie et leur population se modifier radicalement. Tout cela contribue à donner à Paris son nouveau visage.

A quoi ressemblera le Paris de l'an 2000? Dans cette ville où les immeubles, les monuments et les jardins appartenant° respectivement à l'Etat et à la Ville de Paris se côtoient° et quelquefois se complètent, l'harmonie de vues entre le chef de l'Etat et le maire de Paris est indispensable pour préparer l'avenir. Tout récemment donc, le maire de Paris et le Président ont examiné ensemble les grands projets d'équipement° de la capitale.

    belonging
    are close to each other

    outfitting

Premier grand projet: l'Opéra Populaire de la Bastille qui aura un toit ouvrant et près de 4.000 places. C'est un projet auquel le chef de l'Etat est personnellement très attaché. L'inauguration de cet Opéra devrait avoir lieu, symboliquement, lors de la commémoration du Bicentenaire de la Révolution française de 1789. Le maire, de son côté, serait chargé d'entreprendre la transformation de la place de la Bastille. Au programme également: un nouvel espace vert de 9.000 mètres carrés°.

    square meters

Deux musées devraient ouvrir bientôt leurs portes: le Musée du XIXème siècle, Gare d'Orsay, dont les travaux sont déjà largement commencés, et le Musée des Sciences et de l'Industrie, dans le quartier de la Villette. Le parc de la Villette devrait être réaménagé° pour devenir un vaste ensemble culturel qui accueillirait, en plus du Musée, un auditorium et un centre musical.

    refitted

On prévoit° bientôt l'achèvement° des travaux effectués dans le quartier des Halles. Les Halles étaient l'emplacement où se tenait le marché central des produits alimentaires de Paris. Dans l'histoire de Paris, le quartier des Halles a toujours joué un rôle important. Récemment, il a changé de visage avec la construction du Forum des Halles, qui remplace les anciennes Halles de Paris. Mais ce n'est pas terminé. Tout autour du Forum des Halles, il y a une floraison° de métal et de verre°. Il s'agit en réalité d'un complexe de bâtiments en forme de girolles° qui aura à la fois une vocation commerciale et sociale, cette dernière étant assurée par les services municipaux. Il y aura notamment des commerces au rez-de-chaussée, une maison d'ateliers° d'art, une bibliothèque de la jeunesse, une maison de la poésie, une maison d'informations culturelles et un hall d'exposition. L'ensemble comprendra aussi cent quarante-huit aparte-

    anticipates/completion

    blossoming/glass
    chanterelle (mushroom)

    workshops

ments, des milliers de mètres carrés de bureaux, trente-cinq boutiques et un hôtel à quatre étoiles.

Tout près se trouve l'ultra-moderne Centre national d'art et de culture Georges Pompidou, qui est devenu le lieu le plus fréquenté de la capitale. Cinq ans après sa création en février 1977, il a reçu son quarante millionième visiteur. Lieu de rencontre, lieu de flânerie° au cœur de Paris, le Centre Georges Pompidou est devenu un centre exceptionnel d'animation° et de formation° de tous les publics. En effet, en été plus de la moitié des visiteurs est constituée de provinciaux et d'étrangers.   strolling / activity/education

Enfin, bien avant l'an 2000, Paris devrait voir la fin des travaux de la Défense, ce quartier situé aux portes de la capitale et qui est le témoin° incontestable de l'urbanisme du XXème siècle. Beaucoup sont réfractaires aux changements mais comme toute ville moderne, Paris doit vivre avec son temps et aller de l'avant.   evidence

♦ Adapté du *Journal Français d'Amérique*

Questions sur la lecture

1. Quand l'inauguration de l'Opéra Populaire de la Bastille devrait-elle avoir lieu?
2. Pourquoi a-t-on choisi cette date-là?
3. Qu'est-ce qu'un «espace vert»? 9.000 mètres carrés font combien de *square feet*? (1 mètre carré = 10.8 *square feet*.)
4. Qu'est-ce qui est prévu dans le quartier de la Villette?
5. Décrivez d'après la lecture et la photo le nouveau Forum des Halles.
6. Quelle est la vocation de ce Forum des Halles?
7. Qu'est-ce que le Centre Georges Pompidou?
8. Que représente la Défense?

Questions à débattre en classe

1. Selon vous, pourquoi Paris est-il en train de se transformer? Votre ville en a-t-elle besoin?
2. Y a-t-il des grandes villes américaines qui se transforment? Les raisons de ces transformations sont-elles les mêmes que celles des Parisiens?
3. Paris a presque vingt siècles d'histoires et de traditions (Lutèce, ville de la Gaule étant fondée au 1er siècle après Jésus-Christ). Pensez-vous que de telles transformations soient faciles? Pourquoi? Quels sont les réactions possibles du grand public?
4. Regardez la belle image de l'Opéra de Paris ci-dessous. Pourquoi voudrait-on construire l'Opéra Populaire et pourquoi à la Bastille?
5. Quelle est l'importance d'un espace vert de 9.000 mètres carrés dans une ville comme Paris? Comment imaginez-vous la vie quotidienne à Paris?
6. Selon vous, est-ce une bonne idée de mettre ensemble dans un vaste complexe des appartements, des commerces, des bibliothèques, des maisons d'ateliers d'art, etc.?
7. Comment imaginez-vous votre ville en l'an 2000?
8. En quoi la vie de l'an 2000 sera-t-elle différente de la vie actuelle? Quels changements espérez-vous voir?
9. Selon vous, la vie en l'an 2000 sera-t-elle plus, moins, ou aussi intéressante que la vie ne l'était en 1950? en 1985?

Où vous adresser

A Paris

- *Information touristique* 720.16.78
- *Secrétariat au Tourisme* 8, avenue de l'Opéra 296.10.23
- *Syndicat d'initiative de Paris* 127, avenue des Champs Elysées 723.72.11
- *Comité des stations françaises des sports d'hiver* 49, rue Pigalle 285.72.30
- *Touring Club de France* 502.14.00
- *Union nationale des Associations de Tourisme* 783.21.73

Renseignements

- *S.N.C.F.* 261.50.50
- *Voitures sans chauffeurs* 292.02.92
- *Etat des routes* 858.33.33
- *Aérogare des Invalides* 551.96.20
- *Orly* 587.51.41
- *Roissy-en-France* 862.12.12
- *Air France* 119, avenue des Champs Elysées 720.70.50
- *Air Inter* 47, rue de Ponthieu 256.12.68

Théâtres parisiens

- *Comédie Française* 296.10.20
- *Opéra* 073.57.50
- *Palais-Royal* 742.84.29
- *Théâtre du Marais* 278.03.53

Activités

A. Choisissez l'expression qui complète le mieux chacune des phrases suivantes.

1. Dans cette ville, les immeubles, les monuments et les jardins appartenant à l'Etat et à la Cité _____ .
   a) examinent   b) se côtoient   c) commencent

2. Le maire de Paris et le Président ont examiné ensemble les grands projets d'_____ de la capitale.
   a) équipement   b) atelier   c) auditorium

3. Le parc de la Villette devrait être _____ pour devenir un vaste ensemble culturel.
   a) carré   b) situé   c) réaménagé

4. On _____ bientôt l'achèvement des travaux effectués dans le quartier des Halles.
   a) prévoit   b) charge   c) joue

5. Tout autour du Forum des Halles, il y a une floraison de métal et de _____.
   a) jeunesse   b) culture   c) verre

6. Le complexe de bâtiments en forme de girolles aura à la fois une _____ commerciale et sociale.
   a) atelier   b) vocation   c) bibliothèque

7. Le Centre Georges Pompidou est un lieu de rencontre et un lieu de _____ au cœur de Paris.
   a) flânerie   b) capitale   c) visage

8. C'est un centre exceptionnel d'animation et de _____ de tous les publics.
   a) construction b) création   c) formation

9. Plus de la _____ de ses visiteurs est constituée de provinciaux et d'étrangers.
   a) candidature b) moitié   c) rencontre

10. La Défense est le _____ incontestable de l'urbanisme du XXème siècle.
    a) témoin   b) siècle   c) rôle

B. Complétez les phrases suivantes. Utilisez votre imagination! (Les expressions en italique sont tirées directement de la lecture.)

1. J'aimerais (n'aimerais pas) voir ma ville *se transformer* parce que...
2. Pour *préparer notre avenir,* ce qui est *indispensable* c'est...
3. Un projet que j'aimerais *achever* est...
4. Je suis très *attaché(e) à*...
5. Si j'avais de l'argent, j'*entreprendrais* la transformation de...
6. A mon avis ce qui a besoin d'être *réaménagé* c'est...
7. Dans ma ville, j'ai remarqué une *floraison de*...
8. Un excellent *lieu de rencontre* est...

C. **Les Monuments de Paris** Choisissez un des monuments de Paris comme sujet de recherche. Racontez à la classe l'histoire du monument et les détails les plus intéressants.

l'Arc de Triomphe	le Musée du Louvre
la Tour Eiffel	le Jardin du Luxembourg
l'Opéra de Paris	La Madeleine
le Bois de Vincennes	la Maison de Radio-France
le Centre Georges Pompidou	Notre Dame
les Halles	Place de la Concorde
les Invalides	la Basilique du Sacré Cœur
les Tuileries	(Montmartre)
	la Sorbonne

1. Sauriez-vous situer ces monuments sur la carte de Paris (*p. 271*)?
2. Quels sont les monuments les plus connus? Pourquoi?
3. Quels monuments aimeriez-vous surtout voir?

La France touristique **271**

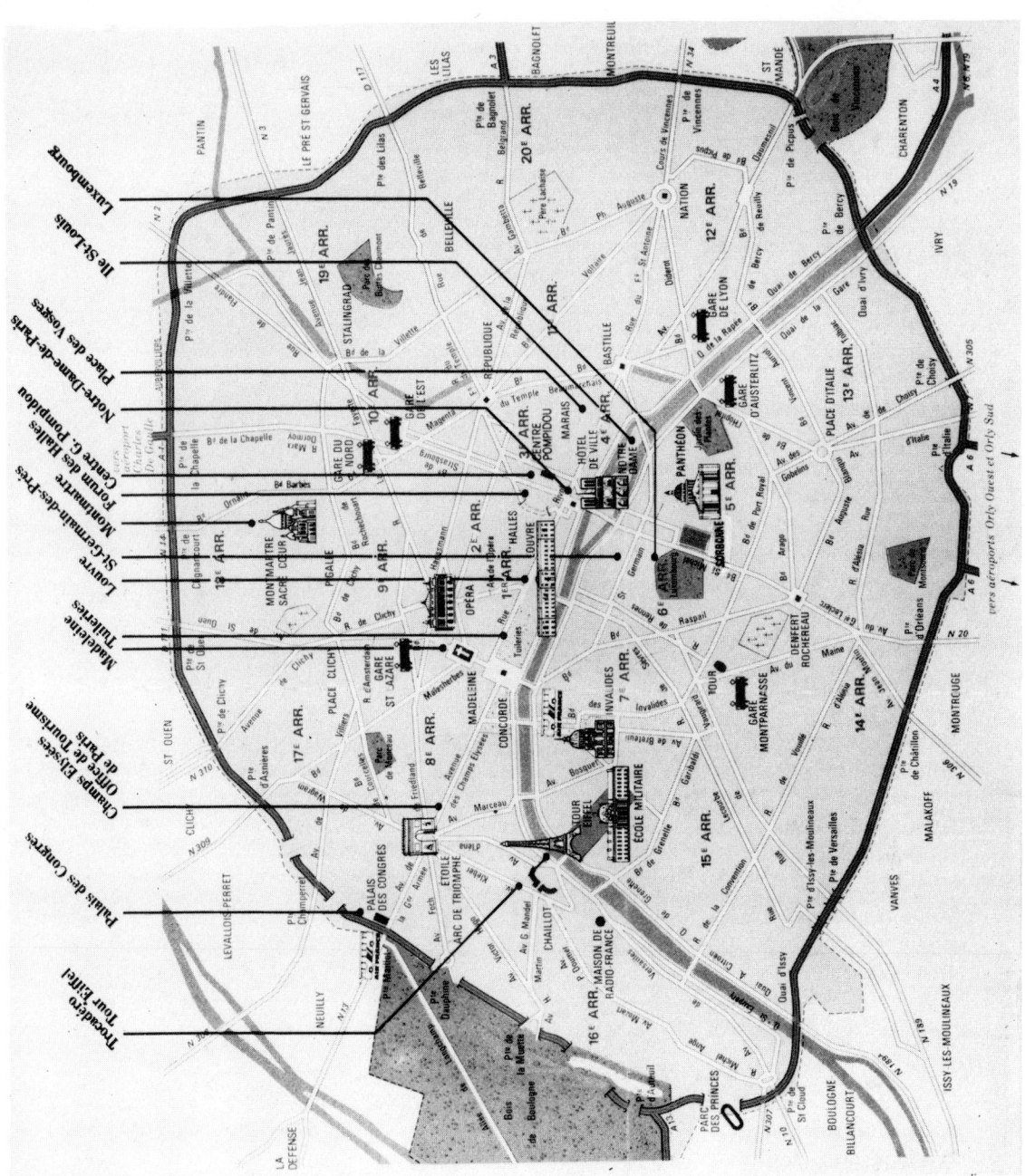

"D'après publication du pneu MICHELIN Paris Atlas n° 11"

D. Voilà un sondage récent sur les Français et la culture.

1. La culture intéresse:

beaucoup	34%
assez	44%
peu	17%
pas du tout	4%
sans opinion	1%

2. Parmi ceux que la culture intéresse beaucoup[1]:

hommes	32%
femmes	36%
agriculteurs, salariés agricoles	15%
petits commerçants, artisans	30%
cadres supérieurs, professions libérales, gros commerçants, industriels	64%
cadres moyens, employés	43%
ouvriers	26%
inactifs, retraités	30%

3. Activités culturelles préférées[1]:

visiter un musée	49%
lire un livre	74%
aller au cinéma	20%
visiter une exposition	49%
aller au théâtre	29%
regarder la télévision	40%
écouter la radio	24%
aller au concert	27%
visiter un monument	32%
aucune de celles-ci	1%
sans opinion	2%

4. Les raisons qui empêchent les Français de consacrer beaucoup de temps à la culture[1]:

le manque de temps, à cause de la vie de famille	40%
des raisons financières	16%
la fatigue après le travail	20%
le niveau d'instruction jugé insuffisant	23%
l'éloignement des centres d'activités culturelles	21%
aucune de celles-ci	21%
sans opinion	1%

---

[1] Le total est supérieur à 100, en raison des réponses multiples.

5. Les Français lisent dans les journaux les pages culturelles ou écoutent
   à la radio ou à la télévision les émissions culturelles:

régulièrement	20%
quelquefois	45%
rarement	14%
jamais	21%

6. La culture, c'est avant tout[1]:

pour être informé	77%
pour se distraire	30%
pour réfléchir	27%
pour rencontrer des gens et discuter avec eux	13%

Lisez attentivement les résultats du sondage ci-dessus pour répondre
aux questions suivantes.

1. Etes-vous surpris par ce sondage?
2. Que représente la culture pour vous?
3. Quelle est l'attitude américaine en général envers la culture? A-t-elle besoin d'être modifiée?
4. Comment l'attitude française envers la culture est-elle différente de la nôtre?
5. Comment répondriez-vous au sondage?
6. Faites le sondage auprès de vos amis et de vos parents. Comparez les résultats avec ceux des autres membres de la classe.
7. Les réponses dépendent-elles de l'âge? de la classe sociale?
8. Paris a plus de quatre-vingt-dix musées. Combien en a votre ville? Comment expliquez-vous ces différences?

E. Le système métrique est un système décimal de poids et mesures qui a le mètre pour base, institué d'abord en France, le 7 avril 1795. Voici quelques conversions métriques.

Multipliez	par	pour obtenir
kilomètres	0.625	miles
mètres	3.3	feet
mètres carrés	10.9	square feet
kilomètres carrés	0.4	square miles
hectares	2.47	acres
centimètres	0.4	inches
kilogrammes	2.2	pounds
grammes	.035	ounces
litres	1.06	quarts
litres	3.76	gallons
Celsius	(1.8C)+32	Fahrenheit

Multipliez	par	pour obtenir
miles	1.6	kilomètres
feet	.36	mètres
square feet	.09	mètres carrés
square miles	2.6	kilomètres carrés
acres	0.4	hectares
inches	2.54	centimètres
pounds	.45	kilogrammes
ounces	28.4	grammes
quarts	.94	litres
gallons	.27	litres
Fahrenheit	(F−32)x.55	Celsius

Questions sur le système métrique

Faites les conversions suivantes.

1. 120 km = _____ mi
2. 36 mi = _____ km
3. 75 m = _____ ft
4. 250 ft = _____ m
5. 200 m^2 = _____ sq ft
6. 2500 sq ft = _____ m^2
7. 40 km^2 = _____ sq mi
8. 400 sq mi = _____ km^2
9. 3 ha = _____ acres
10. 10 acres = _____ ha

11. 160 cm = _____ in
12. 6 in = _____ cm
13. 20 kg = _____ lb
14. 140 lb = _____ kg
15. 300 g = _____ oz

16. 32 oz = _____ g
17. 40 l = _____ gal
18. 5 gal = _____ l
19. 25° C = _____ °F
20. 98.6° F = _____ °C

Des Préfixes métriques

Préfixe	Symbole	Multipliez par nombre
kilo	k	1000
hecto	h	100
deka	da	10
deci	d	.1
centi	c	.01
milli	m	.001

Ces préfixes ont pour bases **le gramme** et **le mètre**

Thermomètre

Degrés Fahrenheit	Degrés Celsius
212	100
100	38
32	0

La Récapitulation

Quelques mots de vocabulaire à retenir

l'achèvement *(m.)*	la formation	se dérouler
l'assurance *(f.)*	la location	errer
l'atelier *(m.)*	le ski de fond	manquer
le couronnement	le témoin	prévoir
le déplacement	le verre	se rendre
l'événement *(m.)*	le vol	attrayant
la flânerie	appartenir (à)	

───────◆───────

Divisez la classe en plusieurs équipes

A. Le professeur écrira la phrase suivante au tableau noir:
Ils se rendaient à la capitale pour assister au couronnement, l'événement de l'année. Chaque équipe a cinq minutes pour essayer de trouver autant de mots français que possible avec les lettres de cette phrase.

B. Chaque équipe a cinq minutes pour former autant de phrases que possible avec ces vingt mots de vocabulaire.

La meilleure équipe jugera les autres équipes dans l'activité suivante:

C. Choisissez des étudiants pour interpréter, chaque équipe à tour de rôle, l'histoire suivante: *Le Couronnement*.

En essayant d'employer tous les mots de vocabulaire possibles des chapitres précédents (1 point pour chaque mot de vocabulaire employé), des étudiants vont interpréter l'histoire du comité royal responsable du couronnement du nouveau roi.

───────◆───────

Les possibilités de discussion

—pourquoi y a-t-il un nouveau roi?
—de quel pays s'agit-il?
—qui est le prince devenu roi?
—quelle est sa formation?

—des détails sur les préparatifs
—les décors
—les chefs d'état qui assisteront au couronnement

—les transports
—le public qui y assistera
—l'horaire des cérémonies

───────◆───────

Variations

1. Il pleut le jour du couronnement. Les préparatifs doivent-ils être changés?
2. Un groupe terroriste menace d'assassiner le nouveau roi pendant les cérémonies. Que peut-on faire pour empêcher un tel désastre?

Vocabulaire thématique ◆ La France touristique

Les substantifs

l'**achèvement** (*m.*) completion
l'**animation** (*f.*) activity
l'**assurance** (*f.*) insurance
l'**assurance tous risques sans franchise** (*f.*) zero deductible insurance
l'**atelier** (*m.*) workshop
le **berger** shepherd
la **cagoule** penitent's hood
le **couronnement** coronation
la **croisière en péniche** canal boat cruise
le **déplacement** travel, travelling
l'**élu** (*m.*) the chosen one
l'**événement** (*m.*) event
la **flânerie** strolling
la **floraison** blossoming
la **formation** education
le **feu de joie** bonfire
le **gardian à cheval** cowboy
la **girolle** chanterelle (mushroom)
le **houblon** hops
la **location** rental
la **location-vente à longue durée** long-term leasing, lease-purchasing
le **mètre carré** square meter
la **passion** play depicting the Easter Passion
le **pardon breton** local pilgrimage in Brittany
le **pèlerinage** pilgrimage
le **projet d'équipement** outfitting
le **ski de fond** cross-country skiing
le **témoin** evidence, proof
le **verre** glass

Les verbes

appartenir (à) to belong to
se côtoyer to be next (close) to
se déchaîner to break out
se dérouler to take place (an event)
errer to wander
exploiter to operate
manquer to lack, to be missing
prévoir to anticipate
réaménager to refit
relier to connect
se rendre to make one's way (to a place)

Les autres expressions

attrayant attractive
bel et bien entirely
inédit unprecedented

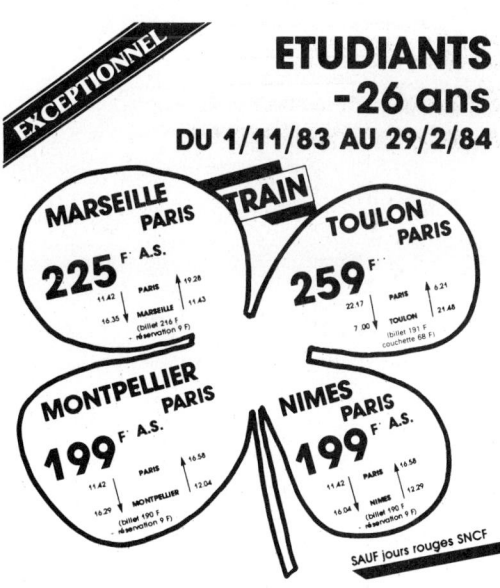

Les Produits régionaux

Unité 12

- ◆ Cognac, l'élixir divin
- ◆ Les Artistes du foie gras
- ◆ La Champagne vous invite

◆ *Cognac, l'élixir divin*

Dans le Sud-Ouest de la France, un peu au nord du fleuve la Gironde et de la ville de Bordeaux, se trouve une petite ville célèbre dans le monde entier. Cette ville avec seulement 25.000 habitants a accueilli° l'été der-   welcomed
nier quelques dizaines de milliers de visiteurs. Ces touristes affluent-ils à cette ville pour voir les anciennes maisons refletées dans les eaux de la Charente ou la statue de François Ier dans la place centrale? Non, ils sont plutôt attirés par le parfum émanant des vastes bâtiments mysté-
rieux. Ces bâtiments sont noircis par les vapeurs qui s'élèvent des fûts°   casks
où une étrange alchimie transforme des raisins ordinaires en élixir divin. On vient de partout pour voir les distilleries et pour connaître cette eau-
de-vie° qui porte le même nom que la petite ville: Cognac.   brandy

    La région de Cognac est divisée en six zones: Grande Champagne, Petite Champagne, Borderies, Fins Bois, Bons Bois et Bois Ordinaires. Cinquante mille fermiers produisent les raisins blancs, Saint-Emilion, Folle-Blanche et Colombard qui sont à la base de la distillation du cognac. Un
tiers° de la population active de la région, soit 100.000 personnes, trou-   a third
vent du travail grâce à la production et la commercialisation de cette eau-de-vie. Le cognac est alors une industrie importante régionale, mais ce qui est peut-être plus surprenant, le cognac représente également un objet de fierté nationale. La fabrication du cognac est un art qui a sa légende, mais elle est très liée aussi au culte immémorial de la terre et
de ses fruits. C'est un culte auquel tout Français—du vigneron° au cita-   vine grower
din°—reste sensible, «C'est quelque chose qui est en chacun de nous.»   city dweller

    Il y a beaucoup de maisons, quelques-unes plus connues que d'autres, qui font du cognac. Le secret des mélanges les plus réussis est gardé jalousement par les distillateurs individuels, mais le principe de distil-
lation lui-même reste le même. On commence avec le jus de la treille°.   grape
Il provient° d'un vignoble de 98.000 hectares qui jouit des conditions   originates
quasi-idéales pour la maturation du raisin: un climat doux et une lumi-
nosité équilibrée. Le raisin est vendangé° en hiver, juste avant que la   harvested
maturation soit complète, afin de garantir une certaine acidité au cognac, à peu près dix grammes par litre. Quand le raisin arrive à la distillerie,
seule la pulpe sucrée est écrasée°. Les pépins° et les tiges° sont séparés   crushed/seeds/stems
car ils communiqueraient au jus un goût trop acide. Dix fûts de raisin produisent un fût de cognac.

    De là, on obtient un liquide pâle et trouble° qu'on verse dans de   murky
grands cuviers°. Après, ce liquide est mis dans des chaudières° de dix-   washtubs/boilers
sept hectolitres, où pendant six heures, il est porté à l'ébullition°. Pen-   boiled

Les Produits Régionaux **281**

Un «paradis» du cognac—où le cognac vieillit à la perfection. Les toiles d'araignée protègent ces fûts de chêne contre des insectes rongeurs de bois.

dant la saison de distillation, les chaudières traditionnelles en cuivre fonctionnent vingt-quatre heures par jour. Cette première distillation s'appelle le brouillis et le liquide obtenu titre 25 degrés°. Le brouillis (les vapeurs condensées) est alors distillé une deuxième fois: un procédé qui s'appelle «la bonne chauffe» et qui dure dix heures. C'est ici que tout l'art du distillateur est mis en jeu°, avec comme résultat, une eau-de-vie incolore qui titre 70 degrés.

    Pendant l'époque médiévale, une grande quantité de vin de table de Cognac a été envoyée en Angleterre, au Danemark et aux Pays-Bas. Puisqu'il fallait payer des impôts sur la quantité, les vignerons ont décidé de réduire la quantité de liquide avec la distillation, mais c'était tout à fait par hasard qu'on a découvert vers 1790 que ce cognac distillé s'améliorait en vieillissant dans les fûts de chêne°. Le bois Limousin, 128 kilomètres à l'est de Cognac, fournissait le matériel pour les fûts. Ce type de

° 50 proof
° brought into play
° oak casks

chêne existe uniquement dans ce bois près de Limoges. Il a une haute porosité mais très peu de tanin, ce qui le rendait parfait pour les échanges qui ont lieu entre le bois et le cognac. Du bois le cognac prend sa couleur ambrée et sa saveur. L'oxidation qui a lieu à travers le bois perméable développe le bouquet et le goût. De son côté, le bois garde un peu de liquide et le cognac dans les fûts ne cesse de diminuer en force alcoolique et en volume. On appelle cette évaporation «la part des anges» et il représente à peu près 25.000 bouteilles par jour, l'équivalent de la consommation annuelle française ou du cinquième de la consommation mondiale.

A peu près 80% de ce que les anges laissent va à l'étranger, notamment en Angleterre et aux Etats-Unis. Déjà au XVIIIème siècle, on exportait parfois plus de 50.000 barriques° de cognac par an. Quatre-vingt-dix millions de bouteilles, soit l'équivalent de 280.000 barriques, sont sorties de la France l'an dernier pour des revenus de 1,8 milliards de francs. Le cognac rapporte les plus grands revenus de tous les produits agricoles français exportés.   225-liter wine barrel

Par loi, une eau-de-vie doit vieillir pendant au moins deux ans en fût limousin avant d'entrer dans un mélange, quoique la plupart de bons cognacs y restent pendant trois ans et les V.S.O.P. *(Very Special Old Pale)* cinq ans ou plus. Certains mélanges contiennent des eaux-de-vie qui ont vieilli trente à cinquante ans en fût. Ces mélanges sont faits très lentement pour permettre les cognacs divers de «se marier».

Une seule bouteille peut contenir jusqu'à cent cognacs différents. Jean Graille, directeur du Bureau National Interprofessionnel du Cognac (B.N.I.C.) l'explique ainsi: «C'est comme un bouquet. Un bouquet de roses toutes semblables, c'est un peu froid. Si vous prenez des roses de plusieurs couleurs, c'est plus gai. Si vous y ajoutez quelques fleurs printanières°, c'est éclatant°.»   springtime / vivid

Boire du cognac implique toujours certains gestes rituels: on chauffe le verre dans le creux° de la main et on agite le cognac. Puis, on le hume avant de prendre une gorgée. C'est du velours°, cet élixir divin qu'on considère universellement la fin parfaite à une soirée inoubliable.   hollow / (velvet) delectable

Questions sur la lecture

1. Cognac, est-ce une ville ou une boisson?
2. Où se trouve la ville de Cognac?
3. Pourquoi la production et la commercialisation de cette eau-de-vie sont-elles importantes pour la ville?
4. Quel est le culte immémorial associé au cognac?
5. Quelles sont les conditions quasi-idéales pour la maturation du raisin?
6. Pourquoi sépare-t-on la pulpe des pépins et des tiges?

7. Qu'est-ce qui arrive au liquide pâle et trouble quand il est versé dans les cuviers?
8. Pourquoi met-on le cognac dans les fûts de chêne?
9. Quelle est «la part des anges»?
10. Est-ce une partie importante?
11. En quoi une bouteille de cognac ressemble-t-elle à un bouquet de roses?
12. Quels sont les gestes rituels pour boire du cognac?

Questions à débattre en classe

1. Pourquoi le cognac est-il appelé «l'élixir divin»?
2. Pourquoi est-il si cher?
3. Pourquoi respecte-t-on toujours les gestes rituels en buvant du cognac?
4. A quel moment du repas sert-on de l'eau-de-vie?
5. Y a-t-il des villes américaines qui attirent des dizaines de milliers de visiteurs en raison d'un produit particulier?
6. Citez quelques produits américains qui sont des «objets de fierté nationale».
7. Pourquoi appelle-t-on l'évaporation du cognac la «part des anges»?
8. Selon vous, y a-t-il un «élixir diabolique»?
9. Y a-t-il des produits américains dont les secrets sont jalousement gardés? Pourquoi sont-ils si bien gardés?
10. Existe-t-il un «culte immémorial» américain, quelque chose qui est «en chacun de nous»?

Activités

A. Trouvez dans la lecture le synonyme des mots en italique.

1. Cognac avec seulement 25.000 habitants a *reçu favorablement* des dizaines de milliers de visiteurs.
2. *33,3 pour cent* de la population active de la région trouve du travail grâce à la production et la commercialisation de cette eau-de-vie.
3. Le culte du cognac est un culte auquel tout Français—du vigneron à l'*urbain*—reste sensible.
4. On commence avec le jus *du raisin*.
5. Il *dérive* d'un vignoble de 98.000 hectares qui jouit des conditions quasi-idéales pour la maturation de raisin.
6. Quand le raisin arrive à la distillerie, seule la pulpe sucrée est *pressée*.
7. De là, on obtient un liquide pâle et *pas clair* qu'on verse dans de grands cuviers.
8. Si vous ajoutez au bouquet quelques fleurs *du printemps,* c'est éclatant.
9. On chauffe le verre dans *la partie concave* de la main.
10. C'est *délectable,* cet élixir divin qu'on considère universellement la fin parfaite à une soirée inoubliable.

B. Complétez les phrases suivantes. Utilisez votre imagination! (Les expressions en italique sont tirées directement de la lecture.)

1. Ce qui *attire* les visiteurs dans ma ville, c'est...
2. *Un tiers* des membres de cette classe...
3. A mon avis, *la fierté nationale*...
4. Ma *légende* préférée...
5. Je *garde jalousement*...
6. Un *bouquet de roses*...
7. Les conditions *quasi-idéales* pour apprendre sont...
8. Pour moi, les *anges*...
9. Si je *partais à l'étranger*...
10. Je pense que l'éducation en général *s'améliorerait* si...

C. **La fierté nationale** Dites si chaque chose représente une source de fierté nationale (ou régionale) et pourquoi.

1. L'éducation
2. New York City
3. Les monuments de Washington D.C.
4. Williamsburg
5. Les maisons qui datent d'avant 1900
6. Les meubles anciens
7. L'aigle
8. Le Coca Cola

Les Produits Régionaux **285**

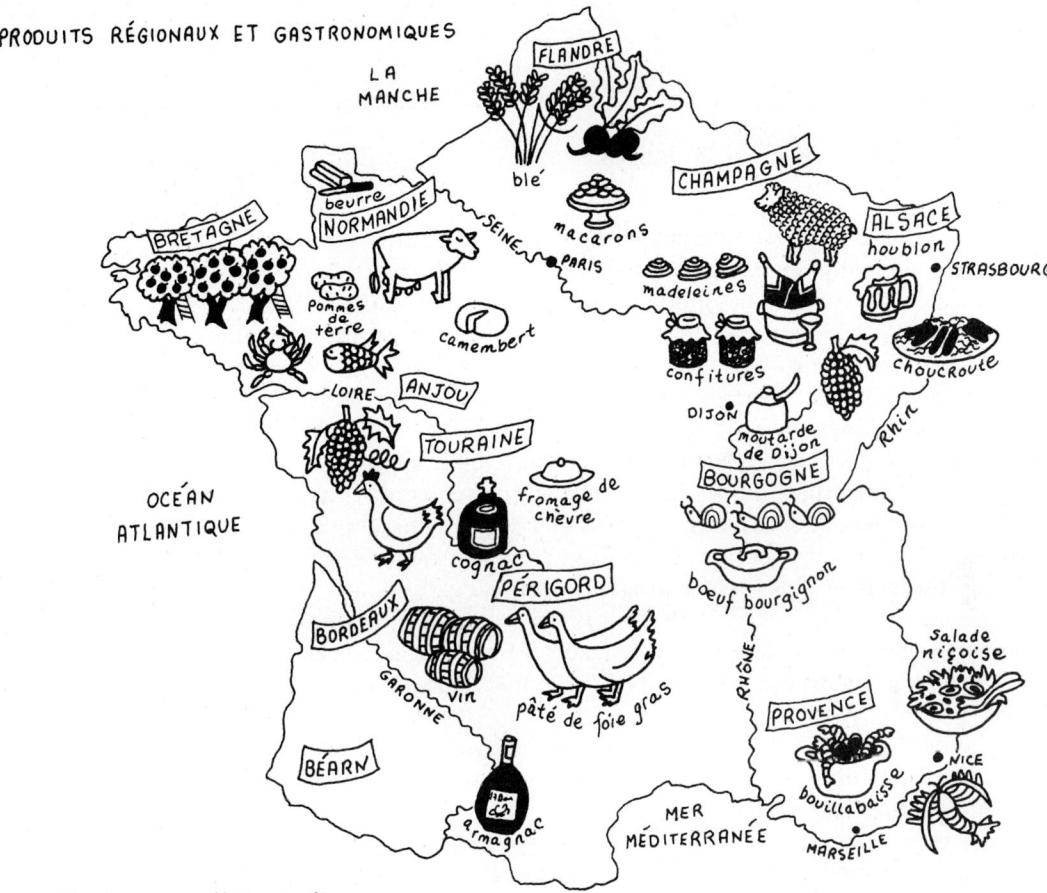

9. Les anciens villages indiens
10. Les fleurs sauvages
11. Les parcs nationaux
12. Les ressources naturelles (le pétrole, les minéraux, etc.)
13. La Déclaration d'Indépendance
14. Les danses américaines (*square-dancing,* etc.)
15. L'hymne national

Classez les éléments ci-dessus dans l'ordre décroissant des sources de fierté nationale. Comparez vos idées avec celles des autres membres de la classe.

D. **Composition** Choisissez un des sujets suivants et écrivez une courte composition dont on discutera ensuite en classe.

1. Les avantages et les inconvénients d'être citadin.
2. La commercialisation des fêtes nationales.
3. La valeur des traditions.
4. La fierté nationale.

Les Artistes du foie gras

L'année dernière, mille trois cent quarante-cinq tonnes de foie gras d'origine française ont été mises en conserve° et environ un millier de tonnes ont été importées. Ce produit exceptionnel est fabriqué par quelques grands conserveurs et des artisans dont la règle d'or° se résume ainsi: produire des foies° sans reproche.

    Les palmipèdes (oies et canards°) sont gavés° pendant vingt-deux jours au maximum, lorsqu'ils sont âgés de trois à quatre mois. Cette opération est généralement précédée de vaccinations. C'est le gaveur qui décide, selon son expérience, de la «mise à mort». Le jour avant cette mise à mort, les animaux ne sont plus gavés, afin d'avoir une bête propre.

    Le foie, exagérément développé par le gavage, occupe près des deux tiers de la cage thoracique. Il pèse entre trois cents et huit cents grammes pour un canard et de cinq cents à mille cinq cents grammes pour une oie. Le professionnel peut en déterminer la qualité en le palpant°. Dans le doute, il le plongera dans une bassine d'eau. Si le foie ne flotte pas, il est correct.

    Chaque année vers la fin de décembre, la France est «entrée en foie gras». C'est un rituel qui semble avoir une longue histoire. Les oies des ancêtres gaulois étaient très estimées à Rome. Elles s'y déplaçaient à pied, en troupeaux, et donc évidemment en bonne santé, y compris leur foie. Arrivées à leur destination, elles se trouvaient soumises à la cruauté des gastronomes. Enfermées sans lumière, elles étaient contraintes à manger des figues toute la journée. Leur foie s'hypertrophiait et portait alors le nom de *ficatum* (de *ficus,* figue). Le ficatum était si apprécié que le mot a fini par désigner tous les foies animaux et humains, donnant *fegato* en italien et «foie» en français.

    A la fin du XVIIIème siècle, Jean-Pierre Clause, l'équivalent de Dom Pérignon pour le champagne ou de Marie Harel pour le camembert, crée à la demande de son maître, le maréchal de Contades, gouverneur d'Alsace, un plat° nouveau, un inoubliable pâté de foie d'oie. Son maître en est si content qu'il l'offre à Louis XVI, qui s'en délecte. La fortune de Clause et des pâtés de foie d'oie de Strasbourg est faite. Le foie gras devient le symbole gastronomique de la France.

    Les Anciens voyaient dans le foie le siège° du feu de la vie. Ils examinaient attentivement celui des animaux sacrifiés aux dieux pour y lire l'avenir. Les Français n'hésitent pas à plonger leurs regards dans le foie gras, sinon pour y lire l'avenir, du moins pour vivre l'euphorie d'un moment délicieux dans l'histoire de la cuisine.

♦ Adapté du *Point* et de *France-Amérique*

---

canned

golden rule
livers
geese and ducks/force-fed

feeling

dish

seat

Les Produits Régionaux **287**

Questions sur la lecture

1. Le foie gras, est-il un produit fait principalement pour les Français ou pour les étrangers?
2. Comment se pratique le gavage des palmipèdes?
3. Pourquoi les animaux ne sont-ils pas gavés le jour avant la mise à mort?
4. Quel est le résultat du gavage sur le foie de l'animal?
5. Que fait le professionnel s'il doute de la qualité d'un foie?
6. Quel était le rapport entre les ancêtres gaulois des Français et les Romains?
7. Quelle est l'origine du mot «foie»?
8. Qui était Jean-Pierre Clause?
9. Pourquoi le foie était-il important pour les Anciens?
10. Pourquoi est-il important aujourd'hui pour les Français?

Questions à débattre en classe

1. Comment les Américains ont-ils pu découvrir le foie gras, un produit presque exclusivement français?
2. D'après-vous, que veut dire le mot «palmipèdes»?
3. Les palmipèdes sont-ils très utilisés dans la cuisine américaine? Pourquoi?
4. Etes-vous végétarien? Pourquoi? Connaissez-vous d'autres végétariens?
5. Avons-nous des animaux préparés spécialement pour la «mise à mort»? Lesquels? Comment réagissez-vous?
6. La France «entre en foie gras» vers la fin de décembre. Avons-nous des rituels gastronomiques saisonniers?
7. Les Romains sont responsables de beaucoup de grands plats toujours appréciés. Dans quels autres domaines ont-ils contribué à notre civilisation moderne?
8. Citez d'autres produits français symbolisant la gastronomie française. Pourquoi?

Activités

A. Choisissez l'expression qui complète le mieux chacune des phrases suivantes.

1. Mille trois cent quarante-cinq tonnes de foie gras d'origine française ont été _____ .
   a) sans reproche
   b) mise à mort
   c) mises en conserve

2. Un _____ de tonnes ont été importées.
   a) tiers
   b) millier
   c) trois cents

3. Ce produit est fabriqué par quelques grands conserveurs et des artisans dont _____ se résume ainsi: produire des foies sans reproches.
   a) le plat nouveau
   b) l'opération
   c) la règle d'or

4. Les palmipèdes (_____) sont gavés pendant vingt-deux jours au maximum.
   a) oies et canards
   b) trois cents et huit cents grammes
   c) le *fegato* et le «foie»

5. C'est _____ qui décide de la «mise à mort».
   a) le gaulois
   b) le gaveur
   c) le maréchal

6. _____ , exagérément développé par le gavage, occupe près des deux tiers de la cage thoracique.
   a) La bête
   b) Le foie
   c) Les figues

7. Le professionnel peut en déterminer la qualité en le _____ .
   a) gavant   b) mangeant   c) palpant

8. Quand les oies sont arrivées à Rome, elles se trouvaient _____ à la cruauté des gastronomes.
   a) soumises   b) enfermées   c) plongées

9. Jean-Pierre Clause a créé _____ nouveau, le pâté de foie d'oie.
   a) un camembert   b) un plat   c) une fortune

10. Les Anciens voyaient dans le foie _____ du feu de la vie.
    a) le moment   b) le siège   c) l'euphorie

B. **Les symboles** Trouvez dans la colonne de droite l'endroit correspondant au symbole dans la colonne de gauche. Indiquez à gauche votre réponse.

_____ 1. la Tour Eiffel   A. Rome

_____ 2. le Colisée   B. l'Australie

_____ 3. Big Ben   C. Berlin

_____ 4. le soleil levant   D. l'Egypte

_____ 5. le koala   E. Londres

_____ 6. l'aigle   F. le Japon

_____ 7. le mur   G. Athènes

_____ 8. les moulins   H. Paris

_____ 9. les Pyramides   I. les Etats-Unis

_____ 10. le Parthénon   J. la Hollande

Répondez aux questions suivantes.

1. Pensez-vous que ces symboles représentent bien les endroits associés?
2. Comment ces choses sont-elles devenues symboles?
3. Que veut dire «symbole» pour vous? Représente-t-il toujours quelque chose de positif?
4. Pourriez-vous penser à d'autres symboles?
5. Les symboles durent-ils?

C. **Vrai ou faux?** Déterminez si chacune des phrases suivantes est vraie (**V**) ou fausse (**F**). Indiquez à gauche la bonne réponse pour chaque phrase. Si nécessaire, faites les corrections.

_____ 1. Les palmipèdes sont gavés pendant trente-deux jours au maximum.

_____ 2. Les palmipèdes sont gavés à l'âge de trois à quatre mois.

_____ 3. Les animaux sont gavés une dernière fois le jour de la «mise à mort».

_____ 4. L'opération de gavage est généralement suivie de vaccinations.

_____ 5. Le foie obtenu pèse entre trois cents et huit cents grammes pour un canard.

_____ 6. Le professionnel plonge le foie dans une bassine d'eau s'il doute de sa qualité.

_____ 7. Si le foie flotte, il est correct.

_____ 8. Les oies des ancêtres celtiques étaient très estimées à Rome.

_____ 9. Les Romains enfermaient les oies sans lumière et les contraignaient à manger des figues toute la journée.

_____ 10. Un grand gastronome Romain, M. Ficatum, donna son nom à la partie des corps des animaux et des humains appelée aujourd'hui «le foie».

D. **Composition** Choisissez un des sujets suivants et écrivez une courte composition dont on discutera ensuite en classe.

1. Les traditions culinaires.
2. Le végétarisme.
3. Les animaux comme source de nourriture.
4. Les droits des animaux.

◆ *La Champagne vous invite*

Un même mot pour désigner une région et le vin auquel elle donne naissance. Il n'est vin de champagne que de la région champenoise. Venez découvrir le secret de l'union intime entre la Champagne et le champagne, le vin le plus prestigieux du monde.

    La vigne a existé en Champagne dès l'époque tertiaire°, comme l'atteste la présence de feuilles fossiles. Lors de la conquête romaine, il est vraisemblable que les légions de Jules César ont découvert le vin champenois en s'installant dans la région. La vigne a connu ensuite une grande extension et le commerce du vin s'est développé.   *about 70 million years ago*

    Plusieurs chroniqueurs ont rapporté que Saint-Remi (évêque° de Reims et qui a baptisé en 496 le roi Clovis) a fait miraculeusement surgir du vin d'un tonneau° vide. Durant le Moyen Age, les foires de Champagne ont permis aux marchands venus de toute l'Europe de boire et d'acheter le vin de Champagne. Et aussi, lors du sacre° des rois de France à Reims, la noblesse du royaume et les souverains étrangers ont appris à l'aimer.   *bishop* / *barrel* / *coronation*

    Le produit du vignoble, en ce temps-là, ne ressemblait guère à celui que nous admirons aujourd'hui. Les champenois ont persévéré énergiquement, sans succès, à contenir l'effervescence naturelle du vin, à maintenir sa limpidité. Quelques hommes de la région (en particulier Dom Pérignon qui a été cellérier[1] de l'abbaye d'Hautvillers à la fin du XVIIIème siècle), unissant des qualités de dégustateur à la patience de l'observateur, ont réussi à maîtriser° la fermentation et ils ont obtenu un vin clair à la mousse° persistante. Le champagne, tel que nous l'apprécions maintenant, était né.   *mastering* / *foam*

    Il a suscité immédiatement une vogue considérable. Tous les rois et empereurs, et avec eux l'aristocratie européenne, se sont enthousiasmés pour lui et en ont fait le vin de la fête et de la bonne humeur. Les poètes les plus célèbres ont vanté ses mérites et ont reconnu en lui le vin de l'esprit. Voltaire s'est exclamé à son sujet:

    «De ce vin frais l'écume pétillante°   *sparkling foam*
    De nos Français est l'image brillante.»

    Pour assurer un large développement de la production, l'expérience des précurseurs a été améliorée par la mise au point° de règles précises d'élaboration; la fabrication de bouteilles suffisamment résistantes a été   *perfection*

---

[1]**Cellérier** Someone in charge of the wine and provisions for a monastery.

entreprise et l'utilisation du bouchon de liège° s'est généralisée. Les négociants, de leur côté, sont partis à la conquête des marchés les plus lointains. A partir de 1820, les expéditions ont pris un certain essor et les bouteilles de champagne ont commencé à quitter par millions les caves de Reims, d'Epernay et d'Ay.

Pour l'élaboration du champagne, il faut une coopération entre la nature, la tradition, le travail de l'homme et la réglementation gouvernementale. Lors de la vendange, 4.000 kilos de raisins donnent, par presses rapides et successives, 2.666 litres de moût°, ce qui correspond à 100 litres de jus pour 150 kilos de raisins. Le vin naît en cave où le moût est mis dans des fûts. Une première fermentation a lieu par transformation du sucre en alcool. Après plusieurs mois, lorsque cette fermentation est terminée et que le vin est devenu clair, on compose la «cuvée°».

Tout l'art consiste à réaliser un ensemble harmonieux et équilibré en mariant des vins issus d'années, de cépages° et de crus différents; chaque responsable de cave garde jalousement le secret des proportions qui donnent à son vin un goût particulier et le distinguent de celui de ses collègues. Il est extraordinaire que la qualité de cet heureux assemblage soit toujours supérieure à la somme des qualités de chacun des

cork made of cork oak

must (the extracted juice)

blend

vine-plants

composants. Si le vin d'une récolte° est remarquable, on peut faire la cuvée avec le seul vin de l'année: ce champagne est alors «millésimé».

Puis on procède à la mise en bouteille de vin où une seconde fermentation se produit, beaucoup plus lente que la première. Ce séjour en cave (le réseau souterrain des caves s'étend sur plus de 250 kilomètres) est au minimum d'un an (trois années pour les vins millésimés). Peu à peu, dans le silence et la fraîcheur des caves, le vin tranquille devient le champagne, le symbole de l'élégance et du raffinement.

crop

♦ Adapté du Comité Interprofessionnel du vin de Champagne

Le saviez-vous?

Champagne ou vin mousseux?

Seulement le champagne provenant de la Champagne a le droit à cette appellation. Tout autre vin fait de cette manière s'appelle «le vin fait selon la méthode champenoise» ou «le vin mousseux».

Le type de vin (brut, sec ou demi-sec) dépend de la faible quantité de sucre de canne qu'on introduit dans la bouteille de champagne.

Questions sur la lecture

1. Quelle est la différence entre la Champagne et le champagne?
2. Comment sait-on que la vigne a existé en Champagne dès l'époque tertiaire?
3. Comment les marchands d'Europe ont-ils connu le vin de Champagne?
4. Pourquoi la noblesse française et les souverains étrangers sont-ils venus en Champagne?
5. Pourquoi Dom Pérignon est-il appelé le «père du champagne»?
6. A quel moment historique est-ce que le champagne, tel que nous l'apprécions maintenant, est né?
7. Qui a provoqué la vogue du champagne? Comment?
8. Comment l'expérience des précurseurs a-t-elle été améliorée?
9. Combien de litres de raisins faut-il pour obtenir un litre de moût?
10. Qu'est-ce que la cuvée?

Questions à débattre en classe

1. Avez-vous goûté au champagne? L'aimez-vous? Pourquoi?
2. Dans quelles régions aux Etats-Unis produit-on le vin fait selon la méthode champenoise?
3. D'après-vous, pourquoi les rois et les empereurs ont-ils fait du champagne le vin de la fête et de la bonne humeur?
4. La royauté exerce-t-elle toujours de l'influence sur le public général aujourd'hui? Comment?
5. Le champagne est-il très apprécié en Amérique? Pourquoi?
6. A quels moments les Américains ont-ils tendance à boire du champagne?
7. Pourquoi le champagne est-il appelé «le vin le plus prestigieux du monde»?
8. Pourquoi boit-on le champagne dans des flûtes?

Activités

A. Consultez la liste ci-dessous et choisissez l'expression qui convient pour compléter chaque phrase.

mousse	surgir	tertiaire
mise au point	maîtriser	cuvée
sacre	récolte	essor
sont enthousiasmés		

1. La vigne a existé en Champagne dès l'époque _____ .
2. Saint-Remi a fait miraculeusement _____ du vin d'un fût vide.

3. Lors du _____ des rois de France à Reims, la noblesse du royaume et les souverains ont appris à aimer le champagne.

4. Dom Pérignon était parmi les premiers à _____ la fermentation.

5. Ils ont obtenu un vin clair à la _____ persistante.

6. Tous les rois et empereurs se _____ pour le champagne.

7. L'expérience des précurseurs a été améliorée par la _____ de règles précises d'élaboration.

8. A partir de 1820, les expéditions ont pris un certain _____ .

9. Lorsque la première fermentation est terminée, on compose la

   _____ .

10. Si le vin d'une _____ est remarquable, on peut faire la cuvée avec le seul vin de cette année.

B. Trouvez dans la colonne de droite le mot qui a (approximativement) le même sens que le mot dans la colonne de gauche. Indiquez à gauche la bonne réponse.

_____ 1. le sacre   A. les commerçants
_____ 2. attester   B. la clarté
_____ 3. lors   C. commencer
_____ 4. l'essor   D. le couronnement
_____ 5. vraisemblable   E. à l'époque de
_____ 6. les marchands   F. se passionner
_____ 7. persévérer   G. l'emploi
_____ 8. la limpidité   H. exalter
_____ 9. s'enthousiasmer   I. certifier
_____ 10. vanter   J. accomplir
_____ 11. entreprendre   K. plausible
_____ 12. l'utilisation   L. la délicatesse
_____ 13. réaliser   M. la croissance
_____ 14. remarquable   N. persister
_____ 15. le raffinement   O. extraordinaire

C. **Les Pères** Dom Pérignon est considéré comme «le père du champagne». Identifiez les domaines des «pères» suivants.

1. Daguerre
2. Henry Ford
3. George Washington
4. the Mississippi River
5. Jacques Cousteau
6. Albert Einstein
7. Lord Baden Powell
8. Sigmund Freud
9. Hippocrates
10. Zeus

D. Complétez les phrases suivantes. Utilisez votre imagination! (Les expressions en italique sont tirées directement de la lecture.)

1. Si je vivais au *Moyen Age*...
2. Si j'étais un *roi* au dix-septième *siècle*...
3. Ce que je considère très *prestigieux*, c'est...
4. Il faut *persévérer énergiquement* pour...
5. Si le *champagne* n'existait pas...
6. Je me suis *enthousiasmé(e)* pour...
7. Si j'étais responsable de *la cuvée*...
8. Si j'avais un champagne *millésimé*...
9. Si je pouvais assister *au sacre des rois* à Reims...
10. Si j'avais du pouvoir, j'*améliorerais*...

E. Donnez l'infinitif qui correspond à chaque verbe en italique.

1. ils ont *découvert* le vin champenois
2. la vigne a *connu* une grande extension
3. les foires ont *permis* aux marchands de boire le vin de Champagne
4. les souverains ont *appris* à l'aimer
5. ils ont *obtenu* un vin clair
6. la fabrication de bouteilles a été *entreprise*
7. les expéditions ont *pris* un certain essor
8. 2.666 litres, ce qui *correspond* à 100 litres de jus
9. le vin *naît* en cave
10. le moût est *mis* dans des fûts
11. il est extraordinaire que la qualité *soit* supérieure à la somme des qualités de chacun des composants
12. on *procède* à la mise en bouteilles
13. une seconde fermentation se *produit*
14. le vin tranquille *devient* champagne

Le saviez-vous?

L'Escargot, la chèvre et la baguette

Les Français, c'est bien connu, sont mangeurs d'escargots, de fromage de chèvre et de bon pain. Mais les chiffres confirment-ils les «on-dit»?

Les Français mangent 40.000 tonnes d'escargots par an dont 20% sont importées (Yougoslavie, Hongrie, Turquie, etc.). 30.000 sont «cueillies» par les Français eux-mêmes dans les champs, 10.000 tonnes sont achetées dans les magasins ou préparées en conserves.

Les Français consomment 182 g. de pain par jour, mais ils en consommaient 282 g. en 1958 et 450 g., soit deux fois et demi plus, en 1900.

♦ Adapté du *Français dans le monde*

Escargots

Un Français pesant cent soixante-dix kilos a pulvérisé, à Thicaucourt, dans l'est de la France, le record mondial du mangeur d'escargots en avalant cent quarante-quatre gastropodes en onze minutes et trente secondes.

M. Marc Quinquindon, vingt-sept ans, conducteur d'engin, a ravi le titre mondial à une Américaine, Mme. Bove, qui avait avalé, en 1974 à Houston, cent vingt-quatre escargots en quinze minutes.

La Récapitulation

Quelques mots de vocabulaire à retenir

le bouchon
le canard
le citadin
l'eau-de-vie *(f.)*
l'ébullition *(f.)*
l'écume *(f.)*
l'évêque *(m.)*

le foie
la mise au point
l'oie *(f.)*
le pépin
le plat
la règle d'or
le siège

écraser
mettre en jeu
maîtriser
éclatant
pétillant
printanier

———◆———

Divisez la classe en plusieurs équipes

A. Le professeur écrira la phrase suivante au tableau noir:
   Le foie gras de canard ou d'oie est un plat spécial que beaucoup de cuisiniers essayent de maîtriser.
   Chaque équipe a cinq minutes pour essayer de trouver autant de mots français que possible avec les lettres de cette phrase.

B. Chaque équipe a cinq minutes pour former autant de phrases que possible avec ces vingt mots de vocabulaire.

La meilleure équipe jugera les autres équipes dan l'activité suivante.

C. Choisissez des étudiants pour interpréter, chaque équipe à tour de rôle, l'histoire suivante: *La Fête champêtre°*.   rustic

En essayant d'employer tous les mots de vocabulaire possibles des chapitres précédents (1 point pour chaque mot de vocabulaire employé), des étudiants vont interpréter l'histoire des citadins qui assistent à une grand fête rurale.

———◆———

Les possibilités de discussion

—la raison qui explique cette fête
—les premiéres réactions des citadins lors de leur arrivée
—les dernières impressions des citadins et des paysans
—comment la fête se déroule-t-elle?

—la description de la campagne
—la description de la fête elle-même
—les préparatifs des paysans
—les jeux
—la fin de la journée

———◆———

Variations

1. Certains citadins détestent la campagne et ils ne veulent pas participer du tout. Comment faire pour les attirer?
2. Un groupe de jeunes délinquants de la ville arrive en motos pour troubler la fête. Qu'est-ce qui arrive?

Vocabulaire thématique ♦ Les Produits régionaux

Les substantifs

la barrique 225-litre wine barrel
le bouchon de liège cork made of cork oak
le canard duck
le cellérier someone in charge of the wine and provisions for a monastery
le cépage vine-plant
la chaudière boiler
le chêne oak
le citadin city-dweller
le creux hollow
la cuvée blend
le cuvier wash tub
l'eau-de-vie (f.) brandy, spirits
l'ébullition (f.) boiling
l'écume (f.) foam
l'époque tertiaire (f.) (géol.) about 70 million years ago
l'évêque (m.) bishop
le foie liver
le fût cask
le jus de la treille the juice of the grape, wine
la mise au point perfection
la mousse foam, froth
le moût extracted juice of grapes
l'oie (f.) goose
le pépin seed

le plat dish (of food)
la récolte crop
la règle d'or golden rule
le sacre coronation
le siège seat
la tige stem
le tonneau barrel
le velours velvet, (fig.) delectable

Les verbes

écraser to crush
gaver to force-feed
mettre en jeu to bring into play
maîtriser to master
mettre en conserve to can
palper to examine something by feeling

Les autres expressions

champêtre rustic
éclatant vivid
pétillant sparkling
printanier springtime
70 degrés 140 proof
trouble (of liquids) cloudy
vendangé harvested

7 au 10 Septembre
Festival du champagne
à Avize
(Champagne - Ardenne)

Vocabulaire

This vocabulary contains all the words that are defined in the margins of the text except words considered part of the students' lexicon at the intermediate level. An asterisk is placed next to a word that has more than one meaning. In this vocabulary only the meanings that are used in the text will be featured. The student must take care to apply the proper meaning to the word in context. Idiomatic expressions are listed alphabetically under the key word.

Abréviations

cond.	conditionnel
f.	féminin
lit.	littéralement
m.	masculin
p.p.	participe passé
part. prés.	participe présent
pers.	personne
pl.	pluriel
sing.	singulier

◆

à bord de on board
acclamer to cheer, applaud
accorder to grant, award
accueillir welcome
l'achèvement *(m.)* completion
acquérir *(p.p.* **acquis)** to acquire
l'adresse* *(f.)* skill
les affaires *(f.)* business
affectif emotional
les affections* *(f.)* ailments
affluer to flock, to throng
l'agrégé *(m.)* associate professor
ailleurs elsewhere
   d'ailleurs* moreover
ainsi qu'à as well as
l'aire *(f.)* surface
(s')ajouter to add/to be added
aléatoire risky
l'aliment *(m.)* food
l'aller-retour *(m)* round trip
amarante purplish
amèrement bitterly
l'animation *(f.)* activity
les années 80 the eighties
apaiser to calm
l'à-peu-près *(m.)* approximation
appartenir (à) to belong to
l'apprenti *(m.)* apprentice
l'approbation *(f.)* approval
appuyer (sur) to press

l'arachide *(f.)* peanut
l'arbitre *(m.)* referee
   l'arbitre de touche line judge
l'arrêt* *(m.)* stop, rest period
à l'arrière behind
l'aspirateur *(m.)* vacuum cleaner
l'assaisonnement *(m.)* seasoning
l'Assemblée Nationale *(f.)* the French equivalent to the House of Representatives
assister à to attend
l'assurance *(f.)* insurance
l'assurance tous risques sans franchise *(f.)* zero deductible
l'asthénie *(f.)* depression
l'atelier *(m.)* workshop
l'athlétisme *(m.)* track and field
s'attacher (à une tâche) to apply oneself (to a task)
s'attendre (à) to expect
attirer to attract
l'attrait *(m.)* attraction
attrayant attractive
attribuer to assign
au cours de during
au palmarès on the prize list (list of honors)
l'autel *(m.)* altar
autrui others, other people
au-delà beyond

l'avaleur *(m.)* swallower (someone who swallows)
l'avenir *(m.)* future
avoir de quoi plaire to have something pleasing
avoir les moyens to have the means
avoir lieu to take place
l'avortement *(m.)* abortion

◆

le bac à légumes vegetable drawer
la banlieue suburbs
le baobab baobab tree
barbu bearded
la barrique 225-litre wine barrel
bas low
battre* to beat
battre en retraite to beat a retreat
la batterie percussion instruments
les beaux-parents *(m.)* in-laws
bel et bien entirely
le berceau cradle
le berger shepherd
le besoin need
la bête animal
bien entendu of course
le bijou jewel
le blanc blank
le blessé wounded (man)
la boisson drink

le bombardier bomber
la bonne tenue dignified manners
le bon ton good form
de bonne volonté well-meaning
la borne bound, limit
le bouchon de liège cork made of cork oak
bouclé curly
le bouleversement upheaval
bouleverser* to upset, to overturn
le bourg small town
bousculer* to push
la brebis sheep
le brouillard fog
le but* goal, goal posts

◆

le cadre* executive; surroundings
la cagoule penitent's hood
la caisse* cash register
le calembour pun
le cambriolage burglary
camper* to play a part effectively
le canard duck
le carrefour crossroads
la caserne barracks
le casque de moto motorcycle helmet
casqué with helmets
la casserole (sauce) pan
la cave cellar
la CEE (la Communauté Economique Européenne) European Economic Community
cela vaut la peine it's worth it
le (la) célibataire single man (woman)
le cellérier someone in charge of the wine and provisions for a monastery
le cendrier ashtray
censé supposed, considered
centenaire of a hundred years' standing
le cépage vine-plant
c'est-à-dire that is to say
c'est l'heure It's time
chambré at room temperature
champêtre rustic
la charcuterie cold cuts
la chaudière boiler
le chêne oak
le chéquier checkbook
le chercheur seeker

la chèvre goat
chez les hommes (femmes) with men (women)
le chiffre figure, number
le chiffre d'affaires turnover (annual sales)
chirurgical surgical
le chômage unemployment
le chômeur unemployed (person)
chuter to fall
ci-dessous here below
ci-dessus here above
le citadin city-dweller
le clavecin harpsichord
clos enclosed
la colonie de vacances children's holiday camp
le col roulé turtleneck
commander to order
le comportement behavior
comptable (adj.) bookkeeping (work, etc.)
le compte account
le comptoir counter
le concours* competition, contest
concourir* to combine, unite
la concurrence competition
confier to entrust
la confrérie brotherhood
le congé d'été summer vacation
le congélateur freezer
le conjoint spouse
consacrer to dedicate to
la conseillère counselor (woman)
contenir to contain
contre* as opposed to
convaincre to convince
la corvée drudgery, irksome task
la Côte d'Azur the French Riviera
côtier coastal
se côtoyer* to be next (close) to
la cour courtyard
la couche diaper
le coup* de pied kick
coupable guilty
la coupe cut
coup sur coup one on top of the other
le courant tendency
le coureur racer
le couronnement coronation
le cours de perfectionnement advanced course
la courtoisie courtesy

le cracheur spitter (someone who spits)
la crèche day nursery
le creux hollow
la croisière cruise
la croisière en péniche canal boat cruise
la croissance champignon mushroom growth
croissant increasing
cru (adj.) uncooked, raw
le cru official term used in grading wine
cuire (p.p. **cuit**) to cook
le curiste patient taking the cure
la cuvée blend
le cuvier wash tub

◆

davantage more
se débarrasser (de quelque chose) to get rid (of something)
se déchaîner to break out
(se) découvrir to discover (in oneself), to realize
défiler to parade by
dégivrer to defrost
70 degrés 140 proof
déguster to taste
délayer to mix in
le deltaplane hang gliding (also, hang glider)
le déménagement moving house
démontrer to demonstrate
la denrée commodity
le département administrative subdivision of France, somewhat like counties
la dépense expenditure
en dépit de in spite of
le déplacement travel, travelling
déposer to file. to register
dépouiller to deprive, to strip
se dérouler to take place (an event)
dès from
désordonné disorderly
désormais henceforth
de suite in a row
détendre to relax, to loosen
la détente* relaxation
détenir to hold (record, etc.)
devenir to become
deviner to guess
la devise motto

devoir (*part. prés.* **devant**) must, have to
devraient (*3ᵉ pers. pl. du cond. de* **devoir**) should
diffuser to broadcast
digérer to digest
diminuer to take away from
la direction management
le dirigeant director
diriger to direct
disponible available
disposer* to have at one's disposal
distraire to distract
la dizaine (about) ten
les dommages (*m.*) damage
dont whose, of which
le dossier documents, file
la douleur pain
le drapeau flag
un drôle de . . . an odd (funny) . . .
la durée duration

l'eau-de-vie (*f.*) brandy, spirits
ébrécher to make a notch in
l'ébullition (*f.*) boiling
l'échafaud (*m.*) scaffold
(s')échapper to escape
l'échéance (*f.*) date (of payment)
l'éclairage (*m.*) lighting
éclatant vivid
l'économie (*f.*) economy, thrift, savings
écossais Scottish
l'écran (*m.*) screen
écraser to crush
l'écrivain (*m.*) author, writer
l'écume (*f.*) foam
l'effectif (*m.*) (*mil.*) total strength; manpower
efficace effective
élevé high
éloigné removed
s'éloigner* to move away from
l'élu (*m.*) the chosen one
empêcher to prevent
l'emploi du temps (*m.*) schedule
emporter* to prevail, to surpass
emprunter to borrow
encadrer to frame
en dehors de outside of
l'endroit (*m.*) place
enfoncer* to break
engager* to hire, to enlist

en gros roughly
enlever to remove
ennuyer* to bother, to annoy
en outre moreover
l'enquête (*f.*) survey, inquiry, investigation
s'enraciner to take root, to become established
en règle avec in compliance with
en revanche on the other hand
enseigner to teach
en smoking in formal attire
s'ensuivre to result (in)
ensuite afterwards
en tant que as
l'entente* (*f.*) agreement
en tête in the lead
l'entraînement (*m.*) training
entraîner to entail
l'entraîneur (*m.*) coach
d'entrée en jeu from the beginning
l'entrepôt (*m.*) warehouse
l'entreprise (*f.*) firm, business concern
entrer en jeu to come into play
l'entretien* (*m.*) upkeep, maintenance
entre-temps meanwhile
entrevoir to catch a glimpse of
envahir to invade
envahissant encroaching
en voie* on the road to
(s')épanouir* to blossom
l'épanouissement (*m.*) blossoming, opening up
l'épice (*f.*) spice
éplucher to husk, to peel
l'épopée (*f.*) epic poem
l'époque tertiaire (*f.*) (*géol.*) about 70 million years ago
épousseter to dust
l'épreuve* (*f.*) event, exam
l'équipe (*f.*) team, side
errer to wander
l'esprit (*m.*) spirit
  l'esprit d'équipe (*m.*) team spirit
l'essor (*m.*) rise
étaler to spread out
étant (être) (*part. prés*) being
l'étape (*f.*) step
l'état d'esprit (*m.*) state of mind
s'éteindre* to become extinct
(s')étendre to spread, to extend
l'étiquette (*f.*) label

les étoiles dorées (*f.*) general's stars
être bien dans sa peau to feel good about oneself
être dans le coup to be abreast of what is going on
être disposé à to be inclined to do something
être initié to be initiated, to be in the know
l'événement (*m.*) event
éventuel possible
éventuellement possibly
l'évêque (*m.*) bishop
exécuter to perform
l'exemplaire (*m.*) copy
l'exigence (*f.*) requirement, demand
exiger to require
exploiter to operate
(s')exprimer to express (oneself)
l'extrait (*m.*) excerpt or extract

faire face à to face
faire fête à quelqu'un to receive someone with open arms
faire la vaisselle to wash the dishes
faire salle comble to draw a full house
se faner to fade
la farine flour
le fauteuil armchair
la femme au foyer housewife
la fermeture closing
la fermière woman farmer
le feu de joie bonfire
se fier à to trust
la fierté pride
la flânerie strolling
la floraison blossoming
le foie liver
le fond bottom
fondre to melt
le football soccer
la force de frappe striking force
la formation education
la formule plan, formula
la fossette dimple
foudroyer to strike down
la foule crowd
le four à vapeur sèche dry steam oven
le foyer home, hearth

le frais expense
franchir to cross, exceed
frappé* stricken
  vin frappé wine submerged in an ice bath
frapper to strike
le frein brake
la frontière border
fuir to flee
la fuite flight
le fusil rifle
le fût cask

◆

gâcher to squander
gagner to gain, to earn
le gardian à cheval cowboy
le gardien de but goal tender
gare au ... beware (to) ...
(se) garer to park
garer en double file to double park
le gargarisme gargling
le gaspillage waste
le gastropode* snail
gaver to force-feed
le gazon lawn
gérer to manage
le gibier game
la girolle chanterelle (mushroom)
le gîte hideaway, resting-place
le goût taste (pleasure)
la graisse fat
les grandes bouteilles the best wines
grisant intoxicating
la grossesse pregnancy
guérir to cure
guerrier war-like
le guichet* position (window) in a bank or post office

◆

l'habileté (f.) skill
les habitudes (f.) practices
habituer to accustom, to get used to
la haine hatred
hebdomadaire weekly
l'hébergement (m.) lodging
l'Hexagone (f.) France
honnir to disgrace, dishonor
l'horaire (m.) schedule, timetable
le hors-jeu out of play, off sides

le houblon hops
les huîtres (f.) oysters
humer to breathe in
l'hypothèque (f.) mortgage

◆

d'ici + *expression de temps* between now and "time expression"
il reste there remains
il s'agit de it's a question of
l'immeuble (m.) building, block of apartments
n'importe comment just any way
n'importe où just anywhere
n'importe quel(le) any, no matter which
l'impôt (m.) tax
incomber to behoove someone to
l'inconvénient (m.) disadvantage
indéfinissable indefinable
inédit* unprecedented
l'informatique (f.) data processing, computer science
ingrat thankless
inhabituel unusual
inquiéter to disturb, to worry
insolite unusual, extraordinary
s'installer to make oneself at home, to get settled in
à l'instar de after the fashion
l'interdiction (f.) prohibition
interdire to forbid

◆

joindre (*p.p.* **joint**) to join, to bind
jouir to enjoy
le joueur de touche linesman
le jour de ses 60 ans on his 60th birthday
le jus de la treille the juice of the grape, wine

◆

la kermesse village fair
klaxonner to honk

◆

la langue d'oc southern French
la langue d'oïl northern French
le lectorat reading public
le lecteur reader
le lendemain the next day
la libation drink-offering, spirits

le licencié* license holder
le licenciement layoff
la ligne* figure
la location rental
la location-vente à longue durée leasing, lease-purchasing
la loi law
le loisir spare-time activity
lors at the time of
louer to praise
le loyer rent
la lutte struggle

◆

les magasins «bio» health food stores
la main-d'œuvre manpower
le maintien maintenance
le maïs corn
maîtriser to master
malgré in spite of
le manifeste proclamation
manifester to show
le manque lack
manquer to lack
le marché market
la marmite cooking pot
marquant outstanding
la marque de fabrique brand name
le matelot sailor
la maternelle nursery school
le (la) mécanographe computer operator
méconnaître (*p.p.* **méconnu**) to fail to recognize or appreciate
le médicament medicine
la médiathèque multimedia library
(se) méfier to mistrust
le mélomane music lover
  être mélomane to be mad about music
menacer to threaten
le mensuel monthly magazine
le menuisier carpenter
les menus métiers small jobs
mépriser to scorn
la merveille wonder
le mètre carré square meter
les mets (m.) dish (of food)
le metteur en scène director
mettre en conserve to can
mettre en jeu to bring into play
mettre les pieds to set foot in

le miel honey
la milice militia
le milliard billion
le millier (about a) thousand
la mise au point perfection
la mise en jeu* play
mi-temps part-time
le mi-temps half (period of play in a game)
mixte* coeducational
le moine monk
moins cher cheaper
à moins que unless
moisi mildewy
le moût extracted juice of grapes
mouiller* to moisten
la morphologie study of word formations and their varying forms in sentences
la mousse foam
le mousseux sparkling wine
moyen (adj.) average
la musette bagpipe

♦

naguère not long ago
naître (p.p. né) to be born
le navire de guerre warship
ne . . . guère scarcely
ne . . . que only
nettoyer to clean
nier to deny
le niveau level
nombreux numerous
non lucratif non-profit
le nourricier* breadwinner
nourrir to nourish
la nourriture food

♦

l'œuf au plat fried egg
l'œuvre d'art (f.) work of art
l'oie (f.) goose
ombragé shaded
les ongles (m.) fingernails
or now
l'O.N.U. (l'Organisation des Nations Unies) (f.) United Nations
l'ordinateur (m.) computer
orge barley
l'orthographe (f.) spelling
oser to dare
d'où from, whence

l'outil (m.) tool
l'ouverture (f.) opening

le palais* palate
palper to examine something by feeling
le panier d'osier wicker basket
par contre on the other hand
le pardon breton religious festival in Brittany
le parent* relative
parfaire to perfect
le pari bet, wager
le parler (way of) speaking
partager to share
la partie* game
parvenir* to reach
se passer to happen
la passion play depicting the Easter Passion
le patin à roulettes roller skating (also, roller skates)
le patois provincial dialect
le pâtre shepherd
la pause break
les pays (m.) en voie de développement Third World countries
P.D.G. (Président Directeur Général) general manager
la peau leather, skin
le pêcheur fisherman
péjoratif disparaging
le pèlerinage pilgrimage
penaud embarrassed, contrite
pénible irksome, hard
la pénurie* scarcity
le pépin seed
la percée breakthrough
pétillant sparkling
à petites gorgées in sips
pianoter to strum
la pierre angulaire cornerstone
la pinède pine forest
la place forte (mil.) stronghold
plaire to please
la planche à voile windsurfing (also, wind surfboard)
plaquer* to tackle, bring down (an opponent)
plat flat
le plat dish (of food)
le plateau tray

à plusieurs reprises repeatedly
plutôt que rather than
le poids weight
pourra (3ᵉ pers. sing. du futur de pouvoir) will be able
pouvoir (cond. pourrait) to be able to
le pouvoir d'achat buying power
populeux populous
le poste* area
le poteau* goal-post
pousser to push
la poussière dust
préconiser to recommend
prendre conscience (de) to become aware of
prendre en compte to take into consideration
la pression pressure
la prestance imposing appearance
la prévision* forecast
prévoir* to anticipate
la prime reward
printanier springtime
la prise de conscience sudden awareness
priver to deprive
le procès legal action
les produits (m.) d'entretien household cleaning products
profiter (de) to take advantage of
le projet d'équipement outfitting
promouvoir (p.p. promu) to promote
provenir to originate

quant à as regards
quel que soit whatever might be
qui dit mieux who can top that?

se raccrocher to catch hold
la racine root
le ragoût stew
la raison d'être reason for existence
la raison sociale corporate name
rajouter to add or to add more
la rançon ransom
se réaliser to fulfill oneself
réaménager to refit
la recette recipe
la recherche pursuit

la récolte crop
recouvrir* to encompass or to cover with
recueillir* to collect
le rédacteur-concepteur writer-designer
redevenir to become again
le régal feast
la règle rule
la règle d'or golden rule
le règlement rules
les reins *(m.)* kidneys
relier to connect
remettre au lendemain to procrastinate
remettre en question to call something into question again
remonter* to go back
remplir to fill
renaître to be born again
se rendre* to make one's way (to a place)
renfermer to contain
renforcer to reinforce
(se) répandre* to spread
repasser to iron
le repère reference
répéter* to practice
le réseau de diffusion broadcasting network
ressentir to feel
resservir to serve again
le ressort* motive
ressortir to emerge, to be the result of
la restauration dining out
le résultat result
la retraite retirement
(se) réunir to meet
réussi successful
réussir (à) to succeed
la réussite success
revenir moins cher to amount to less
le revenu income
se rhabiller to buy a new outfit
la ride wrinkle
riverain riverside

◆

le sacre coronation
le sage wise man
sain healthy
saisir* (quelqu'un d'une affaire) to refer a matter to court
savoir + *infinitive* to manage to
la scène stage
la scission split
la séance session
séduire to lead astray
le séjour trip, stay
la sensibilité sensitivity
le sérieux seriousness
le service à l'assiette special order
le siècle century
le siège seat
le siège social headquarters
le ski de fond cross-country skiing
le sobriquet nickname
soigner to take care of
le soigneur trainer
soit (*3ᵉ per. prés. subj.* **être**) be
soit . . . soit either . . . or
le son* bran
le sondage opinion poll
la sortie outing
sortir (un disque) to release (a record)
souffler (*part. prés.* **soufflant**) to pant, to blow
souffrir to suffer
souhaiter to wish
soulager to relieve
souligner to underline
soumettre* (*p.p.* **soumis**) to subject
la souplesse flexibility
soustraire to withdraw from
soutenir to support
le spectacle show
le stade stage
le stage d'initiation period of instruction
la station* resort
suer (*part. prés.* **suant**) to sweat
suffire to suffice
le suiveur follower
suivre (*p.p.* **suivi**) to follow
sur + *expression numérique* of (out of) + number
la surface de réparation penalty area
surgir to rise, to come into view
sur place on the spot

◆

le tableau painting
le tablier apron
le tabouret high stool
la tache stain
la tâche task
la taille size
la tapisserie tapestry
le tarif d'excursion excursion fare
le taux rate
tel such
le témoin* evidence, proof
tenir compte de to take into consideration
la tenue dress, attire
le terroir (*agr.*) soil
le tiers third
la tige stem
le tir de missiles missile fire
tirer* **un corner** to take a corner kick
titulaire with the full title
la touche key, button
toucher (un salaire) to earn (a salary)
toucher des pots de vin to accept a bribe
la toilette* dress, clothes
toujours* still
tondre (*p.p.* **tondu**) to mow
le tonneau barrel
la tournée tour
tout à fait completely
tracasser to plague, to worry
au train où at the rate of
les trainings *(m.)* sports shoes
la Traite des Nègres slave trade
le traiteur caterer
la tranche* section
les travaux pratiques *(m.)* (course of) practical application
la trentaine (about) thirty
le trésor treasure
la tribune* the podium in the French Parliament
monter à la tribune to address the House
trouble (of liquids) cloudy
le troupeau flock, herd
le tube *(slang)* hit

◆

d'une part... d'autre part on the one hand... on the other hand
usé worn
l'usine *(f.)* factory

◆

les vacances vacation (the noun is always used in the plural in French)

valoir un clou to be worth a scrap *(lit.* a nail)
valorisant worthwhile
le Veau d'Or the Golden Calf
la vedette star
le velours velvet, *(fig.)* delectable
vendangé harvested
le verre glass
verser to pour
vêtir *(p.p.* vêtu) to clothe, to dress
la veuve widow
vider to empty

le vigneron vine-grower
vinicole wine-growing
viser to aim at
la vocation calling, intended purpose
le vœu wish
voir *(futur* il verra) to see
le vol flight
la volaille poultry
la volonté will
volontiers willingly
vouloir dire to mean

Credits

Illustrations

p. 11 clothing, Ruth Flanigan, **p. 29** vin dégustation, Devera Ehrenberg, **p. 39** wine glasses, Ruth Flanigan, **p. 45** how to cut a cheese, Ruth Flanigan, **p. 51** map of France w/Calvados & Orne, Dick Sanderson, **p. 137** househusband, Devera Ehrenberg, **p. 163** map of Africa, Dick Sanderson, **p. 213** cumulative effects of stress, Devera Ehrenberg, **p. 228** Proto-Indo-European Linguistic Family, Dick Sanderson, **p. 245** map of French provinces, Dick Sanderson, **p. 257** blank map of French provinces, Dick Sanderson, **p. 285** map of regional products, Devera Ehrenberg

Photos

p. 1 Peter Menzel. **p. 10** Kathleen Allen-Weber. **p. 25** Peter Menzel. **p. 44** Henri Cartier-Bresson/Magnum. **p. 55** Paul Bocuse/Stock Boston. **p. 68** Peter Menzel. **p. 77** Michael Hanulak/Photo Researchers. **p. 80** Benaroch/SIPA. **p. 84** Rapho/Kay Reese & Assoc. **p. 89** Fritz Henle/Photo Researchers. **p. 99** Sabine Weiss/Kay Resse & Assoc. **p. 101** Bouhours/Sygma. **p. 105** Mark Antman/The Image Works. **p. 108** Martine Franck/Magnum. **p. 112** Niépce/Rapho/Photo Researchers. **p. 117** Helena Kolda/Photo Researchers. **p. 125** J. M. Charles/Rapho/Kay Reese & Assoc. **p. 127** Peter Menzel/Stock Boston. **p. 131** Richard Frieman/Photo Researchers. **p. 134** Richard Kalvar/Magnum. **p. 138** J. Pavlosky/Sygma. **p. 143** Alain Kléber/Sygma. **p. 147** Phyliss Graber Jensen/Stock Boston. **p. 147** Henri de Chatillon/Rapho/Photo Researchers. **p. 147** Owen Franken/Stock Boston. **p. 151** J. P. Laffont/Sygma. **p. 164** Bernard Wolf/Photo Researchers. **p. 177** Stuart Cohen. **p. 185** Carol Palmer/Andrew Brilliant. **p. 195** Martine Franck/Magnum. **p. 199** Charles Rapho/Photo Researchers. **p. 201** Coatsalion/Sygma. **p. 223** Jean Roubier/Rapho/Photo Researchers. **p. 225** Jonathan Rawle/Stock Boston. **p. 241** Peter Menzel/Stock Boston. **p. 251** Peter Menzel. **p. 253** Rapho/Kay Reese & Assoc. **p. 260** Robert Capa/Magnum. **p. 266** Judy Poe. **p. 267** Peter Menzel. **p. 279** T. Orban/Sygma. **281** Robert Doisneau/Rapho/Photo Researchers. **p. 292** Monique Manceau/Photo Researchers.

Realia

p. 15 *Le "savoir-faire" Sabena*, reprinted w/permission of: Impact FCB, avenue Molière 225, 1060 Bruxelles, Belgique; **p. 17, p. 57, p. 90** *Peanuts cartoons*, reprinted w/permission of: United Media, 200 Park Avenue, New York, N.Y. 10166; **p. 30** *Principales formes de bouteilles,* **p. 31** *Vignobles de France,* **p. 33** *Figure on wine barrel,* reprinted w/permission of: SOPEXA, 43, rue de Naples, 75008 Paris, FRANCE; **p. 49, p. 51** *Camembert labels,* reprinted w/permission of: Le Fier Normand, 14 S Aunay sur Odon, 14260 Calvados, FRANCE; **p. 50** *Camembert label,* reprinted w/permission of: Union des sociétés coopératives agrigoles, Siège administratif et commercial, 79310 Mazières-en-Gatine, FRANCE; **p. 207** *Anatomie des stations thermales,* **p. 210** *Sources Marlioz,* **p. 211** *Carte des stations thermales françaises,* **p. 211** *Je vais maigrir à Brides-les-bains,* reprinted w/permission of: Etablissements thermeaux de France, Syndicat National, 10, rue Clément Marot, 75008 Paris, FRANCE; **p. 256** *Michelin "Bib",* **p. 271** *Metro map of Paris,* reprinted w/permission of: Michelin, Manufacture française de penumatiques Michelin, 46, avenue de Breteuil, 75341 Paris, CEDEX 07, FRANCE; **p. 293, p. 296** *Moët et Chandon labels,* reprinted w/permission of: Moët et Chandon 20, avenue du Champagne, B.P. 140, 51205 Epernay CEDEX, FRANCE